本书为教育部区域和国别研究基金（19GBQY104）和国家社科基金青年项目（21CSH011）阶段性研究成果

大国农业合作：中国与中东欧国家农业多元合作机制与路径研究

申 云○等著

西南财经大学出版社
Southwestern University of Finance & Economics Press

中国·成都

图书在版编目(CIP)数据

大国农业合作:中国与中东欧国家农业多元合作机制与路径研究/申云
等著.—成都:西南财经大学出版社,2023.3
ISBN 978-7-5504-5670-9

Ⅰ.①大… Ⅱ.①申… Ⅲ.①农业合作—国际合作—研究—中国、欧
洲 Ⅳ.①F32②F35

中国国家版本馆 CIP 数据核字(2023)第 033822 号

大国农业合作:中国与中东欧国家农业多元合作机制与路径研究
DAGUO NONGYE HEZUO:ZHONGGUO YU ZHONGDONGOU GUOJIA NONGYE DUOYUAN HEZUO JIZHI YU LUJING YANJIU
申云 等 著

策划编辑:李邓超
责任编辑:乔 雷
责任校对:张 博
封面设计:何东琳设计工作室 张姗姗
责任印制:朱曼丽

出版发行	西南财经大学出版社(四川省成都市光华村街 55 号)
网 址	http://cbs.swufe.edu.cn
电子邮件	bookcj@ swufe.edu.cn
邮政编码	610074
电 话	028-87353785
照 排	四川胜翔数码印务设计有限公司
印 刷	成都市火炬印务有限公司
成品尺寸	170mm×240mm
印 张	14.75
字 数	282 千字
版 次	2023 年 3 月第 1 版
印 次	2023 年 3 月第 1 次印刷
书 号	ISBN 978-7-5504-5670-9
定 价	88.00 元

序

在中国五千年的历史长河中，对外互通有无，构建人类命运共同体的思想早已有之。中国俗语有云："单丝不成线，独木不成林"。在全球化和世界多极化的大背景下，世界各国的经济发展，谁也不可能"单打独斗""独善其身"，也不会是"零和博弈"，必然是你中有我，我中有你，只有深度合作，才能产生一加一等于二的叠加效应，甚至二乘二等于四的乘数效应。在全球化和百年未有之大变局的转型期，习近平主席审时度势，提出共建"一带一路"倡议，将中国、欧洲和世界经济新引擎融会贯通，这是东亚、中亚、西亚和欧洲经济的连结，亦是古代、现代和未来文明的融合，也是构建人类命运共同体的具体体现。

中东欧国家作为连结亚欧大陆的桥梁，是中国西向的桥头堡。"一带一路"倡议为我国与中东欧国家的农业多元合作与发展带来了新的机遇。中国与中东欧国家"17+1"框架协议下的农业多元合作，不仅是大国与小国之间的平等合作，也是构筑新时代世界农业安全观的重要体现，其将中国与中东欧国家农业比较优势与全球价值链的国际分工有机衔接，将国内农业经济大循环与国际国内双循环相互促进，打造农业多元合作的共同体。本书对"一带一路"沿线中东欧国家的农业发展现状、与中国农产品贸易及农业合作状况、农业投资环境与风险、农业合作机制建设、农业教育合作、农业科技合作、农业反贫困合作体系等七个方面进行了系统分析和论述。本书系统、全面、翔实地对"一带一路"倡议下中国与中东欧国家农业的发展与合作前景进行分析和论述，有利于我国农业领域变革观念、创新机制、重塑产业，共享"一带一路"农业发展红利，实现农业增长，保障农民利益。本书提出了中国与中东欧国家在农业贸易、农业科技、农业教育、农业投资、农业反贫困合作以及平台机制建设等领域的发展战略，并进一步运用引力模型和比较优势指数、态势分析法等，指出了与中国展开农业多元合作的重点优势国家、重点产品和合作模式。在此基础上，本书提出了优化中国与中东欧国家农业多元合作的政策建议。

纵观大国农业合作，互连互通是双边农产品贸易和农业多元合作的基础和首要任务。中东欧国家作为中国"一带一路"倡议的重要国家，近年来持续推进大量投资项目，如"中欧陆海快线"、中远海运比雷埃夫斯港项目、匈塞铁路、黑山南北高速公路、中欧班列等。在新型冠状病毒感染冲击全球产业供应链背景下，中国与中东欧国家围绕中欧班列在蔬菜、水果、畜产品等方面产生的贸易量受冲击较少，且双边贸易额不断增加，扩大了中欧贸易规模，巩固了中欧全面战略经贸基础。中欧投资协定的签署对于深化中欧全面的经贸关系、加快中东欧国家与中国建立农业投资互信关系将起到积极的推动作用。中东欧国家有12个是欧盟成员国，地理位置居于欧亚两洲交界处，交通便利，是很多中国企业进入欧盟市场的跳板和试水区。中欧投资协定的签署将为双方农业投资带来便利。随着中国与中东欧国家全方位、多领域合作机制不断完善，参与主体更加多元，未来中国与中东欧国家农业合作将会更加兼顾大国和小国的利益诉求。中国与中东欧国家农业产业的"大手拉小手"效应，将进一步带动小国、小众农产品与中国的贸易和投资合作。在国别合作方面，波兰、捷克、匈牙利、罗马尼亚、保加利亚等农业投资基础好、贸易量大、合作机制完善的国家合作潜力较大，中国企业将进一步深化与这些国家的既有合作并拓展合作空间。

随着信息化、数字经济和电子商务的发展以及互连互通的逐步推进，中国与中东欧17国将进一步增进了解，加深交流。除了传统农产品贸易和投资外，服务贸易、乡村旅游等将成为未来非常具有潜力的合作领域。在"一带一路"倡议下中国与中东欧国家在政治、社会、文化方面的交流将更加频繁，更多青年农民、政府官员、研究人员和企业家代表将参与互访交流，通过培训、旅游、科技交流、互访等形式，交流农产品电子商务、数字经济、农产品加工技术、有机农业生产管理等领域的经验，开展贸易投资促进活动、媒体宣传等，促进双方加深了解，将中国与中东欧国家农业合作推向更高层次。此外，未来农业科技合作对推动中国与中东欧农业深化合作发挥着重大作用。中波、中匈、中塞农业科技合作中心在动物疫病防控、有机农业、食品加工技术、农业机械等领域深化中国与中东欧国家农业合作，通过技术合作带动兽药、疫苗等产能"走出去"，推动双方的技术与产业有效结合。

总之，中东欧国家农业资源丰富，中国与中东欧国家加强农业多元合作，互利共赢，对推动"一带一路"倡议实施，维护"一带一路"区域乃至构筑世界农业安全观和经济社会稳定发展意义重大。本书基于中国与中东欧国家在农产品贸易、农业科技、农业教育、农业投资、农业反贫困合作以及合作机制建设等方面的对比分析，尝试为中国农业转型发展及其农业对外合作提供经验证据和科学指导。本书在付梓之际，非常感谢为本书内容创作和编排默默付出的诸多学者与好友，同时感谢西南财经大学出版社各位领导和老师的付出！受学识所限，本书错误遗漏与不足之处在所难免，也敬请各位同仁和读者批评指正。

申云

2022 年 11 月

目录

1 绪论

1.1 研究背景

随着"一带一路"倡议的不断深入，中东欧国家①成为连结欧亚大陆桥和串联"一带一路"沿线国家的桥头堡，双边在政治、经济、文化、社会制度等方面的交流合作愈发频繁，合作质量不断提升。2012 年 4 月 26 日，在波兰华沙举行的中国与中东欧国家领导人会晤标志着"16+1"合作机制的正式建立，会议制定了"16+1"多方合作行动纲领，签署了《中国关于促进与中东欧国家友好合作的十二项举措》，标志着中国与中东欧国家在双边和多边框架下已经达成了多项重要共识，取得了一系列合作成果，合作深度和广度不断提高，为加强中国与中东欧国家农业多元合作奠定了良好基础。2013 年，中国提出"一带一路"倡议，中东欧 16 国成为"一带一路"沿线的重要国家，成为连接中国与欧盟其他国家的重要桥梁。"一带一路"倡议对于明晰中东欧国家在中国与欧盟之间的战略地位起着至关重要的作用。2019 年，希腊加入中国与中东欧国家的合作框架协议，正式成为中东欧国家的第 17 个成员国，相关协议也自动变更为"17+1"合作协议。"17+1"合作机制中的中东欧国家，包括 13 个东欧国家：波兰、匈牙利、捷克、斯洛伐克、斯洛文尼亚、克罗地亚、波黑、塞尔维亚、北马其顿（2019 年 2 月 12 日，北马期顿更改国名为"北马其顿共和国"）、黑山、阿尔巴尼亚、保加利亚、罗马尼亚，3 个由苏联独立出的国家：立陶宛、拉脱维亚、爱沙尼亚，以及希腊。2021 年 5 月，由于

---

① 中东欧国家包括波兰、立陶宛、爱沙尼亚、拉脱维亚、捷克、斯洛伐克、匈牙利、斯洛文尼亚、克罗地亚、波黑、黑山、塞尔维亚、阿尔巴尼亚、罗马尼亚、保加利亚和北马其顿。2019 年 4 月，第八次中国-中东欧国家领导人会晤，希腊正式宣布加入中国-中东欧国家"16+1"合作，"16+1"合作变更为"17+1"合作。在希腊加入之前，文中统称为"16+1"合作。

立陶宛的反华势力干涉中国内政，并宣布退出中国与中东欧国家的跨区域合作机制，目前，中国与中东欧国家的合作回到了"16+1"合作框架。由于它既非地理意义上的中欧和东欧的简单合称，也并非学术界研究意义上的中东欧，而是特指作为一个整体与中国进行合作的16个国家联合体。

中东欧国家作为一个特定的国家经贸合作联合体，差异性和复杂性非常大。全面了解和正确认识它们的差异性和复杂性，是中国与中东欧国家发展关系和进行有效合作的前提。作为一个新的区域概念，中东欧是服务于现实需要的政治构建。中东欧16国虽然同属于一个地理区域，但在国家规模、经济发展水平、历史、文化、民族宗教以及与不同大国的关系等诸多方面存在着巨大的差异。与这些差异相适应，中东欧16国还存在着多重的复杂性。其中，大多数国家内部的民族矛盾、一些国家之间的历史纠纷和现实利益冲突比较突出。中国作为世界第二大经济体，而中东欧国家作为欧洲的小国集群，大国与小国在农业层面的手拉手合作，在欧亚大陆桥的经贸连结甚至政治上的深化互信意义深远。双边在国家规模、政治制度、价值取向等层面具有较大的差异性，但构建互利共赢的经济合作需求却是相同的，特别是在经贸合作方面具有非常大的潜力可以挖掘。因此，必须从全球战略格局角度来观察中国同中东欧16国的关系与合作，这是"17+1"合作机制有效运行的基本前提。

中东欧国家作为欧亚大陆和东西方文明的重要交汇处，具有得天独厚的地理优势，是中国进入欧洲市场的桥头堡，在"一带一路"倡议中具有极其重要的战略地位。中国作为世界第二大经济体，欧盟是中国最重要的贸易伙伴。目前，中东欧16国中已有11国加入欧盟，中国企业迫切希望通过加强与中东欧国家农业的多元合作成功进入欧洲市场。中东欧大部分国家的经济增速放缓，中东欧国家逐渐把目光投向中国，中国拥有的巨大市场使中东欧国家看好与中国展开农业合作的前景。加快双边农业领域的多元合作，是中国加强与中东欧国家农业合作以及助力"一带一路"沿线国家农业高质量合作发展的重要举措。

中国与中东欧国家在农业层面的交流合作日益频繁，双边在农产品贸易、农业科技、农业投资、农业教育、农业合作机制等方面进行优势互补，开展深度合作，为中国农业"走出去"和"引进来"提供重要战略机遇。但是，目前中国与中东欧国家在农业领域的合作仍存在着一系列问题。从政治角度上看，双边合作相对较晚，相比欧盟主要发达国家而言缺乏比较优势，之间的贸易规模也相对较小，互不构成各自最重要的经贸合作伙伴国，且中东欧国家卷入多元化区域合作博弈也面临较高的地缘政治风险。多数中东欧国家在军事上加入北约共同体，在政治上有 11 个国家加入欧盟，在经济上部分国家采用欧元结算。多元化的政治经济结构差异也导致中国与中东欧国家的农业多元合作面临非常大的不确定性。在经济层面，2019 年双边农产品进出口贸易总额仅为 14.12 亿美元，只占当年中国农产品贸易总额的 0.57%；在基础设施建设层面，中国与中东欧国家的互联互通程度还有待提高，相关基础设施还不完善；在文化教育层面，双边农业教育合作模式相对单一，双边国家留学生占比均较低；在农业科技互动合作层面，双边农业科技合作水平仍处于较低水平，双边国家科技成果应用和专利贸易规模占比极低，中国与中东欧国家之间合作水平和质量均较为低下的现实使得双边农业多元合作之路依然任重道远。

1.2　研究目的与研究意义

1.2.1　研究目的

2017 年 5 月，四部委联合发布《共同推进"一带一路"建设农业合作的愿景与行动》，中国逐渐重视与中东欧国家农业层面的交流合作。但是，目前中国与中东欧 16 国之间农业合作规模总体依然较小、合作领域有限、中国企业走出去的步伐较慢，缺乏开展国际农业深度合作的相关经验，这些现实问题"一带一路"沿线国家与中国在农业方面进行深度合作。为此，本书将中国与中东欧国家在农业领域的合作细分为农产品贸易、农业科技、农业投资、农业教育及农业合作机制层面，系统性地分析双边在农业各层面的差异性和互补性。针对上述问题，本书的研究目标在于：①明确中国与中东欧国家在农产品贸易方面各自的比较优势产品及资源禀赋，为后续有效推进双边农产品贸易合作提供决策参考；②明确中国与中东欧国家在农业科技的合作细分领域，建立双边农业科技合作的有效载体，探索适合双边科技合作的有效模式，为进一步推进中国与欧盟国家深度科技合作建立桥梁；③明确中国与中东欧国家在农业投资方面的合作基础，结合地缘政治特点，为推进人民币在中东欧国家的互换创设条件和提供可行路径；④明确中国与中东欧国家在农业教育合作机制方面的制度建设、平台框架、有效模式等，为双方积极推进国家农业教育人才合作以及构建青年人才互信提供有效路径，进一步充分发挥"16+1>17"的合作潜能。

1.2.2 研究意义

中国与中东欧国家"16+1"合作机制和"一带一路"倡议高度契合，为明确未来中国与中东欧国家的合作愿景和发展蓝图指明了具体方向。定期举办中国-中东欧国家农业经贸合作论坛，将目光聚焦于农业领域的多元合作，使得中国与中东欧国家农业合作进入新的里程碑。通过加强中国与中东欧国家在农业领域的交流合作，探索农业多元合作的路径，对于深化中国全方位对外开放，特别是加强西部大开发和构建欧亚经贸合作的大开放前沿阵地，打造西部大开发西向桥头堡和开放新高地具有重要战略意义，也是化解中国区域经济发展不平衡、不充分的重要渠道。

理论价值：①深入分析中国与中东欧国家在农产品贸易、农业科技、农业投资、农业教育以及合作机制建设等层面的合作，为中国与中东欧国家构建多元农业合作路径提供切实参考；②目前，对于中国与中东欧国家合作的研究主要集中在双边关系、进出口贸易、对外直接投资等层面，但关于中国和中东欧国家在农业领域的合作研究相对较少，缺乏系统性的理论研究，而未来双边农业合作潜力较大，丰富和推动中国与中东欧国家农业领域多元合作研究能够进一步拓展相关的研究深度。

应用价值：①通过分析双边在各自农业细分领域的比较优势，指出双边合作的发展潜力，提出优化中国与中东欧国家在农业细分领域合作的策略和建议，对于实现双边共赢、推动中国与中东欧国家开展更深层次的农业合作交流具有重要的战略意义；②重点对中国与中东欧国家在农产品贸易、农业科技、农业对外直接投资、农业教育及农业合作机制建设等方面进行深度剖析，分析目前双方合作的现状及存在的问题，揭示"中国-中东欧-欧盟"之间的农业合作关系及战略方向，探讨优化路径和有效合作模式，为实现中国与中东欧国家农业的战略合作对接和产业互联互通提供新思路、新举措、新路径，特别是对强化农业对外合作的高质量发展具有重要的决策参考价值。

1.3 本书的结构安排

1.3.1 研究思路

通过对中国与中东欧国家已有框架及合作项目的研究，以中东欧各国农业基础互补性较强的国家和加入欧盟的中东欧成员国家为重点研究对象，通过梳理各层面合作的发展现状，分析目前双方合作所面临的问题和挑战，结合中国与中东欧国家在农产品贸易、农业投资、农业科技、农业教育等多方面合作的资料数据进行定量分析，并提出行之有效的合作路径。

具体研究思路包括：①分析中国与中东欧国家农产品贸易发展状况及构建农产品贸易指数，梳理中国与中东欧16国各自具备比较优势的农产品，为细化双边合作和深度对接农产品贸易政策提供科学依据；②分析中国与中东欧国家在农业科技创新方面的比较优势，并结合欧盟对中东欧成员国的支持政策，探讨中国与中东欧国家在农业科技层面的成果应用与转化以及相关科技政策层面的有效对接策略，便于双方未来更具针对性地加强农业科技层面的合作；③结合中国历年对中东欧国家投资数据，分析中国对中东欧国家的投资结构，为促进双边国家的投融资提供有效参照；④总结中国与中东欧国家在农业教育合作方面的有效模式，并以此为基础优化双边农业教育合作机制，提出完善农业教育领域的有效合作路径；⑤研究中国与中东欧国家的农业多元合作机制，探索双边国家深化农业合作的可行性和有效模式，并寻找使中国与中东欧国家农业合作得到长期稳定发展的有效策略；⑥针对如何有效地落实"愿景与行动"的有关要求提出政策建议，借鉴国外农业发展经验，为促进中国乡村振兴战略有效实施提供有力支撑，并进一步提升中国农业的全球开放水平和农产品竞争力。

1.3.2 研究内容

在中国与中东欧国家"16+1"农业合作协议框架内，通过构建中国-中东欧国家农业多元合作路径协同的理论分析框架，从开放的视角探讨双边在农产品贸易、农业科技合作、农业直接投资、农业教育合作以及农业合作机制建设等层面的合作竞争态势，分析双边在农产品贸易特征的差异，构建农业科技合作指数和农业直接投资指数，明确双边具有的优势和互补性，测度中国与中东欧国家在相关农业合作领域的关联度及其互补性，并对双边农业合作潜力进行评估，提出优化双边农业多元合作路径、加快双边农业经济高质量发展的政策建议。

1.3.2.1 中国与中东欧国家农产品贸易合作研究

基于中国与中东欧国家农产品质优价廉和产品互补性强的特性，本书重点探讨双边农产品贸易多元合作的有效路径。具体包括：①通过梳理中国与中东欧16国的双边农业贸易关系（2010—2018年），分析目前中国与中东欧16国的贸易现状，具体包括贸易规模、进口规模和出口规模，以及各自的增速变化趋势，阐明中国与中东欧 16 国在双边农产品贸易总量、国别结构、农产品品类结构的互补情况，对比中国与中东欧 16 国的双边农产品贸易关系及其比较竞争优势，并运用 SWOT 分析法揭示双边农产品贸易的发展前景和存在的问题；②运用中国-中东欧国家农产品贸易指数/强度分析，中国与中东欧国家农产品贸易方面的竞争性和互补性，搭建双边中小企业农产品贸易合作平台和渠道，为构建双边农产品贸易合作园区，发挥全产业链协同效应和产业集聚效应提供项目支撑；③针对国家层面和企业层面在深化农产品贸易中面临的问题和挑战，提出有效的合作路径及应对策略，具体从发挥产品优势、完善互联互通、大力发展跨境电商企业以及搭建有效的交流平台等途径实现优势互补、互利共赢、区域协同发展。

1.3.2.2 中国与中东欧国家农业科技合作研究

基于双边国家农业科技合作领域实践，探讨双边合作的有效路径，具体包括：①分析中国与中东欧国家各自在农业科技创新方面的优势，已取得的成效和存在的问题，探讨中国与中东欧国家在农业科技合作中的重要领域和面临的新机遇和挑战；②分析中国与中东欧国家农业科技创新合作的主要模式和有效载体，发掘双边在农业科技合作中的创新模式，通过构建农业科技合作指数分析双边农业科技与合作的优势性和互补性，为合理地提出政策建议提供理论支撑；③梳理中国与中东欧国家的政策支持，比较双边政府对农业科技合作的支持力度上的差异，有针对性地提出在农业科技创新合作中的有效路径和应对策略。

1.3.2.3 中国与中东欧国家农业企业投资合作研究

在已有双边农业企业投融资合作的基础上，探讨双边进一步开放农业领域投资合作的有效模式及路径，具体包括：①深入分析中国与中东欧国家农业投资现状及存在的问题，具体将中东欧国家分为三个层面。第一层面是捷克、波兰、匈牙利、斯洛伐克、斯洛文尼亚。第二层面为爱沙尼亚和拉脱维亚。第三层面是克罗地亚、罗马尼亚和保加利亚。②深入分析当前背景下中国农业企业对外直接投资中东欧国家的投资环境、区位选择、经营模式、投融资方式、审核流程、相关基础设施配套体系等方面的现状及存在的问题，发掘其中存在的投资机会。③分析中国-中东欧-欧盟合作框架下的农业多元投资面临的风险、机遇和挑战，构建中国和中东欧农业投资合作指标体系，分析双边合作存在的不足和潜力，并为构建境外国家级农业合作园区的相关政策支持、投资贸易便利化、对外合作机制、公共服务、风险防范与保障机制等方面提出相应的对策建议。

1.3.2.4　中国与中东欧国家农业教育合作研究

围绕双边国家在农业教育领域的合作基础，探讨双边进一步加强教育合作的有效路径，具体包括：①分别从留学生流动水平、高校合作数量、高校综合实力、教育优势等方面分析中国与中东欧国家农业教育合作的现状、面临的机遇和挑战，深入探讨为增进双边农业教育合作应做出哪些努力；②梳理现阶段中国与中东欧的高校合作模式、合作项目以及高校联合体建设现状，简要说明校际合作已经取得的成效和存在的问题，阐述双边高校合作的发展趋势和路径；③明确各参与主体的重要意义，使其在促进中国与中东欧国家的农业教育合作中发挥能动作用。政府制定政策，高校牵头，企业参与旨在提升双边农业教育合作质量；明确双边建立合作关系的路径以及开展合作的主要程序，严格把控每处流程，以此优化教育合作路径并制定出一套完善的合作体系；针对各方面存在的问题，提出可操作的具体解决措施。

1.3.2.5　中国与中东欧国家农业反贫困合作体系与成效研究

反贫困国际合作成为世界各国面临的共同问题。中国与中东欧国家通过构建"17+1"合作机制和反贫困平台，在"一带一路"沿线国家打造新的合作标杆，需要强化双边国家之间的反贫困合作顶层设计，通过丰富农业多元合作内涵，搭建多元合作平台，健全合作支撑体系等方式来有效减贫。为此，通过构建中国与中东欧国家的反贫困合作的制度设计、强化项目造福贫困人口的牵引作用、拓宽双边反贫困合作层面、制定中国扶贫经验融入合作路径等方式推动双边国家农业反贫困合作的路径设计。

1.3.2.6　中国与中东欧国家农业合作机制建设研究

针对双边国家现有的合作平台交流机制，探讨深化双边农业合作对接平台及交流机制，具体包括：①梳理中国-中东欧国家农业合作机制建设的背景、现状以及建设的成效和问题，分析双边农业合作机制建设的有效模式和具体机制内容，梳理双边农业合作机制建设服务政策并提出相应的有效路径及体系建设举措；②针对双边农业经贸合作对话协商合作、农业科技合作、农产品贸易合作、农业投资合作、农业教育及培训等合作机制建设的有效模式、优化路径及政策支持等，从背景现状到政策建议，充分研究中国与中东欧国家农业合作机制建设的重要性和提升空间，为中国-中东欧农业合作的进一步发展提供决策参考。

1.4 创新点与研究不足

1.4.1 创新点

首先，本书拓展了中国与中东欧国家的农业多元合作机制及其多层次合作路径，为深化"一带一路"倡议下中国与中东欧国家在农业领域的有效合作提供理论和经验支撑。目前关于中国与中东欧国家的研究大多聚焦于双边政治、经济、贸易和投资领域，关于双边农业领域的合作研究较少，且由于双边国家地缘政治影响和双边农产品贸易量占比不高的现状，现有文献缺乏对农业细分领域的深入研究，特别是深度比较中东欧 16 国在农产品贸易、投资、科技合作、教育合作、反贫困合作、体制机制建设等多维度的文献仍然相对缺乏。本书基于中国-中东欧国家"16+1"利益共同体经贸合作机制，比较双边国家在农业多元合作方面的比较优势和发展困境，对于深入推进"一带一路"倡议在中东欧国家的有效实施具有重要参考价值。

其次，本书分类比较了中东欧各国与中国在农产品贸易、农业科技合作、农业教育、农业投资等方面的差异及各自优势，为中国与中东欧国家开展双边和多边合作提供了有力支撑。本书通过研究中国与中东欧"16+1"农业合作框架，重点以农业发展程度居前的波兰、罗马尼亚、捷克、匈牙利、保加利亚等国为主要研究对象，将农业领域具体细分为农产品贸易、农业科技合作、农业企业投资、农业教育合作以及农业合作机制等层面，并比较了加入欧盟区与未加入欧盟区的中东欧国家同中国在以上层面合作的有效路径，比较不同国家在农业合作中的比较优势和国际竞争力，研究对象较为集中、分析较为透彻，对于发挥双边国家农业合作的互补性、互惠性提供了有针对性的建议。

最后，本书提出构建并完善多层次、多领域、多渠道和多元主体的分析框架，为推动中国与中东欧国家构建深度合作命运共同体提供新的示范样板。本书分析目前双边合作的现状以及面临的问题和挑战，并利用大量数据支撑理论研究。同时，本书基于双边合作利益的契合点，并构建相关指数分析彼此合作具有的优势与互补性，结合双边具有竞争力的产品，进一步提出针对各层面具体的优化路径，从而充分发挥"16+1＞17"的效应。

1.4.2 研究不足

首先，中国与中东欧国家在农业多元合作方式、平台载体、机制建设、顶层设计等方面仍然相对较为薄弱，相关实践和研究仍相对缺乏，本书仅是探索性的定性化和宏观性的探讨。受相关数据限制和国别资料搜集难度较大的限制，本书中定量化的实证研究重点以区域国别和宏观性的统计数据为主。

其次，农业领域的合作在双边国家合作进程中的占比相对较少，总的贸易规模也较为有限，同时双边国家在务实深化农业多元合作层面的交流和政策对接经验上也相对欠缺。随着双边和多边领域的不断深化，中国与中东欧国家在农业与其他领域的合作将不断深度融合，相关研究仍需要进一步深入探讨，特别是在新型冠状病毒感染冲击下，全球经济下行压力加大，稳定农业发展基本盘成为双边国家深化合作的重要体现。

最后，中东欧国家在地缘政治和经济发展水平等方面差别较大，中东欧国家之间缺乏有效的顶层设计合作平台，在农业合作机制建设层面仍然存在较大的困难，后续研究中也不可避免将仍然存在，相关实践探索研究需要进一步关注。

2 农业国际多元合作的理论基础与研究进展

2.1 农业国际多元合作的理论基础

2.1.1 国际贸易理论

国际贸易理论经历了古典贸易、新古典贸易、新贸易和新兴古典国际贸易四个发展阶段。从基本前提划分，国际贸易理论可以分成古典贸易理论和新贸易理论（佟家栋，2000），该划分方式试图解释国际贸易产生的原因以及一个国家该如何对待国际贸易从而获得更多的利益。古典贸易理论的假设前提是完全竞争市场，推动国际贸易的动因是生产要素价格均等化；新贸易理论的假设前提是不完全竞争市场，推动国际贸易的动因是规模经济和产品的异质性。在农产品贸易合作方面，由于更多受到资源禀赋的制约，古典贸易理论具有很强的解释力（高贵现，2014）。比较优势理论作为古典贸易理论的核心组成部分，是一个国家为了获得更多贸易利益而实施的经济发展战略。对于某个国家来说，实施比较优势战略，已经远远超出国际贸易的范畴，且其通过实施这种战略所获得的利益也远远超出了国际贸易领域（施勇杰，2009）。因此，比较优势理论对于研究大国农业合作是十分重要的理论依据。

2.1.1.1 比较优势理论

比较优势理论由英国经济学家大卫·李嘉图在其著作《政治经济学及赋税原理》中首次提出，其理论基础建立在亚当·斯密的绝对优势理论之上。李嘉图认为，如果某一个国家在国际贸易中每种商品都不占有绝对优势，就只能比其他国家更有效率地使用同种资源，这个国家如果根据"两利相权取其重，两弊相权取其轻"的原则，生产和出口这种比贸易国更有生产效率的商品，进口不如贸易国更有生产效率的商品，这个国家仍然可以获得比较利益。该理论的核心要义是：在两个国家中，生产成本的差异是两国贸易的基础，即使一国在每一种行业上都比另一国具有较高的绝对效率，这两个国家之间的贸易同样对双方有利（段颀等，2019）。在生产不同的产品上两个国家之间存在相对的效率差异，每个国家都专业化于本国具有相对比较优势的商品，并且用该商品去换取另一国具有相对比较优势的商品，从而产生贸易利益，实现双方的利益最大化。

李嘉图的比较优势理论通过比较贸易国间的相对生产率而不是绝对生产率，打破了亚当·斯密绝对成本理论贸易条件的局限性，扩大了自由贸易理论的适用范围。比较优势理论深刻而全面地揭示了国际贸易的根源，对国际贸易发生原因、结构和国际分工理论起到了补充作用。同时，李嘉图的比较优势理论为落后国家开展国际贸易提供了理论支撑，为世界各国进行大规模国际贸易奠定了理论基础。

虽然以李嘉图和俄林为核心的传统比较优势理论仍在国际贸易理论中占主导地位，但随着国际贸易的广泛开展，传统比较优势理论渐渐无法解释现实中复杂的国际贸易问题，传统比较优势理论开始显现出局限性。第一，传统比较优势理论局限于劳动、资本、土地等有形要素，忽略了技术、信息、人力资本等无形要素。第二，传统比较优势理论忽略了潜在比较优势的培育和现有比较优势的转化，导致了"比较优势陷阱"出现。第三，传统比较优势理论构建于静态假设条件之上，无法解释现实中复杂的贸易问题。

2.1.1.2 要素禀赋理论

要素禀赋理论继承了比较优势理论相对比较的原则，利用不同生产要素禀赋方面的差异来阐述比较优势，研究了比较优势产生的基础以及贸易对两国收入的影响，进一步扩展了比较优势理论（张明志，2002）。要素禀赋理论同李嘉图的比较成本优势理论一起构成了比较优势理论的完整体系。

要素禀赋论指狭义的赫克歇尔-俄林理论，也叫作要素比例说，最早由瑞典经济学家赫克歇尔提出，后来由其学生俄林总结成为系统的理论。

要素禀赋理论通过生产要素、要素禀赋、要素密集度等概念来表述和说明。生产要素指生产活动中不可或缺的重要因素以及生产中必须投入或使用的主要手段，主要由劳动、资本和土地三部分组成。禀赋即天赋，生产要素禀赋指区域内各种生产要素的相对丰裕程度。要素密集度是指商品生产过程中，消耗的各种生产要素的相对强度，生产要素投入比重越高，则要素密集程度越高（蒋为、黄玖立，2014）。该理论的核心要义是：每个国家或地区的生产要素禀赋各不相同，具有禀赋优势的生产要素价格较低，利用这些要素来进行生产的商品成本相对较低，利润较高。相反，禀赋较差的生产要素由于稀缺，具有较高的价格，利用这些要素进行生产的商品成本也相对较高。在每个区域贸易体系中，各个区域都应该专注于本区域相对丰裕和便宜的要素密集型商品，并用于出口，同时进口那些本区域相对稀缺和昂贵的要素密集型商品。简而言之，劳动密集型国家应该出口劳动密集型商品，进口资本密集型商品；资本密集型国家与之恰恰相反。如果一个国家在生产商品中，劳动投入要素比其他投入要素的比例相对其他贸易国更高，那么我们就称其为劳动丰裕型国家；如果生产某一种商品，劳动力投入高于其他要素投入的比例，那么我们就称其为劳动密集型商品。

2.1.2 区域经济一体化理论

区域经济一体化理论主要是指在一定的地理区域内，两个或两个以上的国家或地区，通过相互协商制定经济贸易政策和措施，并缔结经济合约或协定，在经济上形成一个区域性经济贸易联合体，以便形成相互之间货物、服务和生产要素自由流动的状态或过程（周毅、李京文，2012）。具体而言，区域经济一体化分为六个层次，分别为优惠贸易区、自由贸易区、关税同盟、共同市场、经济同盟、完全经济一体化。优惠贸易区是指在成员国之间，通过协议或其他形式对全部货物或部分货物规定特别的关税优惠或非关税优惠。自由贸易区是指各成员国之间取消了货物和服务贸易的关税壁垒，使货物和服务在区域内自由流动，但各成员国仍保留各自的关税结构，按照各自的标准对非成员国征收关税。关税同盟是指两个或两个以上的国家所组成的组织，在成员国之间彼此取消货物和服务的关税和非关税壁垒，实现区域内货物和服务的完全自由流动，并对非成员国实施统一的关税政策（曾华盛、谭砚文，2021）。关税同盟成员国边境之间无须设立海关和海关检查。共同市场是指成员国之间完全废除关税和数量限制，除建立非成员国共同关税外，成员国之间要素完全流动。经济同盟是目前最高层次的经济一体化形式，成员国之间实现了完全的货物和生产要素的自由流动，建立共同的对外关税，并且制定和执行某些统一的对外经济和社会政策，逐步废除各国在经济贸易政策方面的差异。完全经济一体化是指各成员国之间在经济贸易和财政金融等政策方面完全协调一致，实行统一的政策，是最高层次的经济一体化。经济一体化成员国实际上已经组成了联邦式国家（黄新飞等，2013），目前还没有一个组织达到这一阶段，但欧盟正向着这个目标前进。

目前，区域经济一体化理论中的关税同盟理论、大市场理论、协议性国际分工原理等在国际贸易合作理论方面具有十分重要的地位。

2.1.2.1 关税同盟理论

关税同盟理论最早是由美国经济学家雅各布·维纳（Jacob Viner）在其著作《关税同盟理论》中系统性地提出。维纳认为，关税同盟建立之后，关税同盟的收益取决于"贸易创造"和"贸易转移"两种静态效应的最终结果。贸易创造效应是指成员国之间彼此取消货物和服务的关税和非关税壁垒，实行自由贸易后，关税同盟国内成员将本国成本较高的商品转移到成本较低的盟国生产，从盟国进口该商品，"创造"原本不存在的新贸易。此外，同盟国成员由最初从同盟国以外的国家高价购买转而向同盟国内成员国低价购买也属于贸易创造。贸易转移效应是指假设在没有建立关税同盟国的时候，关税同盟内成员国不生产某种商品而采取自由贸易的立场，无税（或关税很低）地从世界上生产效率最高、成本最低的国家进口产品；关税同盟建立后，关税同盟内成员国转而向生产效率高的成员国进口产品。但如果关税同盟国内生产效率最高的成员不是世界上生产效率最高的国家，那么进口成本就会提高，减少成员国的贸易利益。关税同盟理论在区域经济一体化理论中占有重要的位置，在欧盟等发达国家经济一体化贸易中得到了应用，发展中国家可以根据本国国情，探寻适合自身发展的一体化道路。

2.1.2.2 大市场理论

大市场理论是描述共同市场的动态理论，其代表人物为西托夫斯基（Scitovsky T.）和德纽（Deniau J. F.）。西托夫斯基认为"小市场和保守企业家态度的恶性循环"是导致西欧陷入高利润率、低资本周转率、高价格矛盾的罪魁祸首，必须建立共同市场或加速贸易自由化才能迫使企业家放弃小规模生产转向大规模生产，形成积极扩张的良性循环。德纽（1958）认为只要建立了大市场，"经济就会开始滚雪球式的扩张"。大市场理论的主要观点为：以前各国之间推行狭隘的只顾本国利益的贸易保护政策，把市场分得过于细小而缺乏弹性，因而只能提供狭窄的市场，无法实现规模经济和大批量生产的利益（陈秀莲、李立民，2003）。随着共同市场的建立，完全废除了成员国之间关税和数量限制，建立了非成员国共同关税，成员国之间要素完全流动，条块分割的小城市向统一的大市场聚集，经过大市场内部的激烈竞争，实现规模经济和专业化生产。

2.1.2.3 协议性国际分工原理

协议性国际分工是指一个国家放弃生产某种商品并且将国内的市场交给另

一个国家，而另一个国家同样放弃生产与前者不同的商品并且将国内市场交给前者，即两国达成相互提供市场的协议，实行协议性国际分工。这条原理最早由日本学者小岛清在其著作《对外贸易论》中提出。小岛清认为：如果完全按照古典学派提出的比较优势理论进行国际贸易分工，则不可能完全获得规模经济效应所产生的好处，相反会引发各国企业的集聚和垄断，进而对经济一体化组织内部分工和国际贸易稳定产生不利影响。因此，必须在国家间进行协议分工，使每个国家生产某种不同的商品，从而扩大市场规模、增加产量、降低成本，使各国都享受经济规模带来的好处。该理论的前提条件是：①实施协议性分工的国家或地区间的资本劳动要素禀赋比率大致相同，工业化水平和经济发展状况基本一致，协议性分工对象的商品在其他国家或地区都能生产；②作为协议性分工对象的商品，一般是重工业、化工业等能够获得经济规模的商品；③生产任何一种协议性对象商品对于参与协议性分工的国家和地区来说，其生产成本和差别都不是很大，否则协议就难以达成（小岛清，1987）。

2.1.3 国家竞争优势理论

国家竞争优势理论最早由迈克尔·波特在其出版的《国家竞争优势》一书中提出。他认为一国的国家竞争优势决定了该国的产业在国际市场上的竞争力，而国家竞争优势取决于4个基本要素和2个辅助要素的相互作用。其中，4个基本要素包括：要素条件，需求条件，相关及支撑产业、企业战略、结构及对抗表现（裴长洪、刘斌，2020）。2个辅助要素包括：偶然因素、政府行为。波特在要素禀赋理论的基础上对国家竞争优势理论做了进一步修改和完善。一方面，他认为一国的要素禀赋在决定一国的竞争优势方面所起的作用通常比所认为的更复杂。另外，要素是动态的，也是可以被创造、被升级以及被特定化的。因此，他认为要素是投资的产物，如何有效地配置生产要素决定了生产要素所带来的竞争优势，并且将要素配置在该国的哪一地区也会对竞争优势的形成产生重要影响，要想保持产业的国际竞争力，只有不断地创造出更高级的且更加专业化的要素（张申、张华勇，2015）。

国家竞争优势理论认为一个国家的竞争优势主要是由五个主体力量来决定，分别为国内需求、相关及支撑产业的状况、企业战略与结构竞争程度、偶然事件和政府的行为。其中，国内需求条件直接影响产业的国际竞争优势。国内需求由需求构成、需求的增长规模和形式、国内需求的国际化三方面构成。多元化的国内需求有利于规模经济和学习效应。同时，成熟的购买者会给企业带来压力，使企业不断提高产品质量。相关及支撑产业的状况决定了一国特定的产业在国际上的竞争力在很大程度上会受到相关产业的影响。如果相关支撑产业具有国际竞争力，那么特定产业就更容易具有国际竞争优势。企业战略结构与竞争行为决定了产业的国际竞争力受到企业战略、结构及竞争行为的直接影响。企业的管理和组织受到各国的影响，只有适应本国具体环境的管理和组织实践才有利于提升该国产业的国际竞争力。偶然事件包括纯粹的发明活动、重大技术的非连续性（如生物技术、微电子技术的出现）、投入成本的非连续性（如石油冲击）等带来的竞争优势差异性。政府行为也会对不同国家保持产业的竞争优势起到重要的作用，只有在那些决定国家优势的根本因素已存在的产业中，政府政策才能有效。政府政策可以增加获得竞争优势的可能性，但如果没有其他有利条件，政府的力量是微弱的。

2.2 "一带一路"沿线国家农业多元合作的文献综述

2.2.1 关于"一带一路"沿线国家合作与农业多元化合作研究

"一带一路"倡议为中国及沿线国家之间实现的优势互补和合作共赢提供了重要的战略机遇。刘作奎（2020）认为中国与中东欧国家的合作以推进中欧关系为宗旨，经历了启动期、黄金期和深水期，目前处于深水期，实现了"17+1合作"。赵丽红（2010）提出中拉农业合作应以建立大型跨国农业投资贸易公司，建立农业生产基地，控制农产品的国际物流为主要合作模式。曹云华和胡爱清（2010）从农业互联互通合作视角出发探讨了中国与东盟如何建立农业互联互通基础设施、制度和人员互通等保障机制。陈仕玲等（2020）在"一带一路"倡议背景下，从提升中国农业国际竞争力的角度出发，在深化战略对接新机制、构建第三方市场农业合作新路径、打造农业合作空间新格局3个方面，系统探讨了中国与东南亚国家农业合作的战略重点。张帅（2020）从中阿合作论坛的视角，探讨了中阿合作论坛下的农业合作的特征、动因与挑战。中阿农业合作主要受阿拉伯国家的农业发展需求，中国具有农业治理经验，中阿对农业合作持有共同意愿3个因素的驱动。龚斌磊（2019）在"一带一路"倡议背景下，通过双边贸易、农业科技援助、基础设施援建等措施，帮助沿线国家提高农业生产率，加速中国与沿线国家的农业高质量发展。此外，中国与中东欧国家农业多元化合作应以大带小发挥集聚效应，促进合作主体多元化，推进一国一品，优先选择重点产业进行多元合作，以科技支撑服务贸易投资，促进合作领域多元化；培训媒体多渠道宣传，促进交流方式多元化发展，促进农产品贸易和投资的多元化。

2.2.2 关于中国与中东欧国家农产品贸易研究

农产品贸易作为对外商品合作的重要方式，其合作形式主要包括合作平台、合作模式、合作主体、合作路径等。在农产品贸易层面，张希颖等（2019）认为中国与中东欧国家的合作主要集中在农产品贸易和科技领域合作层面，而企业层面的投资合作则相对较少，并提出了"家庭农场+合作社+超市"的合作模式有利于扩大中国与中东欧农业投资合作效能。李珊珊等（2019）在河北省与中东欧国家的合作模式探究中，提出以中东欧中小企业合作区为中心将河北省打造成农产品贸易"中转站"，积极推动河北省企业与中东欧国家开展广泛交流合作。丁琳琳等（2019）指出中国在"一带一路"畜牧业国际合作中，特种小品类畜产品在"一带一路"沿线国家畜产品市场上更有竞争优势，但竞争力较弱。中国企业要想开拓"一带一路"沿线国家市场，应从改善中国畜产品出口市场集中的状况、提高畜产品国际市场竞争力、调整出口畜产品品种结构、优化畜牧业发展支持政策等角度出发，调整计划与需求。在农产品贸易多元合作平台上，王恒等（2021）分析了中国与中亚五国的农业合作现状，强调中国与中亚五国展开农业合作平台重点应在上海经济合作组织框架下和世界贸易组织多元合作的框架下开展，重点领域为加强农产品的贸易合作，优化农业投资合作平台，加深农业科技合作和创新农业合作模式。何敏等（2016）通过计算 RCA 指数（显示性比较优势指数）和 TCI 指数（总成本指数）分析中国与"一带一路"沿线国家的农产品贸易的竞争性与互补性，结果表明中国与"一带一路"沿线国家的农产品贸易竞争性与互补性并存，但互补性更强。龙海雯等（2016）通过分析相关贸易指数，认为中国和中东欧国家之间的贸易既存在互补性，也存在一定的竞争性，呈现出低竞争高互补的特性，中国同部分中东欧国家的贸易合作潜力得到了发掘，但还有部分中东欧国家处于贸易不足阶段。刘春鹏（2018）结合 1995—2014 年中国与中东欧国家农产品贸易的数据，得出中东欧 16 国市场需求增加是促进中国农产品出口增长的最重要因素，但还存在出口产品结构不适应中东欧国家进口需求的问题。于春燕（2015）综合运用 RCA 指数、TCI 指数及 G-L 指数（格鲁贝尔-劳埃德指数）分析了中国与中东欧国家农产品贸易的比较优势与互补性。王纪元等（2018）指出中国与中东欧国家农产品贸易特征为规模不大，但增长迅速，具有比较优势的农产品的种类及比较优势的大小存在差异，两地的农产品贸易存在互补性，互补性强，但互补程度有所下降，双方的农产品贸易仍有较大的合作空间与增长潜力，且双方的贸易以产业间贸易为主。李丹等（2016）对中国与中东欧国家的农产品贸易的分析结果表明，近年来双方农产品贸易发展速度较快，且互补性较强，GDP（国内生产总值）总量以及人口规模是双方贸易发展迅速的主要原因，双方贸易效率有待大幅提升，贸易发展潜力较大。

中国与"一带一路"沿线国家的农产品贸易体现在中外农产品价格关联与农业合作路径层面的探讨。

首先，从研究对象来看，现有文献大多选取大豆、玉米等代表性品种，采用联合国粮农组织、世界银行等机构发布的价格数据代表国际市场价格，探究中国与国际农产品市场间的价格关联程度及其影响因素。杨等（2008）认为在2005—2008年的世界粮食危机期间，中国政府的干预措施有效维持了国内谷物价格的相对稳定，而对于未实施干预的大豆市场，其国内价格随国际价格飙升而显著上涨。丁守海（2009）以玉米、大豆、小麦和大米为样本研究发现，中国的限制性贸易政策并不足以屏蔽国际粮价冲击，相当程度的国际粮价变动会通过直接和间接贸易通道输入至国内市场。王孝松等（2012）证实2002—2010年中国农产品价格受国际价格影响显著，玉米、大豆和大米的国际价格弹性明显大于小麦。吕捷等（2013）指出国际玉米价格波动对国内价格的影响日益增强，给中国粮食安全带来严重威胁。卡库克（2016）认为一国的粮食价格主要通过贸易渠道与国际市场价格相关联，即使没有直接贸易，在预期贸易机制下，基于库存的跨期套利行为也会使得国内外价格间接相关。江等（2016）发现中美农产品市场之存在双向溢出效应，该溢出效应在国际金融危机期间最为显著，且美国对中国的影响相对更强。李等（2017）证实2005—2014年中国小麦和玉米市场的价格泡沫总体不如国际市场显著，而在2008年全球粮食危机期间中国大豆市场的价格泡沫要强于国际市场，中外农产品市场价格泡沫特征的差异主要与市场信息质量和中国农业政策的影响有关。赵一夫等（2017）发现非平稳市场状态下中美大豆价格的传导效应强于平稳状态。柯善淦等（2017）证实小麦、玉米、大豆和稻谷的国内外价格间存在显著的非对称联动效应，海外耕地投资有助于抑制国内外粮价联动。

其次，从关联性测度来看，现有研究采用的测度方法主要包括协整分析、误差修正模型、相关系数、多元GARCH模型等。丁守海（2009）、王孝松等（2012）利用Johansen协整检验证实中国与国际农产品价格间存在长期整合关系。潘苏等（2011）运用VECM和脉冲响应等方法定量分析了入世以来大米、玉米和小麦的国际价格对国内价格的传递效应。高帆等（2012）基于协整和

VEC 模型研究发现，国际粮价对中国粮价具有重要影响，并从信息诱发和贸易传导角度探究了影响机理。肖小勇等（2014）基于交易成本视角构建门限 VECM 模型，实证考察国内外粮食市场的整合情况。李光泗等（2018）运用 VAR-BEKK-GARCH 模型对进口快速增长背景下中国与国际粮食市场的溢出效应进行了定量测度。塞巴洛斯等（2017）采用 VAR-BEKK 模型探究了国际谷物市场对非洲、拉丁美洲和南亚的 27 个发展中国家国内市场的价格传导及波动溢出效应。韩磊（2018）采用门限自回归模型实证分析了国际粮价对中国粮价的非对称传导效应。郑燕等（2019）基于 TVP-VAR 和 DCC-GARCH 模型，从分品种和时变角度考察了不同贸易强度、政策背景和价格变动情况下国际农产品对国内农产品价格的动态传导效应。

自"一带一路"倡议提出以来，不少学者对中国与"一带一路"沿线国家的农业合作进行了多角度研究。从合作方式来看，中国与"一带一路"沿线国家在农产品贸易、农业科技交流、农业投资等领域的合作前景广阔，但同时也面临着社会文化差异、舆论压力、东道国政局动荡等带来的风险（于海龙等，2018）。龚斌磊（2019）基于全球农业空间生产模型研究发现，中国与"一带一路"国家之间农产业生产的溢出效应远超世界平均水平，并证实增强双边贸易、科技援助、基础设施援建是实现中国与"一带一路"国家农业互利共赢的有效合作途径。农产品贸易方面的相关研究表明，中国在"一带一路"农产品贸易网络中的核心地位日益凸显（魏素豪，2018；苏昕等，2019），且与"一带一路"沿线国家的互补性强于竞争性（何敏等，2016；别诗杰等，2019；苏昕等，2019）；文化差异、经济规模、经济自由度、人口数量、地理位置、制度距离、是否签署自贸协定等是影响中国与"一带一路"沿线国家农产品贸易的重要因素（方慧等，2018；魏素豪，2018；李文霞等，2019）。陈林等（2018）通过二元边际分析指出中国更应从扩展边际角度提升对"一带一路"沿线国家的农产品出口。农业投资方面，苏珊珊等（2019）基于生产要素互补性角度研究发现，俄罗斯、新加坡、乌兹别克斯坦等 7 国是与中国进行农业投资合作潜力最大的"一带一路"沿线国家。李治等（2020）通过实地调研证实，中国农业企业对"一带一路"沿线国家的投资产生了良好的经济、社会及生态效益，但在国外政策环境、企业经营管理以及社会服务体系等方面存在发展困境。詹琳等（2020）分析了不同投资动机下影响中国农业企业对"一带一路"沿线国家直接投资的区位因素，并给出了相应的策略建议。另外，考虑到土地资源的限制和可持续发展，中国不得不大量从美国进口包括大豆、棉花和小麦在内的不具备比较优势的土地密集型农产品（罗浩轩等，2019）。然而 2018 年中美贸易战爆发以来，中国对美国商品的贸易依存度出现明显下降，因此有理由认为中美贸易战很可能会使得中国农产品对外贸易结构发生改变，在导致中国与美方进出口规模下降的同时，进一步促进中国与"一带一路"沿线国家的农业贸易合作。王克岭（2021）将中国与中东欧国家的产业内贸易水平划分为三个层次，其中处于较低水平的是中波贸易，处于较高水平的是中捷贸易、中斯贸易，处于高水平的是中匈贸易。研究发现，提升产业内贸易水平、转变产业内贸易模式并缩减逆差是双边经贸合作稳定的长效机制。韩永辉等（2021）通过对中东欧国家的产能贸易对投资互补竞争进行耦合效应分析，发现"一带一路"倡议下产能贸易和投资能够促进互补性投资，进而加强产能之间的联系和贸易深化。

2.2.3 关于中国与中东欧国家农业教育合作研究

农业教育作为"一带一路"倡议下农业多元合作深化的重要议题，已经成为中国与中东欧国家关系的重要组成部分。2019 年 1 月，中国与中东欧国家正式启动教育青年交流年活动，同时还启动了"中国-中东欧国家教育能力建设项目"和"中国-中东欧国家高校联合教育项目"，中国与中东欧国家的教育合作进入了新的发展阶段。马佳妮（2019）提出，"一带一路"倡议下，中国与中东欧国家教育合作不断深化拓展，但复杂的民族宗教关系、个别地区政局不稳定隐患、地缘政治环境带来的风险、尚不深入的教育交流机制，使得我国与中东欧国家教育合作成效面临挑战。刘宝存（2020）提出，在"一带一路"倡议下，我国在跨区域教育机制方面取得了较好的进展，双边、多边及次区域教育合作机制初步形成，在双边、多边人文交流磋商机制方面也取得了实质性进展。林海等（2011）通过分析波兰的高等农业教育的现状以及特点，找出中国与波兰在农业教育合作方面的优势，指出中波农业教育合作模式应该多元化，应该根据双方高校的特点，采取灵活多样的方式进行。

2.2.4 关于中国与中东欧国家农业投资合作研究

国内学者针对中国对中东欧投资的研究多集中于整体投资现状、环境及风险。李佳（2019）分析发现中国对欧盟的直接投资规模在中美贸易战后开始持续收缩，投资地域分散、行业多元化现象不断突出，但对中东欧国家的投资却总体上呈现持续上升态势，重大项目的实施也驶入快车道。苏珊珊（2019）通过构建生产要素互补性指标和投资综合潜力测度指标体系，科学分析中国与"一带一路"沿线国家间农业投资合作潜力，根据中国对中东欧国家农业投资的间断性和偶发性，发现中国与中东欧国家呈现农业生产要素中等或中等偏高度互补的状况，合作潜力巨大。具体到农业领域而言，樊华（2020）分析了"一带一路"倡议给农业投资合作带来的机遇，指出了中外农业投资合作中存在的问题，并且提出了关于中外农业投资空间拓展的策略。韦倩青等（2020）指出中国与波兰的农业合作存在明显的优势互补，合作前景广阔，但中国企业在波兰农业投资合作将面临基础设施相对落后，企业注册困难，纳税合规性风险大，劳工保障要求高及劳工引入风险大等问题，并提出在转变农业投资方式，拓展农业价值链，开展农业科研合作，绿地投资为主，并购或项目为辅，适应法律环境复杂性，主动承担社会责任等方面加强合作。张希颖等（2019）以中捷农场为典型代表，通过研究中捷农场的发展背景结合双边合作的有利条件及促进中国和中东欧农业投资合作取得的有效成果，提出促进中国和中东欧农业投资合作的启示，为中国和中东欧之间的农业研究提供更多思路，促进中国和中东欧农业合作发展。张鹏（2014）通过分析中国和中东欧经济现状、农业发展现状，论证了我国企业在中东欧国家开展农业投资合作的可行性；对中东欧地区的农业大国的代表行业进行了比较优势分析，论证了在中东欧国家开展农业投资合作的具体行业选择问题。

2.2.5　关于中国与中东欧国家农业科技合作研究

在研究中国与中东欧国家的农业科技合作方面，大多数学者从宏观层面，探讨了农业科技专利、科技合作机制、科技合作渠道等。叶春蕾（2019）分析了中国与"一带一路"沿线国家在农业科技领域的论文引用次数，分别从宏观国家层面、中观科研机构和微观合作研究内容出发，全方位地揭示中国与"一带一路"沿线国家在农业科学领域的合作研究发展态势。林炳坤（2020）分析了推进农业科技合作的必要性和发展态势，针对制约与"一带一路"沿线国家农业科技合作的不利因素，提出在构建农业知识产权保护体系、强化农业技术标准合作、推进联合技术攻关、增加关联领域技术合作等方面深化与"一带一路"沿线国家开展农业科技合作的策略。在农技合作模式方面，张建华（2019）在对垂直式技术输出、水平式技术合作两种农业国际技术合作模式的实践形式与特点进行分析的基础上，指出中国与"一带一路"沿线国家科技合作中存在的问题，并结合实际提出建议。徐惠等（2018）提出构建中国与中东欧国家科技协同创新发展的实施路径，包括促进中国与中东欧国家产业合作，充分发挥组织机构的作用，构建新型科技伙伴关系。以科学技术的进步带动各行业的高速发展，促进了各国经济实力的增强和国际地位的提高。李振奇等（2020）通过研究河北省与中东欧国家科技合作的现状，对河北省与中东欧国家进行科技合作进行了可行性分析，探讨合作中存在的问题以及提高两国科技合作水平的有效措施。

2.2.6 国内外的反贫困研究

"反贫困"一词最早由瑞典经济学家冈纳·缪尔达尔提出，引起了研究贫困方面的学者广泛关注，标志着反贫困问题进入到贫困问题的研究领域。反贫困的概念主要包括四个方面的内容：①"Poverty reduction"，主要强调减少贫困人口数量和致贫因素；②"Poverty alleviation"，主要强调减轻贫困程度以及缓和贫困的手段；③"Support poverty"，主要从政策实践的角度研究和落实政府或民间的反贫困计划与项目；④"Poverty eradication"，强调反贫困的目的是为了根除贫困、消除贫困或者消灭贫困（李瑞华，2014）。

国外的反贫困研究主要集中在反贫困理论上，马尔萨斯在《人口原理》一书中指出社会人口会按几何级数增长，然而生存资料因为土地有限只能按算术数列提升，人口的增长速度远高于食物的供应速度，最后必然导致人口过剩，进而引发贫困等问题。解决贫困在于直接"抑制人口增长"，其方式包括：①"道德抑制"，即采用节育、晚婚等方式降低人口出生率，从而减少人口；②"积极抑制"，即通过提高人口死亡率等方式建设人口[1]。舒尔茨在《人力资本投资——一个经济的观点》中指出经济发展中人的质量起到了决定性的作用，自然资源的丰裕程度起到次要作用。因此，要摆脱贫困，必须提高人口质量，提升人口素质[2]。缪尔达尔在《世界贫困的挑战——世界反贫大纲》中提出反贫困制度创新的路径在于提高生产效率，打破"贫困恶性循环"，提高贫困人口的收入[3]。此外，由于中国政府在反贫困事业上做出的巨大贡献，西方学者对中国反贫困实践做了大量的研究。沙琳·库克和格登·怀特（1998）对中国反贫困模式的变化历程在《中国 PK 模式的变化：研究和政策问题》一书中进行了探讨。古斯塔法松和钟伟（2000）对 1988 年和 1995 年的两组家庭调查数据进行了系统性的分析，对中国近两年贫困线的标准及其变化进行了讨论。在世界银行发布的《中国 WTO：入世、政策变革和减贫战略》的研究报告中，经济学家迪帕克·巴塔萨里等（2004）分析了中国加入世贸

---

① 马尔萨斯. 人口原理 [M]. 朱泱，等译. 北京：商务印书馆，1992：6-17.
② 奥多·W. 舒尔茨. 人力资本投资：教育和研究的作用 [M]. 北京：商务印书馆，1990.
③ 冈纳·缪尔达尔. 世界贫困的挑战：世界反贫困大纲 [M]. 北京：北京经济学院出版社，1994.

组织对中国经济的影响。

随着我国反贫困事业的不断推进，我国学者在贫困与反贫困领域进行广泛研究，相关研究取得了快速进展，逐渐出现了不少贫困与反贫困研究的本土化成果。学术界的研究成果主要包括贫困的分类、贫困的成因以及相关对策等。

第一，贫困的分类研究。康晓光（1995）在《中国贫困与反贫困理论》一书中把贫困分为制度性贫困、区域性贫困和阶层性贫困。制度性贫困是指，由于社会制度（如权利分配制度、就业制度等）决定了生活资源在不同社区、不同区域、不同群体和不同个体之间的不平等分配，进而造成的某些社区、区域、群体或个人处于贫困状态；区域性贫困指在相同的制度背景下，由于处于不同的自然条件和社会发展状况而引发的贫困；阶层性贫困是指在相同的制度背景和区域条件下，由于自身素质较差（文化程度不高、劳动力少、缺少社会关系等）而处于贫困状态。吴国宝（1996）从贫困成因的角度出发，把贫困划分为资源或条件制约型贫困和能力约束型贫困两种类型。其中，资源或条件制约型贫困主要指由于受到资金、土地和基础设施等方面的限制而导致的贫困；能力约束型贫困则指由贫困人口或贫困家庭的主要劳动力缺乏正常的体力、智力和必要的专业技能所引起的贫困。黄承伟（2002）在《中国反贫困：理论、方法、战略》一书中，把贫困分为环境约束贫困、能力约束贫困和权利约束贫困等几种类型。

第二，贫困的成因研究。陈端计（1991）把贫困的成因分为主体不发育论、载体不完善论和供体不平等论三大类别，他把贫困的成因看作一个内外成因的综合体，把人的素质差归为内因，即主体的不发育；把贫困地区不完善的内部环境和不平等的外部环境归为外因，即载体不完善和供体不平等。贫困的真正根源在于主体不发育、供体不平等、载体不完善所构成的一个低质态的"三位一体"。李含琳（1994）对贫困的根源进行了详细的评述，主要包括七类，分别为：资本短缺论、资源贫乏论、自然环境论、人口素质论、劳动挤压论、科技落后论和阶级划分论，并对每一种根源做了剖析。吴忠（1992）综合了人口学、社会学和发展经济学等多学科的研究成果，认为贫困的成因包括多个方面，综合因素分析相较于单个因素分析具有更强的解释力，其中，贫困内在本质的成因来源于个体的素质低下。

第三，反贫困对策方面的研究。我国学者在反贫困方面的研究主要包括：①制度创新反贫论。反贫困是我国长期实行的政策方针，同时也需要世界各国共同行动。为了适应经济全球化和构建人类命运共同体，中国在反贫困方面做了巨大的努力，不断完善和创新反贫困制度体系建设。徐辉（2002）认为在反贫困实践中，有效的制度体系必须以观念创新为先导，以反贫困方式和手段创新为核心，以法制完善和创新为保证，整合各种创新要素，充分发挥反贫困制度体系的整体效应。②素质提高反贫论。胡玉霞、迟福林（2005）认为人力资源是现代社会经济发展的核心，因此要积极开发贫困地区的人力资源，重视教育投入，培育高素质技术人才、技术骨干，并加大对贫困地区资金的投入力度。③科技反贫论。科学技术是第一生产力，余远美（2007）认为贫困地区的发展必须立足于当地资源，由于科学技术和人才的匮乏，贫困地区无法高效地开发利用当地资源，因此贫困地区要想发展离不开科学技术，且必须重视和依靠科技脱贫。

2.3　农业国际多元合作文献述评

中国与中东欧国家的农业合作作为"一带一路"建设的重要组成部分，由于农业本身的弱势性与复杂性，使得农业合作相对其他产业的合作更加多元复杂。现有研究针对"一带一路"做了大量的探讨和分析，聚焦于"一带一路"倡议下的货物与服务贸易、技术研发、教育、对外投资等多元的合作领域，但聚焦于农业层面的研究则相对有限，且相关研究较少集中于中国与中东欧国家农业多元合作的国别探讨和深入分析，围绕农产品贸易、农业对外投资、农业教育以及农业科技等层面的多元合作机制和路径的研究文献依然相对薄弱，特别是在逆全球化的趋势背景下，以美国为主导的西方国家开始战略收缩带来的战略真空需要新的战略力量的进入，这也是百年未有之大变局的国际形势变迁的必然选择。梳理现有文献，可以发现：①中外农产品价格关联性的相关研究主要从市场一体化、空间传导等角度考察中国与单一国际市场间的价格联系，鲜有文献以"一带一路"沿线国家为研究对象，考察中国与众多"一带一路"沿线国家农产品市场间的价格关联。②在中国与"一带一路"沿线国家间农业合作的相关文献中，多数学者聚焦农产品贸易和农业投资领域，主要关注贸易额等指标，较少从市场层面考察"一带一路"倡议背景下国内外农产品价格关联性的动态演化特征和内在机理，更鲜有文献将中美贸易摩擦纳入分析框架，从影响因素的角度探讨其在中国与"一带一路"沿线国家农产品价格关联演变中所起的作用。③农产品价格关联性的多数研究采用相关系数、VEC 模型等方法进行关联性测度，这些方法大多仅能度量两两相关关系，无法全面吸收多维变量间的互动信息，且只能反映关联强度，无法识别关联方向和关联结构，对关联特征的刻画还不够深入和丰富。④对农业多元化合作的研究主要集中于国家层面的合作，较少关于地区农业多元化合作研究。在农业科技合作和农业投资合作方面，大多数学者也都从整体和宏观出发，分析投资环境对于科技合作的影响及其发展态势，对具体的科技合作进展研究则相对偏少。⑤对于中国与中东欧国家的农产品贸易方面，大多学者从国家层面分析农产品贸易的优势与竞争性，但针对中国与中东欧不同国别之间的农产品贸易结构及贸易比较优势等合作强度方面则相对偏少。鉴于此，本书针对"一带一路"倡议背景下中国与中东欧国家在农产品贸易合作、农业教育合作、农业科技合作、农业对外直接投资合作以及相关合作机制的建设，进行专题研究，以便从理论和实践层面为有效指导中国农业从"请进来"向"走出去"的战略转变，实现国家农业战略开放新格局，全方位地促进农业大国向农业强国的跨越提供理论和实践指导。

3 中国与中东欧国家农产品贸易合作机制与效应研究

3.1 中国与中东欧国家贸易发展现状

随着"一带一路"倡议的深入推进,中国与东盟、欧盟的双边贸易不断增长,双方在很多领域的合作不断增强优势互补,总体呈现出稳中有升的良好态势。中国与中东欧国家贸易规模也在不断扩大。从贸易差额增速来看,中国与中东欧国家始终保持贸易顺差,中国与中东欧国家的贸易产品种类也逐渐增多,贸易领域不断拓展,这些扩展的领域大部分属于双方优势产品领域。2019年,希腊作为正式成员加入了中国-中东欧国家合作,"16+1 合作"升级为"17+1 合作",中国与中东欧国家伙伴关系网络越织越密。与中东欧国家合作机制启动以来,中国自中东欧国家进口农产品年均增长约 9.7%。截至 2021 年11 月底,中国已经和中东欧国家签署海关检验检疫合作文件 100 余份,涉及15 个国家,已批准 14 国的 132 种食品和几十种农产品输入。近年来,中国与中东欧国家高层互访频繁,合作机制日益完善,共建"一带一路"项目持续落地,人文交流不断深入,经贸合作成果更加丰硕。为了更加客观地对比近年来中国与中东欧 17 国、欧洲发达地区贸易情况,需要对中国与欧盟的双边贸易概况以及中国与中东欧 17 国、欧洲发达地区在双边贸易方面进行多维度比较分析,特别是揭示中国与中东欧国家之间在农产品贸易层面的国别差异及发展特色和优势等。

3.1.1 中国与欧盟双边贸易发展趋势

欧盟是世界上经济最发达的地区之一,经济一体化的逐步深化又促进了该地区经济的进一步繁荣。根据欧盟统计局的数据,2019 年欧盟 28 国 GDP 总量

为 16.4 万亿欧元，增长 1.5%；欧元区 19 国 GDP 为 11.9 万亿欧元，增长
1.2%。中国与欧盟之间的双边贸易规模也不断上升，双边贸易额再创新高，
特别是中欧双边贸易优势互补程度较高，贸易额不断攀升。2019 年中欧双边
贸易额达 7 053 亿美元，再创新高。欧盟已连续 16 年成为中国第一大贸易伙
伴，中国则是欧盟第二大贸易伙伴，双方互为对方第一大进口来源地和第二大
出口市场。2019 年，随着经贸争端带来的外部冲击不断加剧，内部制造业遇
冷和投资不足，加上欧元区第二大经济体法国和第三大经济体意大利的经济意
外萎缩，2019 年年末欧元区经济几乎陷入停滞。欧盟统计局数据显示[①]，2019
年全年，欧元区 GDP 增长 1.2%，创 2013 年欧债危机以来的新低，欧盟 28 国
的 2019 年全年 GDP 增速为 1.5%。受此影响，2019 年中国与欧盟的双边贸易
增速出现明显下滑。2019 年中国对欧盟进出口贸易总额为 7 053 亿美元，同比
上涨 3.4%；中国对欧盟的进口额为 2 766 亿美元，同比增长 1.1%；中国对欧
盟的出口额为 4 287 亿美元，同比增长 4.9%。而相比 2018 年同期，中欧贸易
额 6 821 亿美元，同比上涨 10.6%；中国对欧盟的进口额增长了 11.7%，达到
2 735 亿美元；中国对欧盟的出口额增长了 9.8%，达到 4 086 亿美元，见图 3.1。

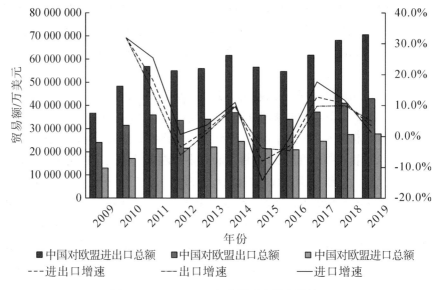

图 3.1　2009—2019 年中国对欧盟贸易情况

（资料来源：Wind 资讯）

---

① https://finance.sina.com.cn/stock/hkstock/hkstocknews/2020 - 02 - 01/doc - iimxxste7997760.shtml.

2009 年以来，中国对欧盟国家的出口占贸易总额的比例基本保持在 60%以上。2019 年中国对欧盟的出口占贸易总额的 60.8%，较 2018 年的 59.9%略有回升。2019 年中国从欧盟的进口占贸易总额的比例为 39.2%。中国输欧产品主要以机电产品、纺织品及原料、杂项制品等为主，而相对应的，中国进口欧盟产品主要以机电产品、运输设备、化工产品及精密仪器等为主，双边国家贸易具有较强的互补性，见图 3.2。

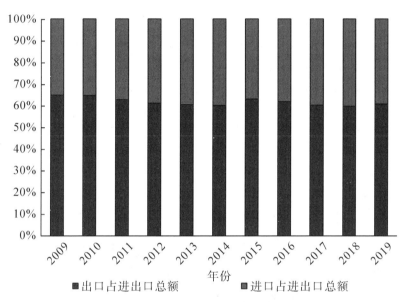

图 3.2　2009—2019 年中国对欧盟进口额、出口额占比

（资料来源：Wind 资讯）

在中国与欧盟 28 国的贸易中，中国对外贸易额前六大国分别是德国、英国、荷兰、法国、意大利和西班牙，见表 3.1。2019 年，6 国之和同比增长2.4%，达 5 123 亿美元，占中国对欧盟 28 国出口额的 72.6%，低于 2015 年的75.6%。2019 年，中国对 6 国出口之和为 3 095 亿美元，占中国对欧盟 28 国出口额的 72.2%；中国对 6 国进口之和为 2 028 亿美元，占中国对欧盟 28 国进口额的 73.3%，见图 3.3。从增速上来看，中国对欧盟 6 国双边贸易趋势与中国对欧盟整体贸易趋势高度一致。

表 3.1 2009—2019 年中国与欧洲主要发达国家/地区的贸易总额

单位：万美元

国别	贸易总额					
	2009 年	2015 年	2016 年	2017 年	2018 年	2019 年
德国	105 683 650	156 783 680	151 286 640	168 098 410	183 880 790	184 882 150
英国	39 154 720	78 518 300	74 341 980	79 034 290	80 438 360	86 303 710
荷兰	41 804 480	68 255 400	67 240 040	78 378 760	85 180 050	85 163 030
法国	34 480 000	51 410 100	47 134 960	54 463 730	62 898 680	65 572 190
意大利	31 263 910	44 692 360	43 064 960	49 598 430	54 235 330	54 911 040
西班牙	18 364 150	27 460 920	27 444 120	30 940 480	33 718 180	35 479 010
欧盟28国	365 235 080	564 754 840	547 017 940	616 915 750	682 164 240	705 295 550

资料来源：Wind 资讯、中华人民共和国海关总署。

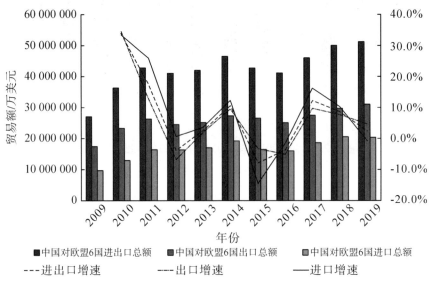

图 3.3 2009—2019 年中国对欧盟 6 国贸易情况

（资料来源：Wind 资讯）

3.1.2 中国与中东欧 17 国、欧洲发达地区贸易情况对比

中国与中东欧 17 个国家间的贸易增长速度整体上高于中国与欧洲整体的贸易增长速度。宁波航运交易所发布的数据显示，自 2015 年 3 月（指数基期）

28 ┊ 大国农业合作：中国与中东欧国家农业多元合作机制与路径研究

以来，中国与中东欧 17 国贸易指数（CCTI）整体高于海上丝路贸易指数（STI），且二者之间的差距呈现不断扩大趋势。2019 年 12 月，CCTI 为 209.84，远高于 STI 的 166.73，见图 3.4。

图 3.4　2015 年 3 月—2019 年 12 月 CCTI 及 STI 指数情况

（资料来源：Wind 资讯、宁波航运交易所）

由图 3.4 可知，中国对中东欧 17 国的进出口贸易总额继续增长，且整体增速高于中国与欧盟双边贸易总额。2009 年，中国对中东欧 17 国进出口贸易总额为 360.7 亿美元，相当于中国对欧盟进出口贸易总额的 9.9%；2019 年，中国对中东欧 17 国进出口贸易总额为 954.5 亿美元，相当于中国对欧盟进出口贸易总额的 13.5%，该比值在过去十年中基本保持稳步增长，见表 3.2。2009—2019 年，中国对中东欧 17 国贸易额年均增速为 18.8%，高于同期中国对欧盟贸易额 7.4% 的年均增速，见图 3.5。

表 3.2　2009—2019 年中国对中东欧、欧盟等国进出口贸易总额比较

年份	欧盟 6 国 /万美元	中东欧 6 国 /万美元	欧盟 28 国 /万美元	中东欧 17 国 /万美元	中东欧 6 国/ 欧盟 6 国 /%	中东欧 17 国/ 欧盟 /%
2009	270 750 905	30 810 064	364 041 700	36 066 853	11.4	9.9
2010	363 002 716	400 554 827	479 712 552	48 229 152	11.2	10.0
2011	426 627 777	46 911 439	567 212 833	57 223 819	11.0	10.1

表 3.2(续)

年份	欧盟 6 国 /万美元	中东欧 6 国 /万美元	欧盟 28 国 /万美元	中东欧 17 国 /万美元	中东欧 6 国/ 欧盟 6 国 /%	中东欧 17 国/ 欧盟 /%
2012	409 159 891	45 051 764	546 043 298	56 081 629	11.0	10.2
2013	419 818 435	46 897 272	559 040 299	58 765 779	11.2	10.5
2014	464 463 543	52 685 276	615 139 200	64 759 128	11.3	10.5
2015	427 120 758	49 610 799	564 754 840	60 187 011	11.6	10.7
2016	410 512 702	52 171 807	547 017 940	63 138 037	12.7	11.5
2017	460 514 103	59 942 054	616 915 746	73 160 777	13.0	11.9
2018	500 351 377	73 236 290	682 164 237	89 293 576	14.6	13.1
2019	512 311 114	798 901 640	7 053 955 490	95 451 880	15.6	13.5

资料来源:中华人民共和国海关总署。

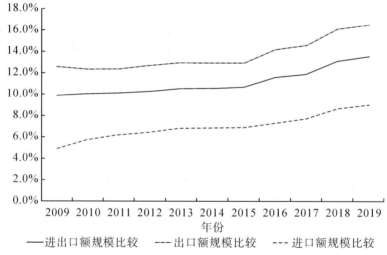

图 3.5 2009—2019 年中国与中东欧 17 国、欧盟 28 国贸易额比较

(资料来源:中华人民共和国海关总署)

其中,中国与中东欧 17 国中的维谢格拉德集团 4 国(波兰、捷克、匈牙利、斯洛伐克)和希腊、罗马尼亚(简称"中东欧 6 国")的进出口额最大,从 2009 年的 308 亿美元增长到 2019 年的近 799 亿美元。欧盟 28 国中,中国对德国、英国、荷兰、法国、意大利、西班牙 6 国的进出口额最大,从 2009 年的 2 708 亿美元增长到 2019 年的 5 123 亿美元。中国对中东欧 6 国的进出口贸易额较中国对欧盟 6 国的进出口贸易额增长得更为快速,下降得更为缓慢,尤其是近 7 年,体量占比逐步上升,见图 3.6。

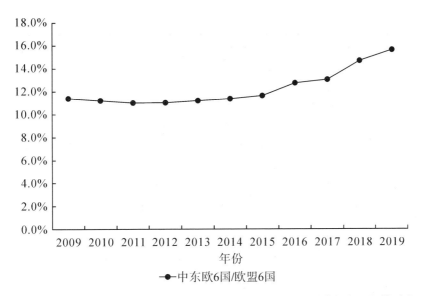

图 3.6　2009—2019 年中国对中东欧 6 国与中国对欧盟 6 国进出口贸易规模对比

（资料来源：Wind 资讯）

3.1.3　中国与中东欧 5 国、欧盟 5 国贸易商品结构对比

为了对比中国与欧盟及中东欧主要国家之间的货物贸易情况，分别对中国与欧盟 5 国和中国与中东欧 5 国①进行对比分析。2019 年，中国对欧盟 5 国出口的主要商品中第一大类是"机电产品"，占比达到 52.6%；第二大类为"纺织品及原料"，占比为 8.9%；第三大类为"家具、玩具及杂项制品"，占比为 8.7%。出口增速最快的商品是"矿产品"，增速达到 138.4%；出口下降最快的商品是"纺织品及原料"，下降 4.8%，其次为"皮革制品、箱包"，下降 3.5%，见表 3.3。

表 3.3　2019 年中国对欧盟 5 国出口的主要商品构成

商品类别	2019 年 /百万美元	2018 年 /百万美元	同比/%	占比/%
总值	321 070	324 025	−0.9	100.0
机电产品	168 918	171 185	−1.3	52.6

①　由于欧盟 5 国（德国、英国、荷兰、法国和意大利）和中东欧 5 国（波兰、捷克、斯洛伐克、希腊、罗马尼亚）分别在中国与欧盟、中国与中东欧国家"17+1"合作框架下具有较高的贸易占比，所以采用 2019 年的数据分别对其进行分析比较。

商品类别	2019 年 /百万美元	2018 年 /百万美元	同比/%	占比/%
纺织品及原料	28 522	29 956	−4.8	8.9
家具、玩具、杂项制品	27 869	27 517	1.3	8.7
贱金属及其制品	18 782	18 976	−1.0	5.8
化工产品	14 161	14 666	−3.4	4.4
塑料、橡胶	11 559	11 442	1.0	3.6
光学、钟表、医疗设备	10 941	10 234	6.9	3.4
运输设备	8 472	8 418	0.6	2.6
鞋靴、伞等轻工产品	8 466	8 529	−0.7	2.6
皮革制品、箱包	5 245	5 437	−3.5	1.6
陶瓷、玻璃	4 223	4 216	0.2	1.3
纤维素浆、纸张	2 784	2 746	1.4	0.9
木材及制品	2 239	2 286	−2.1	0.7
活动物、动物产品	1 446	1 280	13.0	0.5
植物产品	1 339	1 308	2.4	0.4
食品、饮料、烟草	995	937	6.2	0.3
矿产品	236	99	138.4	0.1
贵金属及制品	230	206	11.7	0.1

资料来源：中国商务部、中东欧经济研究所。

2019 年，中国对欧盟 5 国进口的主要商品中第一大类为"机电产品"，占比达到 30.8%；第二大类是"运输设备"，占比为 23.8%；第三大类是"化工产品"，占比为 10.6%。进口增速最快的商品是"木材及制品"，增速达到 88.4%；进口下降最快的商品是"纤维素浆、纸张"，下降 14.1%，其次为"贱金属及其制品"，下降 13.7%，见表 3.4。

表 3.4　2019 年中国对欧盟 5 国进口的主要商品构成

商品类别	2019 年 /百万美元	2018 年 /百万美元	同比/%	占比/%
总值	191 048	193 272	−1.2	100.0
机电产品	58 815	61 384	−4.2	30.8
运输设备	45 433	50 519	−10.1	23.8
化工产品	20 306	18 220	11.4	10.6

表3.4(续)

商品类别	2019年/百万美元	2018年/百万美元	同比/%	占比/%
光学、钟表、医疗设备	13 846	13 639	1.5	7.2
贵金属制品	9 309	6 692	39.1	4.9
贱金属及其制品	8 326	9 651	−13.7	4.4
塑料、橡胶	6 184	6 681	−7.4	3.2
矿产品	6 182	6 053	2.1	3.2
食品、饮料、烟草	4 997	4 985	0.2	2.6
活动物、动物产品	4 443	2 742	62.0	2.3
纺织品及原料	3 169	3 193	−0.8	1.7
家具、玩具、杂项制品	1 676	1 911	−12.3	0.9
皮革制品、箱包	1 390	1 310	6.1	0.7
纤维素浆、纸张	1 336	1 556	−14.1	0.7
陶瓷、玻璃	1 273	1 335	−4.6	0.7
植物产品	730	490	49.0	0.4
木材及制品	633	336	88.4	0.3
鞋靴、伞等轻工产品	372	361	3.0	0.2
艺术品	286	246	16.3	0.1
动植物油脂	81	70	15.70	0.0

资料来源:中国商务部、中东欧经济研究所。

2019年,中国对中东欧5国的主要出口商品中第一大类也是"机电产品",占比为60.2%;第二大类为"纺织品及原料",占比为7.1%;第三大类为"贱金属及其制品",占比为6.9%。出口增速最快的商品中第一大类为"纤维素浆、纸张",增速达21.2%;第二大类为"纺织品及原料",增速为14.9%;第三大类为"食品、饮料、烟草",增速为14.3%,见表3.5。

表3.5 2019年中国对中东欧5国出口的主要商品构成

商品类别	2019年/百万美元	2018年/百万美元	同比/%	占比/%
机电产品	31 545	29 670	6.3	60.2
纺织品及原料	3 708	3 228	14.9	7.1
贱金属及其制品	27 869	27 517	2.1	6.9
家具、玩具、杂项制品	18 782	18 976	4.1	6.7
塑料、橡胶	14 161	14 666	4.9	3.2

表3.5(续)

商品类别	2019 年 /百万美元	2018 年 /百万美元	同比/%	占比/%
运输设备	11 559	11 442	7.3	3.0
化工产品	1 550	1 361	13.9	3.0
光学、钟表、医疗设备	1 431	1 397	2.4	2.7
鞋靴、伞等轻工产品	1 181	1 066	10.80	2.3
陶瓷、玻璃	727	682	6.6	1.4
皮革制品、箱包	581	573	1.4	1.1
纤维素浆、纸张	320	264	21.2	0.6
活动物、动物产品	244	223	9.4	0.5
木材及制品	225	223	0.9	0.4
植物产品	96	94	2.1	0.2
食品、饮料、烟草	48	42	14.3	0.1
贵金属及制品	29	34	−14.7	0.1

资料来源：中国商务部、中东欧经济研究所。

2019 年，中国自中东欧 5 国的主要进口商品中第一大类为"机电产品"，占比为 29.5%；第二大类为"运输设备"，占比为 20.0%；第三大类为"贱金属及其制品"，占比为 10.4%。进口增速最快的商品中第一大类是"木材及制品"，增速达到 83.8%；第二大类是"活动物、动物产品"，增速为 79.4%，见表 3.6。

表 3.6　2019 年中国对中东欧 5 国进口的主要商品构成

商品类别	2019 年 /百万美元	2018 年 /百万美元	同比/%	占比/%
机电产品	2 637	2 710	−2.7	29.5
运输设备	1 791	1 474	21.5	20.0
贱金属及其制品	934	879	6.3	10.4
矿产品	856	897	−4.6	9.6
木材及制品	487	265	83.8	5.4
光学、钟表、医疗设备	442	437	1.1	4.9
塑料、橡胶	429	432	−0.7	4.8
家具、玩具、杂项制品	328	365	−10.1	3.7
化工产品	251	224	12.1	2.8
纤维素浆、纸张	186	204	−8.8	2.1

表3.6(续)

商品类别	2019年/百万美元	2018年/百万美元	同比/%	占比/%
活动物、动物产品	174	97	79.4	1.9
陶瓷、玻璃	111	96	15.6	1.2
食品、饮料、烟草	107	92	16.3	1.2
纺织品及原料	80	111	−27.9	0.9
皮革制品、箱包	37	38	−2.6	0.4
植物产品	32	35	−8.6	0.4
鞋靴、伞等轻工产品	16	16	0.0	0.2
动植物油脂	2	4	−50.00	0.0

资料来源：中国商务部、中东欧经济研究所。

从主要商品构成来看，中国对中东欧国家的进出口商品结构与中国对欧洲发达国家的进出口商品结构基本一致，见图3.7和图3.8。中国对欧盟及中东欧国家出口商品构成上，排前两位的分别是"机电产品"和"纺织品及原料"；进口商品构成上，排前两位的分别是"机电产品"和"运输设备"。此外，2019年中国对欧盟5国和中东欧5国的"木材及制品"的进口增速都超过了80%，均为当年增速最快的商品类别。

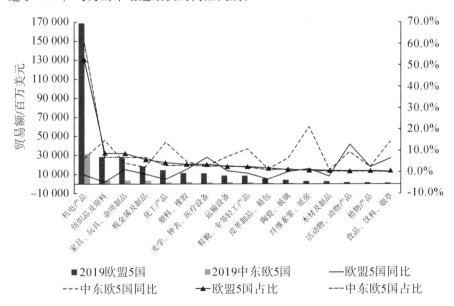

图 3.7　2019 年中国对中东欧 5 国、欧盟 5 国出口主要商品构成

（资料来源：中国商务部、中东欧经济研究所）

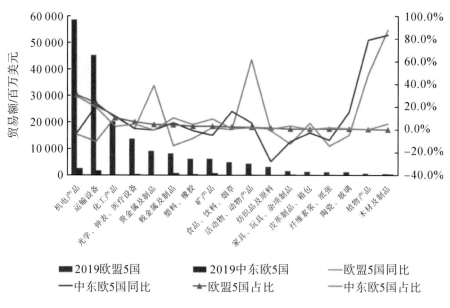

图 3.8　2019 年中国对中东欧 5 国、欧盟 5 国进口主要商品构成

（资料来源：中国商务部、中东欧经济研究所）

3.2　中国与中东欧国家农产品贸易与合作现状

自 2013 年习近平主席提出共同建设"丝绸之路经济带"倡议以来，中国与"一带一路"沿线国家的贸易增长成为全球贸易发展的新热点。根据海关总署和商务部统计，截至 2018 年 6 月底，中国已在"一带一路"沿线国家建设境外经贸合作区 82 个，并成为 25 个"一带一路"沿线国家最大的贸易伙伴。农业在促进中国与"一带一路"沿线国家互利共赢方面扮演着重要角色。随着"一带一路"倡议的实施，中国与"一带一路"沿线国家间的农业合作不断深化，据农业农村部统计，2018 年中国与"一带一路"沿线国家农产品贸易额超过 770 亿美元，开展的农业投资合作项目达到 657 个。在此背景下，中国与"一带一路"沿线国家间农产品市场的联系日趋紧密，其价格关联性也呈现出新的特征和趋势。

随着单边主义和保护主义势力的抬头，国际经贸与政治形势都遭受着前所未有的冲击。长期以来，美国是中国大豆等重要农产品进口的主要来源国

（赵一夫等，2017），而在中美贸易摩擦不断升级的背景下，中国农产品贸易结构发生了重要改变。据海关总署统计，2018年中国对美国大豆的进口量较上年减少1 622万吨，下降近五成，中国对美国小麦和玉米的进口量也大幅减少，同比降幅分别高达77%和59%。为填补中美贸易战导致的农产品进口缺口，中国积极拓展进口来源地，加大了与其他国家和地区尤其是"一带一路"沿线国家的贸易合作力度。例如，2018年中国从俄罗斯进口的大豆数量同比增长64.7%，并成为俄罗斯大豆的主要出口国，占其出口总额的93%；2019年7月海关总署发布公告，将俄罗斯大豆进口区由5个边疆州区扩大到俄全境（刘璐等，2021）。可见，在"一带一路"倡议稳步推进的背景下，中美贸易战的持续升级很可能会进一步强化中国与"一带一路"沿线国家间的农业合作，从而对中国与"一带一路"沿线国家农产品的价格关系产生影响。

那么，在"一带一路"倡议下，中国与中东欧国家的农产品交易是否呈现出新的互动和传导关系？其价格关联程度和传导方向如何？关联性是否因品种、国家不同而存在差异？在时间维度上又具有怎样的动态演化特征？在中美贸易战的冲击下又是否以及怎样发生改变？研究这些问题对于深入认识和理解新形势下中外农产品价格传递、中国农产品国际化战略的实施路径与效果以及中国粮食安全问题具有重要的理论与现实意义。

3.2.1 双边国家农产品贸易现状

纵观中国与中东欧17国之间的贸易发展状况，双边贸易额从2003年的86.84亿美元增长到2019年的986.37亿美元，增长了11.35倍，年均增长率达16.76%。其中，增速最快的是2006年，达到46.08%，2009年受国际金融危机的影响，增速跌至-19.22%，二者波动幅度较大。但从2013年之后，特别是中国提出"一带一路"倡议之后，双边贸易额增速逐渐趋稳，年均增速保持在10%左右，各方之间经贸往来较为频繁，同时也加快了中东欧国家优质产品销往中国市场的步伐。中国与中东欧17国双边贸易额及增速变动情况见图3.9。

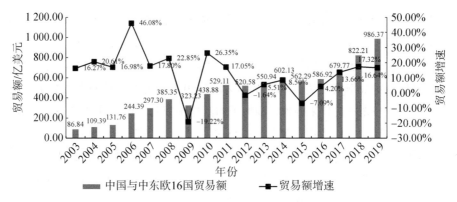

图 3.9　中国与中东欧 17 国双边贸易额及增速变动情况

　　从双边贸易额来看，波兰和捷克两个国家与中国的贸易额基本上占据了中东欧国家与中国的贸易额 47% 的份额，二者与中国年贸易额均在 150 亿美元以上，属于中东欧国家中的第一梯队。最近几年，匈牙利、罗马尼亚、斯洛伐克与中国贸易增长额度也相对较快，处于第二梯队的范畴，贸易额度占比达到中东欧国家与中国贸易额的 28%。第三梯队国家为斯洛文尼亚、保加利亚、克罗地亚、立陶宛、拉脱维亚、爱沙尼亚，双边贸易额总量均在 50 亿美元以下，这几个国家与中国的贸易总额占比达到 20% 左右；第四梯队国家为阿尔巴尼亚、塞尔维亚、黑山、马其顿、波黑，贸易额度均在 10 亿美元以下，贸易增速也相对较低，总体贸易额度占中东欧国家与中国贸易总额的比重不足 5%。中国与中东欧国家贸易总额梯度划分见图 3.10。

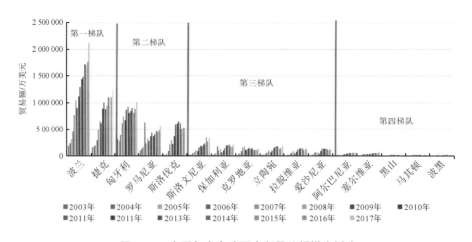

图 3.10　中国与中东欧国家贸易总额梯度划分

另外，从中国与中东欧国家双边贸易的国别差异来看，增速最快的国家有斯洛伐克、阿尔巴尼亚、马其顿、斯洛文尼亚，2013—2017年其年均增速平均达到50%以上，位居第一梯度国家序列。捷克、波兰、拉脱维亚、立陶宛在2013—2017年平均增速达到35%以上，属于第二梯度的国家。第三梯度和第四梯度国家的增速相对较慢，尤其是部分国家在2008—2012年与2013—2017年增速差异明显，前期增速为负值的国家在"一带一路"倡议提出后发生较大变化。黑山贸易额则出现不增反降，累计贸易额增速达到−51.66%，与中国几乎没有任何贸易往来，这种国别贸易差距也反映出双边国家在贸易层面存在较大的国别差异性。

3.2.2 双边国家农产品贸易规模

2008年以来，中国与中东欧17国无论是整体农产品贸易规模还是单个国家间的农产品贸易规模均呈现出较快增长的态势。将中东欧17国作为一个整体来看，中国与中东欧17国的农产品贸易额从2008年的4.52亿美元逐年递增到2019年的14.6亿美元，同比增长6.2%。其中，中国从中东欧17国进口6.0亿美元，同比增加23.3%；向其出口8.6亿美元，同比减少3.3%；顺差为2.6亿美元，减少36.0%。2012年，中国与中东欧17国农产品贸易总额为8.1亿美元，其中，中国自中东欧17国进口1.9亿美元，对中东欧17国出口6.81亿美元，中方顺差为4.91亿美元。2013—2014年，双边贸易增速连续高涨。2015年，中国与中东欧17国农产品贸易首次突破10亿美元大关，达到10.61亿美元。2016—2017年，中国与中东欧17国农产品贸易连续下滑。2018年，中国与中东欧17国农产品贸易呈现止跌回升态势，双边贸易总额达12.25亿美元，创历史新高，增长8.98%。其中，中国自中东欧17国进口4.27亿美元，增长2.21%，中国对中东欧17国农产品贸易合作均处于顺差地位，金额累计达23.35亿美元。在中国与中东欧17国农产品贸易中占比最大的为波兰，达40.3%；其后依次为立陶宛、希腊、捷克和罗马尼亚，分别占9.3%，9.32%，9.08%和7.87%。5国贸易总额为11亿美元，占中国与中东欧17国贸易的75.74%，其余国家所占比例均在5.0%以下。中国主要从17国进口畜产品（44.7%）、谷物（9.3%）和饮品（9.0%），主要出口水产品（20.5%）和蔬菜（11.7%）。2008—2019年中国与中东欧国家农产品贸易总额见图3.11。2010—2018年中国与中东欧国家农产品贸易总额增速见图3.12。

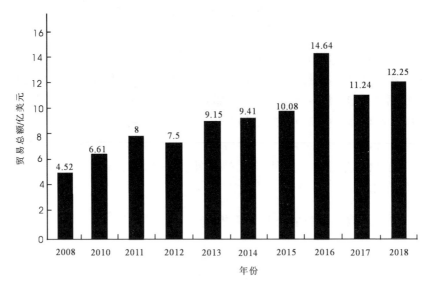

图 3.11　2010—2018 年中国与中东欧国家农产品贸易总额

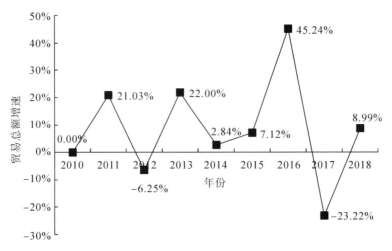

图 3.12　2010—2018 年中国与中东欧国家农产品贸易总额增速

（数据来源：中国农产品进出口月度统计报告）

　　总体来看，中国与中东欧农产品贸易规模在 2016 年之前呈上升趋势，之后有所下降，增速的波动相对较大。中国与中东欧国家农产品出口额在 2016 年之前相对平稳，2016 年之后增长较多，增速也波动较大。中国与中东欧国家农产品进口额 2014 年之前增长明显，之后相对平稳，增速在 2015 年之前波动较大之后相对平稳。尽管中国与中东欧 17 国农产品贸易总体规模仍较小且集中，但双方具有比较优势的农产品差异较大（王克岭等，2021），互补性强，双边农产品贸易有很较大发展空间。2010—2018 年中国与中东欧国家农产品出口额见图 3.13。2010—2018 年中国与中东欧国家农产品出口额增速见图 3.14。2010—2018 年中国与中东欧国家农产品进口额见图 3.15。2010—2018 年中国与中东欧国家农产品进口额增速见图 3.16。

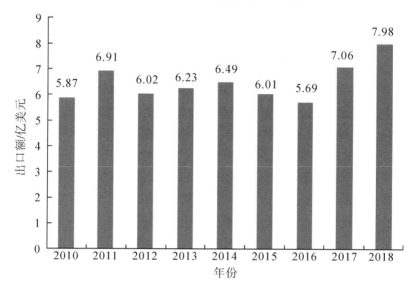

图 3.13　2010—2018 年中国与中东欧国家农产品出口额

（数据来源：中国农产品进出口月度统计报告）

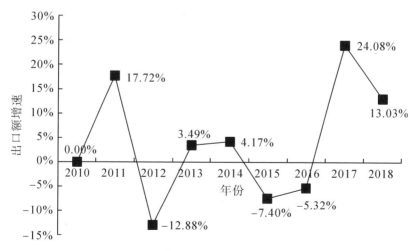

图 3.14　2010—2018 年中国与中东欧国家农产品出口额增速

（数据来源：中国农产品进出口月度统计报告）

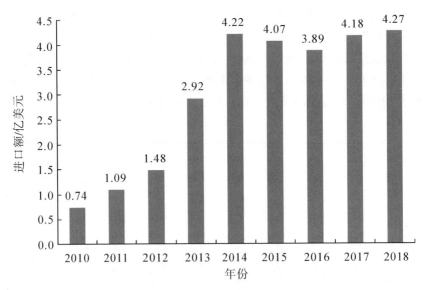

图 3.15   2010—2018 年中国与中东欧国家农产品进口额

（数据来源：中国农产品进出口月度统计报告）

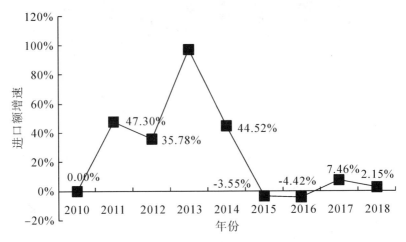

图 3.16   2010—2018 年中国与中东欧国家农产品进口额增速

（数据来源：中国农产品进出口月度统计报告）

3.2.3   农产品贸易国别结构差异

长期以来，中国与中东欧 17 国农产品贸易国别结构不均衡。2018 年，中国与中东欧 17 国农产品贸易额前三位分别为：波兰、罗马尼亚和捷克，占比合计超六成以上。中国与波兰农产品贸易额约为 5 亿美元。其中，出口前三位为：波兰、罗马尼亚、捷克；进口前三位为：波兰、捷克、匈牙利，波兰呈"一枝独秀"态势，占比近五成，中国与中东欧其他国家农产品贸易合作相对不足，尤其是斯洛伐克、黑山、马其顿和波黑。2018年中国与中东欧国家农产品贸易额及其占比，见表3.7。

表 3.7　2018 年中国与中东欧国家农产品贸易额及其占比

	进口额 /亿美元	进口额 占比/%	出口额 /亿美元	出口额 占比/%	贸易总额 /亿美元	贸易总额 占比/%
波兰	3.17	50.08	2	32	5.17	41.20
罗马尼亚	0.1	1.58	1.42	23	1.52	12.11
捷克	0.55	8.69	0.6	10	1.15	9.16
匈牙利	0.29	4.58	0.52	8	0.81	6.45
爱沙尼亚	0.26	4.11	0.36	6	0.62	4.94
立陶宛	0.54	8.53	0.07	1	0.61	4.86
保加利亚	0.41	6.48	0.13	2	0.54	4.30
塞尔维亚	0.32	5.06	0.12	2	0.44	3.51
阿尔巴尼亚	0.1	1.58	0.32	5	0.42	3.35
斯洛文尼亚	0.09	1.42	0.32	5	0.41	3.27
拉脱维亚	0.13	2.05	0.23	4	0.36	2.87
克罗地亚	0.22	3.48	0.03	0	0.25	1.99
斯洛伐克	0.07	1.11	0.02	0	0.09	0.72
黑山	0.03	0.47	0.06	1	0.09	0.72
马其顿	0.05	0.79	0.02	0	0.07	0.56
波黑	0	0.00	0	0	0	0.00

数据来源：中国农产品进出口月度统计报告。

3.2.4　双边国家农产品贸易 SWOT 分析

3.2.4.1　优势

从资源总量上来看，中国土地资源相对丰裕，农产品生产具备一定的规模优势；从资源质量上看，中国所处的自然区位和生态条件优越，为农产品生产创造了优良的生态环境，保证了农产品单产水平和良好的品质；从劳动力方面来看，中国劳动力资源相对丰富，为农业产业发展奠定了基础。而中东欧国家土地资源丰富、农业基础设施不足、农业发展潜力较大、投资门槛相对较低，而且地理位置居于欧亚大陆交界处，是中国企业进入欧洲市场的桥头堡。同时，农业产业具有产业链较长、产业关联度较高的特点，农业产业竞争力的形成必须有相关产业的支持。农业产业发展需要包括信息产业、科技文化产业提供技术支持，而中国目前与波兰、匈牙利、捷克、斯洛伐克、罗马尼亚、保加利亚、斯洛文尼亚、克罗地亚、塞尔维亚、希腊等都建立了农业科技合作关系，中国与中东欧国家在农产品贸易方面具有很强的互补性，双方在农业多元合作层面的优势互补需求也将进一步推动产业结构的深入调整和高质量发展。

3.2.4.2　劣势

无论是发达国家还是发展中国家，都在使用贸易壁垒这种手段谋求自身利益最大化，造成了发达国家和发展中国家之间的贸易摩擦和贸易壁垒，导致了中国与中东欧国家贸易受政治因素影响而不能自由顺畅地交易。由于中东欧大部分国家如波兰、爱沙尼亚、立陶宛等已加入欧盟，因此欧盟的一些贸易政策不但影响着中国与欧盟的贸易，同时也影响着中国和中东欧国家之间的贸易。农产品方面，欧盟对农产品的关税相较于其他国家一直都很高，对至少40.3%的产品征收的税率高于10%，对水果、谷物类、鱼类制品及蔬菜等产品征收的关税在15%左右，税率相对较高成为阻碍双边农产品贸易的重要阻力。

3.2.4.3　机遇

在政治法律环境方面，尤其是当前全球贸易保护主义抬头、单边措施频出背景下，中国维护多边贸易体制的主导地位，进一步主动扩大开放的积极举措，将有助于构建开放型世界经济和推动贸易投资自由化、便利化，更将给中国与中东欧国家的经贸合作带来新机遇。随着"一带一路"倡议的实施，中国与中东欧国家势必会加强在各自优势产业领域的贸易合作，这为实现双边优势互补、拓宽贸易合作范围、优化双边贸易结构、深化双边经贸关系奠定了基础。

在经济发展环境方面，部分中东欧国家位于欧盟的周边，部分却位于欧盟的中心，中东欧国家是中国连接欧亚大陆重要的枢纽地带，是中国通往欧洲腹地的重要门户。一方面，中东欧国家与欧盟国家构成了统一的欧洲市场，很多中东欧国家属于欧盟成员国，对欧盟市场和资金具有高度依赖性，且在产品安全、技术标准等方面均采用欧盟标准，是中国产品生产、销售，品牌再塑造，实现产品"欧洲化"的重要周转之地。另一方面，与欧洲其他国家相比，中东欧地区交通便利、运营成本低，一些中东欧国家拥有重要港口，地理位置优越，是中国企业或产品进入西欧的重要桥头堡。

在社会文化环境方面，中国与中东欧国家传统友谊深厚，合作历史悠久。自中国和中东欧国家领导人 2012 年在华沙首次会晤，中国与中东欧国家双边合作呈现出全方位、宽领域、多层次的良好发展态势。在文化领域方面，"中国-中东欧国家文化合作论坛"是引领中国与中东欧国家开展文化交流与合作的重要机制。在中国推动"一带一路"建设的大背景下，中国与中东欧国家之间的合作面临新的发展机遇，文化交流与合作将为双方共同发展不断注入新活力。

在技术环境方面，随着中国制造业的快速发展，中国在铁路、港口、公路、互联网等基础设施建设及装备制造方面拥有成熟的经验和先进的技术，这使得中国与中东欧国家产业间具有较强的互补性，双边经贸合作潜力巨大。

3.2.4.4 威胁

首先，地缘政治风险一直较大，来自欧盟对中国与中东欧次区域合作的担心与怀疑一直存在。一方面，欧盟及其主要成员国并不乐见中东欧国家在对外关系中的独立性。另一方面，由于中东欧 17 国所处地理位置以及历史发展上的特殊性，美国作为北约领导者一直对区域内的军事以及政治给予高度的重视，并牢牢把握他们的发展方向，不断对他们施加影响。虽然美国官方并没有明确表示反对中国与中东欧国家"16+1"合作，但是美国对中东欧地区的密切关注以及自乌克兰危机后，不断加强对其军事与政治控制的举措，必然会对中国与中东欧国家深入开展合作产生一定程度的消极影响。

其次，中东欧国家的交通基础设施质量普遍较差。中欧班列在运行过程中遇到铁轨下沉、开裂的问题，加上铁路货运量高峰期基础设施供不应求，中欧班列和其他火车出现时间节点冲突的现象，甚至出现了列车相撞的交通事故，严重影响列车的正常通行。此外，由于不同国家的铁轨宽度不同，中欧班列在运行过程中需要调整铁轨、轮对、换轨，严重影响了列车的运行速度。

最后，逆全球化趋势愈演愈烈。逆全球化趋势所产生的国际贸易格局多样化与贸易保护主义互为表里，当国际贸易格局多样化后，贸易保护主义表现更为强烈，中国-中东欧国家在农产品贸易方面就会面临更大的阻碍，同时各国的比较优势不明显，加上进出口贸易政策的阻碍，就更难推动中国-中东欧农产品贸易的发展。

3.3 中国与中东欧国家农产品贸易合作指数/强度分析

3.3.1 显示性比较优势

在农产品贸易合作层面，中国与中东欧国家农业贸易合作渊源较深。在新中国成立初期，中东欧国家大多属于苏联的加盟共和国，单个成员国对外贸易额都相对较低，直到最近几年才得到较快的恢复和发展。中东欧国家对中国出口的农产品主要是农畜产品、食品和酒类等（王纪元等，2018），相关产品知名度较高，这也与双边国家在地理区位和农产品贸易结构上存在较大的互补性有关（姚铃，2016）。在已有农产品贸易中，包括68.3%的互补性农产品和31.7%的非互补性农产品，活畜和动植物产品的互补性较弱，而杂项制品等互补性较强（魏素豪，2018），这主要源于中东欧国家农业产业缺乏深度合作以及贸易结构相对单一（刘威，2015）。于春燕等（2015）采用贸易优势指数（RTA）和综合互补系数（OBC）对中国与中东欧国家的农产品贸易进行了比较分析，发现中国在果蔬制品方面具有比较优势，双边具有较强的互补性，且中东欧国家各国与中国的互补性和竞争性也相差较大（李丹 等，2016）。此外，中东欧国家在联结欧盟与中国的经贸合作层面具有重要的作用，特别是促推中国"一带一路"合作走实走深，加快政策一体化和投资对接上具有较好的协同效应（杨波，2018）。本书从显示性比较优势指数和贸易互补性指数分析中国与中东欧17国农产品贸易合作互补性与竞争性。

显示性比较优势指数（RCA）是衡量一国产品或产业的国际市场竞争力最具说服力的指标。该指数定量地描述一个国家内各个产业（产品组）相对出口的表现，常用于衡量一国贸易或商品在世界市场的比较优势（竞争优势）。

显示性比较优势指数的具体公式为：

$$\text{RCA}_{ij} = \frac{X_{ij}/X_{tj}}{X_{iw}/X_{tw}} \tag{3.1}$$

式（3.1）中，X_{ij}表示国家j出口产品i的出口值；X_{tj}表示国家j的总出口值；X_{iw}表示世界出口产品i的出口值；X_{tw}表示世界总出口值。

若RCA≤0.8，表示该国某产品在世界市场中处于比较劣势；若0.8<RCA≤1.25，表示该国某产品在世界市场中具有中度竞争优势；若1.25<RCA≤2.5，表示该国某产品在世界市场中具有较强竞争优势；若2.5<RCA，表示该国某产品在世界市场中具有极强竞争优势。2014—2018年中国与中东欧17国农产品

贸易的显示性比较优势指数见表3.8。2018年，中东欧17国各成员农产品RCA差异较大，其中，捷克、斯洛伐克、斯洛文尼亚为比较劣势；阿尔巴尼亚、马其顿、塞尔维亚、爱沙尼亚、匈牙利和波黑农产品表现为中度竞争优势；立陶宛、拉脱维亚、罗马尼亚、保加利亚、克罗地亚、波兰和黑山表现为较强竞争优势。2014—2018年，中东欧17国农产品贸易指数从低级别的向高级别跃升的国家只有阿尔巴尼亚，也有国家从高等级向低等级下降，有黑山、马其顿、塞尔维亚和爱沙尼亚。

表3.8　2014—2018年中国与中东欧17国农产品贸易的显示性比较优势指数

国家	年份				
	2014	2015	2016	2017	2018
立陶宛	2.28	2.27	2.15	2.28	2.18
拉脱维亚	2.23	2.11	2.07	2.28	2.18
罗马尼亚	1.25	1.23	1.15	1.12	2.06
保加利亚	2.01	1.9	1.9	1.7	1.82
克罗地亚	1.56	1.63	1.67	1.62	1.8
波兰	1.6	1.56	1.47	1.52	1.59
黑山	3.5	2.17	1.93	1.59	1.42
阿尔巴尼亚	0.49	0.87	1.13	0.67	1.23
马其顿	1.55	1.39	1.35	1.2	1.15
塞尔维亚	2.48	2.5	2.37	2.11	1.11
爱沙尼亚	1.25	1.2	1.08	1.11	1.05
匈牙利	1.12	1.06	1.00	1.01	0.92
波黑	0.98	1.12	1.15	1.08	0.92
斯洛文尼亚	0.64	0.65	0.63	0.61	0.65
捷克	0.6	0.61	0.57	0.52	0.48
斯洛伐克	0.5	0.48	0.45	0.43	0.42
中国	0.36	0.36	0.38	0.37	0.38

数据来源：世界银行与国际粮农组织（FAO）和中国农产品进出口月度统计报告，经作者计算整理后得出。

　　中国与中东欧17国各种农产品RCA见表3.9。中东欧17国在活动物、奶产品和禽类、谷物和谷物制品、烟草和烟草制品、软木和木材、固态植物油脂等方面具有较强的比较优势（郑国富，2019）。而中国则在鱼和鱼制品、纺织纤维、加工动植物原料等方面具有一定的比较优势，特别是在产成品加工和产业链延伸层面具备一定的优势。总体而言，中东欧国家各种农产品比较优势与中国农产品间存在着较大的差异性，其具有比较优势的农产品都是与中国农产品是互补的，存在较大的农产品贸易合作潜力。当前，我国与东南亚国家得益于近邻和中国-东盟自贸区合作机制农产品贸易往来密切，与中东欧国家在农产品贸易往来却仅占一小部分。因此，在"一带一路"倡议下，我国应在已有经贸合作机制框架下，加强和推动与"一带一路"国家，尤其是中东欧国家的农产品贸易合作。

表 3.9　2018 年中国与中东欧 17 国各种农产品 RCA

	中国	中东欧 17 国
活动物	0.21	1.69
肉及肉制品	0.17	1.45
奶产品和禽类	0.03	2.03
鱼和鱼制品	1.18	0.55
谷物和谷物制品	0.09	2.42
蔬菜和水果	0.71	0.87
糖、糖制品和蜂蜜	0.36	1.38
咖啡、茶、可可粉及香料	0.21	1.02
动物饲料	0.31	1.25
混合及油质水果	0.33	1.25
饮料	0.14	0.91
烟草及烟草制品	0.25	2.85
生皮及皮革	0.01	1.48
含油种子及油质水果	0.1	1.37
天然橡胶	0.14	0.54
软木及木材	0.12	2.75
纸浆及废纸	0.02	0.53
纺织纤维	0.63	0.55
加工动植物原料	0.82	0.62
动物油脂	0.31	0.73
固态植物油脂	0.03	1.69
加工后的动植物油脂类	0.13	0.41

数据来源：世界银行与国际粮农组织，经作者计算整理后得出。

3.3.2 农产品贸易与合作强度分析

贸易强度指数（trade intensity index，TII）最早由布朗（Brown，1949）提出，后经科吉马（Kojima，1964）完善，其将出口强度指数定义为：

$$\text{TII}_{ij} = \frac{X_{ij}}{X_i} \Big/ \frac{M_j}{M_w - M_i} \qquad (3.2)$$

式（3.2）中，X_{ij}表示从i国到j国的出口量；X_i表示i国总出口量；M_i、M_j和M_w分别表示i国、j国和世界各国的总进口量。TII > 1，表示i国对j国出口的双边贸易重要程度要高于世界其他国家对j国出口的平均水平；TII < 1，则表示i国对j国出口的双边贸易重要程度要低于世界其他国家对j国出口的平均水平。TII 的值越大，表明两国间贸易联系越紧密，反之则越疏远。据此得出 2016—2020 年中国与中东欧国家的贸易强度指数，具体结果见表 3.10。

表 3.10　2016—2020 年中国与中东欧国家的贸易强度指数

国家	年份				
	2016 年	2017 年	2018 年	2019 年	2020 年
阿尔巴尼亚	0.272 1	0.216 3	0.240 2	0.204 0	0.240 5
波兰	0.258 8	0.273 1	0.231 6	0.246 2	0.206 4
捷克	0.095 7	0.099 7	0.091 3	0.100 8	0.105 6
斯洛伐克	0.025 1	0.024 2	0.020 3	0.019 1	0.025 0
匈牙利	0.052 8	0.062 8	0.065 8	0.069 9	0.061 3
斯洛文尼亚	0.183 7	0.225 4	0.191 9	0.225 1	0.198 9
克罗地亚	0.136 2	0.105 8	0.093 0	0.079 2	0.099 8
罗马尼亚	0.262 6	0.183 9	0.237 1	0.174 2	0.177 3
保加利亚	0.166 7	0.223 5	0.300 7	0.290 6	0.313 0
塞尔维亚	0.083 5	0.093 2	0.077 2	0.070 8	0.053 3
黑山	0.197 6	0.179 6	0.178 1	0.118 2	0.122 4
北马其顿	0.052 8	0.074 8	0.094 7	0.068 4	0.045 5
波黑	0.029 1	0.036 7	0.038 6	0.055 8	0.031 3
爱沙尼亚	0.153 8	0.174 8	0.269 8	0.197 9	0.144 6
立陶宛	0.196 5	0.211 4	0.181 9	0.243 9	0.217 9
拉脱维亚	0.142 6	0.143 1	0.121 1	0.105 2	0.124 4
希腊	0.222 9	0.208 2	0.179 8	0.191 0	0.185 3

由表 3.10 可知，目前中国与中东欧国家的贸易强度指数均在 1 以下，这说明目前中国与中东欧国家的贸易强度不大，但是在未来有较大的增长空间。具体来看，中国与中东欧国家之前的贸易强度指数具有以下特征。

中国与中东欧国家的贸易强度指数稳中有升。除了 2020 年因为新型冠状病毒感染受到一定的影响之外，中国与中东欧多数国家之间的贸易强度指数均稳定，而且略有升高，这说明了双方的农产品贸易联系逐渐增强，中国与中东欧国家的农产品贸易将会进一步提升。

从各个国家具体的情况来看，中国与中东欧国家 2020 年贸易强度较大的几个国家分别为保加利亚、阿尔巴尼亚、立陶宛、波兰、斯洛文尼亚和希腊，这几个国家的贸易强度指数基本维持在 0.2 以上，说明这几个国家目前是该地区与中国农产品贸易联系最为紧密的国家，在未来的农产品贸易中，应该巩固和增强与这几个国家之间的贸易关系，从而为提升整个区域的农产品贸易奠定坚实的基础。

另外，斯洛伐克、波黑、北马其顿、塞尔维亚和匈牙利为贸易强度指数最小的几个国家，2016—2020 年的贸易强度指数均在 0.1 以下，说明中国目前与这几个国家之间的贸易联系不紧密，但是未来有较大的提升空间。

总体而言，本书的统计分析表明，与大多数现有文献的具体结果类似，中国目前与中东欧国家之间的农产品贸易水平较为低下，但是在整个区域内呈现出不同的特征，新型冠状病毒感染发生后，2020 年的数据表明中国与该地区之间的农产品贸易受到了一定影响。

3.3.3 农产品贸易互补性指数

贸易互补性指数（TCI）指国家出口与国家进口之间的贸易互补指数，常用于衡量两国某种商品贸易的互补性程度，若其数值大于或等于 1，表示一国在某商品上对另一国贸易互补性较强；若其数值小于 1，表示一国在某商品上对另一国贸易互补性较弱。贸易互补性指数一般用来反映两国间贸易商品结构互补性指标，它是在比较优势指数的基础之上发展而来的，首先计算出一贸易国的进口出口比较优势指数，再计算另一贸易国的出口进口贸易指数，两个比较优势指数相乘就得到贸易互补性指数，所以在计算贸易互补性指数时要从两个方面分析计算。贸易互补性指数具体计算公式为：

$$C_{ij} = \sum \left[\left(\text{RCA}_{xik} \times \text{RCA}_{mik} \right) \right] \times \left[W_k / W \right] \tag{3.3}$$

式（3.3）中，RCA_{xik} 表示用出口来衡量的国家 i 在产品 k 上的比较优势；RCA_{mjk} 表示用进口来衡量的国家 j 在产品 k 上的比较优势；W_k 表示 k 类产品的各国国际贸易总额；W 表示世界所有产品的贸易额。

2014—2018 年中东欧 17 国对中国农产品贸易互补性指数见表 3.11。

表 3.11 2014—2018 年中东欧 17 国对中国农产品贸易互补性指数

	年份				
	2014	2015	2016	2017	2018
中东欧 17 国平均	0.87	0.91	0.84	0.83	0.96
阿尔巴尼亚	0.36	0.68	0.87	0.51	0.94
爱沙尼亚	0.92	0.94	0.83	0.85	0.80
保加利亚	1.48	1.49	1.46	1.30	1.39
波黑	0.72	0.88	0.88	0.83	0.70
波兰	1.17	1.23	1.13	1.16	1.22
黑山	2.57	1.70	1.49	1.22	1.09
捷克	0.44	0.48	0.44	0.40	0.37
克罗地亚	1.14	1.28	1.29	1.24	1.38
拉脱维亚	1.64	1.66	1.59	1.75	1.67
立陶宛	1.67	1.78	1.65	1.75	1.67
罗马尼亚	0.92	0.97	0.88	0.86	1.58
马其顿	1.14	1.09	1.04	0.92	0.88
塞尔维亚	1.82	1.96	1.82	1.62	0.85
斯洛伐克	0.37	0.38	0.35	0.33	0.32
斯洛文尼亚	0.47	0.51	0.48	0.47	0.50
匈牙利	0.82	0.83	0.77	0.77	0.70

数据来源：中国进出口对外贸数据平台和中国贸易外经统计年鉴。

由表 3.11 可知，2014—2018 年，中东欧 17 国对中国农产品贸易互补性趋强，但整体偏弱。2018 年，中东欧 17 国对中国农产品贸易互补性指数为0.96，达历年最高值，其中，保加利亚、波兰、黑山、克罗地亚、拉脱维亚、立陶宛和罗马尼亚 7 国对中国农产品贸易互补性指数均大于 1，即贸易互补性较强，拉脱维亚和立陶宛最强；其余 9 国农产品贸易互补性偏弱，斯洛伐克和捷克农产品贸易互补性最弱。

3.4　中国与中东欧国家农产品品类结构比较分析

3.4.1　中东欧 17 国农产品品类状况

中东欧 17 国在农业方面具有较为悠久的历史，是传统的粮食作物和经济作物生产区，同时也是全球主要的畜牧、渔业、奶制品、油料、糖等产品的生产国和出口国。目前，中东欧 17 国中波兰农业发展规模和竞争力相对较强，这些国家是欧盟重要的农业生产基地和出口加工基地。此外，爱沙尼亚、保加利亚、克罗地亚、罗马尼亚等是传统的农业生产国（姜琍，2020），目前这些国家受工业化进程的影响，重点以工业发展为主，农业占比逐渐降低，但农产品的品质仍相对较好。立陶宛、斯洛伐克、斯洛文尼亚等国家在林下经济作物生产方面具备较强的优势，木材制品加工和出口方面相对较好，但农业总体规模相对较低，受到来自俄罗斯以及中亚 5 国的冲击较大。中东欧各国农业资源禀赋及发展现状见表 3.12。

表 3.12　中东欧各国农业资源禀赋及发展现状

国家	资源禀赋	农业发展概述
波兰	欧洲农业大国，牛奶、水果和蔬菜等商品在欧洲市场有着较强的竞争力，享有"欧洲果园""欧洲粮仓"等美誉。欧盟第四大乳制品生产国，牛奶年产量超过 130 亿升	欧盟最大的苹果、禽肉、胡萝卜、白菜、小黑麦、黑醋栗和香菇的生产国。农产品总产量的四分之一用于出口。优质原材料与现代生产技术的结合，以及不断改进的质量控制体系，为波兰食品赢得了全球消费者的广泛认可。波兰的食品出口至五大洲 70 多个国家。2019 年波兰对中国出口 1.3 亿美元乳制品，出口额居中东欧国家第一
匈牙利	传统农业发达，具有优越的自然条件和技术优势	农业用地约占国土面积的 62%，玉米、小麦、向日葵、油菜籽是主要经济作物，蔬菜、水果的种植面积较广
捷克	农业总产值占 GDP 比重 4.24%。农产品竞争力较强。捷克啤酒享誉世界，产量在 2017 年就已突破 20 000 千升，出口量超过 4 000 千升	种植业产值为 362.50 亿克朗，占农业总产值的 46.6%，其中谷物占 19.3%，经济作物占 9.0%，饲料作物占 7.2%，马铃薯占 3.3%，蔬菜占 2.4%，水果及葡萄占 2.7%，啤酒花占 0.8%

国家	资源禀赋	农业发展概述
斯洛伐克	可耕地面积、森林覆盖率、农业人口等占比相对适合，农业产业水平一般	农作物总产量481.2万吨，主要农作物有大麦、小麦、玉米、油料作物、马铃薯、甜菜等
罗马尼亚	欧洲主要的粮食生产国和出口国，曾有"欧洲粮仓"的美誉。葡萄酒生产大国，2019年其葡萄酒产量为4.1亿升，居中东欧国家第一位，其葡萄酒质量上乘、工艺独特	农业生产是罗马尼亚经济发展的重要支柱之一，农产品是主要的出口商品。种植业是罗马尼亚农业中最重要的部分，产值占整个农业产值的50%以上。种植业包括粮食作物、经济作物和各种瓜果蔬菜等
保加利亚	主要农产品有谷物、烟草、蔬菜等，可耕面积约占国土面积的40%。农产品加工业比较发达。盛产7 000多种玫瑰花，鲜花单产在500～750千克/亩，素有"玫瑰之国"称号	农产品主要有小麦、烟草、玉米、向日葵等，盛产蔬菜、水果。在农产品加工方面尤以酸奶、葡萄酒酿造技术最为出名。雪茄烟的输出量以及玫瑰油的产量和输出量均占世界首位
阿尔巴尼亚	主要农产品有粮食（小麦、大麦、燕麦和豆类）、蔬菜、葡萄、柑橘和椰枣	粮食进口规模较大，渔业和木材生产较多，畜牧产值较大，但也是全球粮食、奶、油、糖十大进口国之一，每年进口粮食约490万吨
斯洛文尼亚	畜牧养殖业相对发达，森林覆盖率高，林业和木材加工业也较为发达	奶制品业较发达，畜牧和林木加工产业较强
克罗地亚	农业资源较为丰富，产品质量较高，但主导农产品相对较弱	主要农产品为小麦、玉米、黄豆、葵花籽、烟草、苹果、橄榄、葡萄等。主要农副产品为牛奶及乳制品、肉及肉制品、软饮料、矿泉水、啤酒、面包、蛋糕、烟草制品及糖类制品
塞尔维亚	全球第二大覆盆子和李子生产国，也是重要的玉米和小麦生产国。甜菜和葵花籽产量除满足国内对糖和植物油的需求外，还可以向欧盟出口约18万吨糖	畜牧业生产在整个农业生产中约占32%。拥有大量从事乳制品生产、肉类加工肉类生产以及动物饲料生产的企业和许多世界上最大市场的出口许可证
波黑	主要以畜牧和农作物生产为主，但规模相对较小，市场竞争力一般	2014年主要牲畜存栏量：牛44.4万头，羊109.9万头，猪53.3万头，家禽2 066.4万只。2014年波黑主要农产品产量：小麦17万吨，玉米79.8万吨，土豆30万吨

表3.12(续)

国家	资源禀赋	农业发展概述
马其顿	—	优势农产品为烟草（用作香料，年产量2.5万吨）、蔬菜、水果、已加工蔬果、葡萄酒、大米、羔羊肉
黑山	森林和水利资源丰富	林下产品丰富，但农产品竞争力较弱，主要在国内生产和销售
立陶宛	畜牧业和森林资源丰富，植物资源品类丰富。国内生产各种香调料，包括芥子、香菜、大蒜、胡椒等	畜牧业产值占农业总产值的90%以上，农作物有亚麻、马铃薯、甜菜和各种蔬菜，谷物产量很低。森林资源主要集中在南部和东南部，多为针叶林，主要为松树。森林中的蘑菇、浆果、草药资源也比较丰富
拉脱维亚	制造业和服务业发展迅速，农业占GDP的比重非常低。森林资源丰富，森林覆盖率高达49.9%	种植业和畜牧业占农业GDP比重为56%，奶牛养殖和乳制品加工业历史悠久，奶牛养殖是最主要的农业生产领域之一。森林面积和森林资源产品品类繁多
爱沙尼亚	传统农业历史悠久，但在独立后致力于发展本国的制造业和加工工业，农业在国民经济中的占比逐渐降低。农业总体竞争力较为一般，目前在谷物生产、肉蛋奶等方面具有一定的优势	2013年，该国农业产值为9.24亿欧元，农业增加值为5.9亿欧元，比上一年下降3.9%，在GDP中的占比为3.6%，排在第11位，对GDP增长的贡献率为−0.1%。现有农业人口约5万人，约占全国总人口的4%，私人农场、小农企1.27万家，占全国企业总数的11.3%，主要生产谷物、奶、肉、鱼及其制品
希腊	橄榄油以品质优良著称，年产量约30万~40万吨，其70%以上的橄榄油是超纯橄榄油	农业就业人口约占总就业人口的14%，大大超出欧盟平均水平；农产品出口额占出口总额约20%。希腊橄榄油、奶酪、蜂蜜和葡萄酒等享誉世界

资料来源：各国农业经济统计公报和相关新闻报道。

注："—"表示内容缺失。

3.4.2 农产品贸易品类结构差异

2018年，中国自中东欧16国农产品进口的商品主要为禽类及其副产品、畜牧及其副产品和种植业产品，具体包括婴幼儿食用奶粉、乳清、卷烟、禽类羽毛和奶油等；中国对中东欧16国农产品出口的商品主要为畜牧及其副产品、水产及其副产品、养殖业产品和种植类业产品，具体包括动物内脏、生丝、烟草、饮料和冻狭鳕鱼片等。中东欧国家具有优势的农产品见表3.13。

表 3.13　中东欧国家具有优势的农产品

国家	市场竞争力较强的农产品
波兰	牛奶、羊奶及其乳制品，禽肉及其副产品，谷物，苹果，胡萝卜，白菜，小黑麦，黑醋栗和香菇
匈牙利	谷物、蔬菜、水果、葡萄、蜂产品和畜产品
捷克	小麦、麦芽、奶粉和其他谷物
斯洛伐克	大麦、小麦、玉米、油作物、马铃薯、甜菜
罗马尼亚	蜂蜜、油籽、蔬菜和甜瓜、谷物类、牲畜和家禽类、肉类和葡萄酒
保加利亚	谷物和油料作物
阿尔巴尼亚	蜂蜜、橄榄油、葡萄酒
斯洛文尼亚	蜂蜜、葡萄酒、肉类、奶酪
克罗地亚	乳制品、肉类、金枪鱼、蜂蜜
塞尔维亚	牛肉、羊肉、红酒
波黑	小麦、玉米、土豆
马其顿	蔬菜、水果、肉类、奶制品、葡萄酒
黑山	葡萄酒、乳制品、肉制品、蔬菜和水果
立陶宛	奶制品和牛肉制品、蔬菜
拉脱维亚	奶牛养殖和乳制品
爱沙尼亚	乳制品、蜂蜜
希腊	橄榄油、奶酪、蜂蜜、葡萄酒

数据来源：各国农产品外贸出口数据资料和部分新闻报道资料（不完全统计）。

由表 3.13 可知，中东欧国家具有优势的农产品中，捷克、斯洛伐克、保加利亚和波黑主要优势农产品是种植业类的，克罗地亚、拉脱维亚和爱沙尼亚的主要优势农产品为养殖类的；波兰、匈牙利、罗马尼亚、阿尔巴尼亚、斯洛文尼亚、塞尔维亚、马其顿和立陶宛的主要优势农产品既有种植业也有养殖业的产品。

3.5 中国与中东欧国家农产品贸易潜力测度

3.5.1 样本来源

本书收集了2010—2019年中国与中东欧国家贸易往来的相关数据，其中，贸易流量数据来源于联合国商品贸易（Uncomtrade）数据库，各国GDP数据与人口数据来源于世界银行数据库，空间地理距离通过网站 www.indo.com/distance 查得，各国经济自由度数据来源于《经济自由度指数报告》，关税水平来源于《全球竞争力报告》。虚拟变量FTA共属一个经济组织设为1，否则设为0。

3.5.2 贸易引力模型构建及变量说明

贸易引力模型类似于牛顿的万有引力定律发展起来的作用机理，即两个星球的质量越大则相互吸引力越大，距离越远则相互吸引力越小，两个国家的贸易流量取决于两国经济规模空间距离，两国经济规模越大，距离越近则两国的贸易流量就越大（杜洋，2019）。庭伯根（1962）和波伊霍宁（1963）是最早提出贸易引力模型的两位经济学家，分别于20世纪60年代将贸易引力模型广泛应用于研究两国之间的贸易流量问题，进而更好地测度不同国家之间的贸易潜力。在中国与中东欧国家农产品贸易层面，测度两个国家之间贸易引力模型表达式为：

$$X_{ij} = A(Y_i Y_j) / D_{ij} \tag{3.4}$$

式（3.4）中，X_{ij} 表示两国的贸易流量，Y_i 和 Y_j 表示两个贸易国的经济规模，一般用GDP衡量，D_{ij} 代表两个国家之间的空间距离，一般用两国首都之间的距离来衡量，将原模型取对数得到如下结果：

$$\ln X_{ij} = b_0 + b_1 \ln(Y_i + Y_j) + b_2 \ln D_{ij} + u_{ij} \tag{3.5}$$

借鉴吴天博（2016）的模型设计，将时间因素和空间因素同时纳入模型中，并考虑贸易国的人口数量、关税水平、两国的经济自由度、区域合作组织等，设计出如下新的模型：

$$\ln X_{ijt} = a_0 + \alpha_1 \ln Y_{it} + \alpha_2 \ln Y_{jt} + \alpha_3 \ln D_{it} + \alpha_4 \ln Tar_{jt} + \alpha_5 \ln P_{it} +$$
$$\alpha_6 \ln P_{jt} + \alpha_7 I_{it} + \alpha_8 I_{jt} + \alpha_9 FTA_{jt} + \mu \tag{3.6}$$

式（3.6）中，$\ln X_{ijt}$ 表示 i 国对 j 国出口的贸易流量。Y_{it} 代表出口国的经济规模，经济总量大的国家，其生产能力越强，也代表着对外供给高，带来的贸易流量也就越多。Y_{jt} 代表进口国的经济规模，进口国经济总量大的国家，其需求能力越强，也代表着对外需求高，带来的贸易流量也就越多。D_{ij} 代表贸易阻力，两国距离越远，也就代表交通运输越困难，这样带来产品成本额外加大，贸易量会相应减少。Tar_{jt} 代表关税水平，其关税水平越高，两国贸易量就会减少，反之两国贸易量会增加，预期其符号为负。P_{it} 代表出口国人口数，人口数越多，代表其国内商品生产越多，能够提供的产品也越多。P_{jt} 进口国人口数，人口数增多带来大量的商品需求，需求越大，所产生的贸易流量就越大，但较大的人口数量会增强其生产能力，减少贸易量。I_{it} 代表出口国家的市场化程度，市场化程度越高其经济自由度越好，其出口流量会增加。I_{jt} 代表进口国家的市场化程度，其市场化程度越高，经济自由度越好，其进口流量会增加。FTA 代表区域经济一体化组织会加大成员国的经济交流，提高贸易流量。

3.5.3 贸易发展潜力测算

选取中国与中东欧国家在一段时间内的一组个体记录随着时间变化的面板数据，它既有截面的独立个体，又有时间维度，使用面板数据有以下优点。首先，它可以解决遗漏变量、工具变量虽可解决但却不好找的问题。其次，它提供了个体的更多动态行为，因为其既有横截面数据特点又有时间序列数据形式。最后，面板数据的大容量提高了估计的准确度。估计面板数据策略主要有混合效应、固定效应及随机效应等模型，分别采用固定效应和随机效应模型进行回归后发现考虑个体的固定效应模型更为显著，其 hausman 检验值更加显著，其个体效应非常明显且在 1% 的水平显著，采用固定效应更加合适。双边贸易对经济增长的影响回归结果见表 3.14。

表 3.14　双边贸易对经济增长的影响回归结果

	混合效应（PE）		固定效应（FE）		随机效应（RE）	
	（1）	修正后（2）	（3）	修正后（4）	（5）	修正后（6）
a_o	−431.6 （−1.45）	−431.6 （−1.75）	−716.1** （−2.00）	−716.1** （−3.31）	−221.5 （−1.08）	−221.5 （−1.19）
$\ln Y_{it}$	0.778*** （5.32）	0.778*** （0.232）	−0.395 （−1.60）	−0.395** （−3.56）	0.221 （1.03）	0.221 （0.64）
$\ln Y_{jt}$	−0.245 （−0.20）	−0.245 （−0.28）	1.224 （1.56）	1.224* （2.22）	0.453 （0.54）	0.453 （0.59）
$\ln D_{ij}$	−2.147** （2.05）	2.147 （1.37）	−97.16*** （2.71）	97.16 （10.38）	−1.396 （0.59）	1.396 （0.66）

表3.14(续)

	混合效应（PE）		固定效应（FE）		随机效应（RE）	
	（1）	修正后（2）	（3）	修正后（4）	（5）	修正后（6）
$\ln Tar_{jt}$	0.195 （0.49）	0.195 （0.65）	0.332 （1.36）	0.332 （1.20）	0.226 （0.84）	0.226 （0.83）
$\ln P_{it}$	0.252 （1.50）	0.252 （1.01）	10.11*** （3.06）	10.11* （2.46）	0.845*** （2.99）	0.845** （3.25）
$\ln P_{jt}$	34.67 （1.31）	34.67 （1.61）	8.470 （0.50）	8.47 （0.62）	16.623 （0.92）	16.62 （1.04）
I_{it}	0.027 9*** （3.59）	0.028*** （3.90）	0.009 （1.78）	0.009 （1.68）	0.011 4** （2.05）	0.012* （2.11）
I_{jt}	−0.089 5 （−1.40）	−0.089 （−1.74）	−0.001 9 （−0.05）	−0.002 （−0.05）	−0.036 6 （−0.84）	−0.37 （−0.89）
FTA	2.217*** （9.19）	2.217*** （9.65）	2.046*** （4.96）	2.046*** （10.32）	2.236*** （−3.08）	2.24*** （7.17）
Adj−R^2	0.760	0.760	0.349	0.415		
F 统计量	59.77***	127.15***	12.72***			
Wald					159.22***	742.68***
Hausman			37.78***			

注：***、**、*分别代表在1%、5%和10%的水平上显著，括号内为 t 统计值。

从表3.14固定效应模型结果来看，双边国家的贸易阻力越大，双边贸易出口流量也越小，反映出贸易阻力对于双边产品贸易具有显著的负向影响。出口国的人口越多，越有利于扩大出口来提高双边贸易流量。此外，经济一体化程度越高，越有利于扩大双边国家的贸易流量。出口贸易流量与出口国国内生产总值是负相关，但与进口国国内生产总值为正相关。中东欧16国的国内生产总值不断增加，与中国的进口贸易流量也在增加。出口国的国内生产总值变动1%会引起贸易额变动0.39%，而进口国的国内生产总值变动1%引起贸易额变动1.22%。人口数量对贸易流量在固定效应模型中显示出了负向影响关系，即出口国和进口国人口的增多，出口转内销的产品也随之增多，对国家贸易流量的增加产生了阻碍作用。根据FTA的实证分析结果可以很明显地看出，区域一体化能很好地推动两国贸易，因为区域一体化能够很好地消除贸易壁垒，统一经济政策等。此外，根据变量的异方差性进行计量修正后，得到的结果依然稳健，反映出计量结果相对可靠。

根据上述计量结果，将相关数据代入进去可以测算出 2019 年中国与中东欧 16 国出口贸易流量的实际值和预期值。2019 年中国与中东欧 16 国贸易流量比较见表 3.15。

表 3.15　2019 年中国与中东欧 16 国贸易流量比较　单位：亿美元

地区	现实贸易量	理想贸易量
波兰	27.02	664.34
捷克	24.70	27.68
匈牙利	16.66	35.02
罗马尼亚	8.50	244.86
斯洛伐克	18.99	2.07
保加利亚	9.23	3.49
立陶宛	3.09	12.46
拉脱维亚	1.79	56.79
爱沙尼亚	1.90	1.72
阿尔巴尼亚	0.57	143.58
塞尔维亚	3.29	9.08
北马其顿	1.66	177.41
波黑	0.17	56.30
希腊	9.99	11.36
斯洛文尼亚	2.97	728.44
克罗地亚	1.20	45.82

注：由于黑山 2019 年无进出口贸易流量数据，所以无法测度其贸易流量。

由表 3.15 可知，中国与中东欧国家的贸易流量普遍小于理想贸易流量，中国与中东欧国家的贸易潜力非常大。通过上文分析我们知道影响贸易流量的因素包括国家经济规模、人口数量以及是否属于区域一体化经济组织。中东欧国家都处在"一带一路"整体规划之下，合作发展是朝着区域经济合作一体化前进的。那么区域间经济组织要提高贸易流量，重点就应该放在解决贸易机制问题、技术障碍及交易成本上面，而这些也可统称为贸易的便利化问题。世界贸易组织规定贸易便利化包括贸易信息获取、商品过关政策、贸易进出口费用、边境机构和海关合作、货物过境手续、通关自由度、协商合作制度等。由于提升贸易便利化水平有助于顺利推行"一带一路"倡议，反过来"一带一路"推进重点应该落实到贸易合作化机制问题解决上面。中东欧国家发展水平相对较高，经济贸易政策制定比较完善，所以提升与中东欧国家的便利化水平相对容易，我国应抓住"一带一路"倡议推行的有利时机，改善与中东欧国家的贸易便利化水平，加强贸易沟通合作。

3.6 促进中国与中东欧国家农产品贸易合作的政策建议

中国与中东欧国家之间各自具有一定的比较优势和出口竞争力，其农产品在种类上存在一定的差异性，除部分农产品外，双边在多种农产品贸易上不存在较强的竞争性。中国与中东欧 17 国农产品贸易互补性稳步增强，且中国与保加利亚、拉脱维亚、立陶宛、黑山、塞尔维亚农产品贸易的互补性强于其他中东欧国家。中国与部分中东欧国家在特定种类农产品上的贸易联系密切，双边农产品贸易多为产业间贸易，且农产品贸易以互补性为主。为了推动中国与中东欧农产品贸易快速发展，中国政府应该因"国"制宜，充分利用好中国与中东欧农产品比较优势的差异性，积极拓展农产品贸易领域，改善双边农产品贸易不平衡。

3.6.1 充分发挥中国–中东欧国家"17+1"合作机制

在"一带一路"倡议及"17+1 合作"机制下，应进一步加强中国与中东欧国家在政治、社会、文化等方面的合作，加强人员的交流互访，增进互信了解，组织青年农民、政府官员、研究人员和企业家代表互访交流，参观调研国内农产品电子商务、数字经济、农产品物流等，调研中东欧国家农产品加工技术、有机农业生产管理经验，以及中东欧国家市场准入政策。在中东欧国家积极开展形式多样的宣传交流活动，通过各类国际展示与合作平台，有针对性地同中东欧国家开展农业生产技术、先进经验、特色农产品等潜在合作产业的宣传互动，增进相互了解，从而为进一步提升我国与中东欧国家之间的农产品贸易水平，增强优势互比，推动两地的农业产业到更高的发展水平。

3.6.2 完善互联互通建设，提升贸易自由化与便利化

加大中欧班列开设密度，增强交通运输主干线的辐射效应，优化沿线地区农业项目布局，形成合作网状系统。增设农产品专项班列，优化"绿色通道"，减低物流费用，提高运输效率。完善海关、检疫、运输等部门合作机制，简化通关手续，提高效率，降低费用，提高农产品国际竞争力。降低农产

品关税，减少和规范非关税壁垒，探索农产品"区域一检"认可制度，提升贸易自由化与便利化程度，以实现顺畅发展。

3.6.3　发挥比较优势，推动双边农产品贸易

食品和活动物类农产品是中国与中东欧国家的主要贸易商品，也是中国具有相对竞争优势的农产品品类。中国应稳定农业生产，发挥农业生产的技术、资金和政策等优势，继续为中东欧国家提供优质农产品，放大食品和活动物类农产品的生产、贸易优势，减少贸易摩擦。中国可增加具有比较优势的劳动密集型产品如水产品、水果等出口，推动农产品产业链延伸。进口中东欧具有比较优势的产品如奶制品、蜂蜜等，既可以满足我国人民日益增长的高质量需求，也可以发挥中东欧国家出口产品桥头堡作用及挖掘其市场潜力。

3.6.4　大力发展农产品跨境电商贸易发展

在继续做好国际农业展会等农业贸易促进活动的基础上，用好中国-中东欧国家农产品和其他产品电商物流中心及其他电子商务平台，大力发展跨境电商农产品贸易，推动中国-中东欧国家企业更多地开发彼此市场，进一步促进中国-中东欧国家框架下农产品贸易的发展。

3.6.5　优化交流平台建设

完善农产品博览会、产品推介平台，鼓励中东欧国家参与"中国国际进口博览会"。推动国内民间团体走进中东欧，增进农业科研院所（高校）、协会、商会、民间团体的交往与合作，鼓励农业领域青年对话交流，举办农业论坛、村长论坛等。创建"中国-中东欧农业学术合作平台"，这一合作平台专职服务于深化中国内陆地区与中东欧 17 国的农业合作及科研人员往来交流等。此外，可以基于此平台，定期举办中国内陆地区与中东欧国家在农业领域的国际会议。

3.6.6　注重实施差异化营销策略

中东欧 17 国之间差异较大，中国与中东欧国家的农产品贸易产业间互补和产业内互补并存，因此在拓展中东欧农产品市场时，需考虑各国实际，实施差异化营销策略。中国与中东欧国家的贸易互补以产业间互补为主，但与波兰等国家贸易呈现产业内互补，而且中东欧 17 国并不是统一的区域组织，与中东欧国家开展农产品贸易还需考虑到各国的实际情况，实施差异化营销策略。

3.6.7　进一步提升贸易便利水平

进一步强化磋商，放宽市场准入，加强标准互认，削减非关税壁垒，加强关检合作，为农产品贸易提供更加便利的条件。完善双边农业合作机制。通过开展中国与中东欧国家农业经贸论坛，尽可能多地签订双边农业合作备忘录，充分利用政府间农业合作项目带动企业间的合作交流，进一步扩大双边农产品合作方式及领域，推动双边农业合作多层次发展。加强双方海关、质检和市场相互准入等方面合作。进一步磋商提高市场准入水平和扩大开放领域等事宜，适当放宽市场准入、技术标准等方面的限制，为企业投资提供政策支持，削减关税和非关税壁垒，加强海关、质检等方面的合作，充分释放双方贸易的发展潜力。

3.6.8　优化农产品结构

中国与中东欧 17 国在巩固自身优势农产品出口地位的同时，应全面掌握对方农产品市场需求变化信息，及时调整出口产品结构，将出口重点放在对方进口需求增长较快的产品种类上。首先，中国需要调整出口市场结构。积极开拓中东欧各国市场，尤其需要关注进口需求增长较快的国家，以适销对路的农产品抢占市场份额。其次，提高农产品出口竞争力。由于国内生产成本的快速上涨，中国对中东欧国家出口的水果、蔬菜等初级农产品的价格优势不再明显，出口竞争力下降。未来中国应努力提高农产品的技术附加值，确保农产品的质量安全，提升农产品的竞争力水平，从而更好地扩大出口。最后，加强合作机制与平台建设。中国与中东欧各国应在"17+1"合作框架下，充分利用农业经贸合作论坛等组织优势，实现农产品质量和检验检疫标准的对接，降低非关税壁垒的限制，同时，建立有效的信息交流平台，加强特色农产品推介活动，不断开拓双方市场。

4 中国与中东欧国家农业
科技合作现状和体系研究

近年来，中波农业科技促进中心、中匈农业科技合作促进中心、中塞玉米育种合作研究中心等相继建立，并且已经开展了行之有效的合作。此外，中国农科院与捷克作物科学研究所签署协议，在油菜与果树栽培育种及人才交流培养方面达成共识；中国农科院与保加利亚普罗夫迪夫农业大学签署谅解备忘录，在果树育种栽培方面开展合作研究达成共识；中国水产科学院与匈牙利研究机构签署协议，建立了中匈鱼类免疫药理学国际联合实验室，中国-中东欧国家的科技深度合作为推动农业各领域合作提供了有利的外部环境。在中国-中东欧国家合作框架下，中国与中东欧16国的科技合作开始提速。鉴于中东欧各国情况复杂多样，难以形成一个战略整体，同时各国科技和创新能力差异较大，且对华合作情况多有不同，中国与中东欧国家的科技合作仍将以国与国之间的单独合作为主。将中东欧各国科技创新能力放在一起进行比较，有助于更好地辨别和把握其差异性，对中东欧诸国进行区别分类，便于"一带一路"倡议框架下中国与中东欧国家科技合作深入推进以及构建"中国-中东欧-欧盟"等成员国之间的多边科技合作。

4.1 中国与中东欧国家农业科技合作发展现状

4.1.1 中国与中东欧国家科技创新需求状况分析

比较中国与中东欧国家在科技合作上的比较优势，中国与中东欧国家在科技实力、创新能力、科研协同体系等方面的差异，对于更好地推进中国与中东欧国家之间的科技合作具有重要价值。

4.1.1.1　中国与中东欧国家科技实力比较

综观中国最近 10 年的科研投入和研发强度，中国研发经费投入总量由 2011 年的 0.87 万亿美元增长至 2019 年的 2.17 万亿美元，年均增速 12.1%，研发支出占 GDP 的比重从 1.84%增长到 2.19%，增长了 0.35 个百分点，年均增长约 0.04 个百分点，见图 4.1。近年来，中国研发经费投入持续增长，研发投入强度一直呈稳定上升趋势，2016 年中国的研发强度已经超过欧盟 15 国 2.08%的平均水平，2019 年中国的研发强度已经达到经济合作与发展组织（OECD）国家水平，但距以色列（4.25%）和韩国（4.23%）的研发强度还有一定距离。相比中东欧国家而言，2016 年中国的研发强度落后于中东欧国家中研发强度最高的斯洛文尼亚（2.65%），但高于其余 15 国的研发强度，部分中东欧国家研发强度甚至低于世界平均水平，科研能力和科研投入较为薄弱，这为中国与中东欧国家之间的科技合作的互补与挖掘合作潜力提供了巨大的空间。

图 4.1　中国 2011—2019 年研发强度及增速

（资料来源：中国科技统计年鉴 2011—2019 年的数据）

此外，从 2019 年中东欧国家科技创新能力的各项指标来看，在每百万人口拥有的科研人数方面，排名前三的依次为斯洛文尼亚、爱沙尼亚、捷克，排后三名的分别为阿尔巴尼亚、北马其顿、波黑。在国内研发支出层面，排名靠前的国家分别为波兰、捷克，分别达到 85.618 亿美元和 73.158 亿美元，二者的研发支出超过第 3 名至第 16 名的研发支出总和，见表 4.1。

表 4.1　2019 年中东欧国家科技创新能力比较

国家	研发强度（2019 年）	备注	每百万人科研人员数／人	排序	国内研发支出／亿美元	排序
斯洛文尼亚	2.65%	接近发达国家平均水平（2.36%）	4 874	1	23.318	4
捷克	2%	接近欧盟平均水平（2.08%）	3 714	3	73.158	2
爱沙尼亚	1.77%	世界平均水平（1.21%）	3 983	2	8.188	8
匈牙利	1.44%		2 917	6	35.066	3
塞尔维亚	0.97%		1 433	11	7.654	10
立陶宛	0.96%		3 290	4	8.188	8
波兰	0.88%		2 169	7	85.618	1
斯洛伐克	0.85%		3 134	5	15.13	5
克罗地亚	0.82%		1 766	10	8.366	7
保加利亚	0.67%	低于世界平均水平	1 971	9	6.586	11
拉脱维亚	0.6%		2 051	8	3.382	12
黑山	0.41%		992	13	0.320 4	16
罗马尼亚	0.39%		1 121	12	13.884	6
波黑	0.27%		196	15	0.854 4	13
北马其顿	0.22%		430	14	0.445	14
阿尔巴尼亚	0.15%		192	16	0.356	15

数据来源：综合康奈尔大学、世界知识产权组织和欧洲工商管理学院联合发布的《2019 年全球创新指标》报告（The Global Innovation Index 2019）、世界银行等统计资料数据，国内研发支出的数据是根据 GDP 和研发强度估算而得。

综合来看，目前中东欧各国科技创新能力大致可以划分为四个梯队。第一梯队包括波兰、捷克、匈牙利、斯洛文尼亚，这 4 个中东欧科技实力最强的国家，这 4 国的研发支出总量和研发强度均相对较高，其创新能力在世界排名属于中等偏上水平。波兰和捷克是研发支出总量最大的两个国家，明显超出其他中东欧国家。匈牙利的科技支出排名第三。斯洛文尼亚研发强度最高，创新能力也最为突出，明显超出其他中东欧国家，但研发支出总量排名第四。第二梯队包括斯洛伐克、克罗地亚、塞尔维亚、爱沙尼亚、立陶宛、罗马尼亚 6 个国家，这些国家在中东欧国家中研发支出总量及研发强度均较为一般，科技实力位居中东欧国家中游水平。其中，罗马尼亚研发强度较低而且近年来持续降低，创新能力偏弱，能列入这一组主要是因其研发支出总量相对较大。第三梯队国家保加利亚、拉脱维亚。这两个国家研发支出总量和强度都相对偏低，创新能力也较弱，在中东欧国家中属于中等偏下水平。第四梯队包括黑山、北马其顿、波黑、阿尔巴尼亚4个国家，这些国家的研发支出总量和强度都很低，创新能力较弱，在中东欧国家中科技实力靠后。

4.1.1.2 中国与中东欧国家科技创新能力比较

全球创新指数是衡量一个国家或经济体创新能力的主要参考指标，反映一个国家长期连续推出创新性技术并促进新技术产业化的能力，衡量各国如何从创新中受益（忻红，2021），决定着一个国家的综合国力增长情况和长远发展潜力。《2019年全球创新指数报告》显示，中国于2016年成为首个进入全球创新指数前25位的中等收入经济体，2019年又创新高，名次攀升至第14位。中国在中等收入经济体中连续7年在创新质量上居首，中国有18个集群进入科技集群百强。中东欧国家在《2019年全球创新指数报告》的表现也可圈可点，特别是爱沙尼亚和捷克，从2011年起均位列世界前30名。斯洛文尼亚、匈牙利、拉脱维亚、立陶宛、斯洛伐克的创新能力也十分突出，均在世界前40名之列。保加利亚和波兰的创新指数排行自2011年起不断提升，在2019年闯入前40名。黑山、北马其顿、波黑、阿尔巴尼亚的研发支出总量和强度较低，创新能力较弱，在中东欧国家中科技实力靠后，从2014年起排名倒退，现位列第90名左右。通过该排行榜，基本可比较出各国的创新能力相对强弱和层次。

中东欧各国科技创新能力排名及梯度划分见表4.2。

表4.2 中东欧各国科技创新能力排名及梯度划分

国别	教育得分	排名	研发得分	排名	基础设施得分	排名	市场投资得分	排名	贸易得分	排名	创造性产出得分	排名
阿尔巴尼亚	40.1	16	1.2	16	46.2	14	71.7	2	57.6	12	24.4	15
波黑	92.2	1	4.1	13	35.3	16	58.3	3	55.1	13	19	16
保加利亚	47	13	11.7	9	53.7	7	47.1	6	63.7	6	33.8	9
克罗地亚	59.1	4	11.5	10	51.6	10	38.3	11	59.2	11	31	11
捷克	59.7	3	27.3	4	56.4	2	39.2	9	71.5	2	43.1	2

表4.2(续)

国别	教育得分	排名	研发得分	排名	基础设施得分	排名	市场投资得分	排名	贸易得分	排名	创造性产出得分	排名
爱沙尼亚	56.9	7	23.4	5	61.5	1	47.3	5	60.2	10	51.7	1
匈牙利	51.8	8	34.4	2	52.7	8	27.1	15	65.5	5	34.6	8
拉脱维亚	59	5	11.4	11	50.5	11	46.6	7	60.4	9	42.8	3
立陶宛	51.7	9	18.9	6	51.7	9	45.3	8	63.4	7	40.3	6
黑山	49.3	10	3.8	15	48.8	13	44.4	4	43.9	16	41.4	5
北马其顿	48.7	12	4	14	44.9	15	80	1	53.8	14	28.1	12
波兰	57	6	31	3	53.8	6	35.3	13	75	1	32.4	10
罗马尼亚	40.5	15	5.3	12	54.5	3	30.4	14	68.9	3	25.8	14
塞尔维亚	43.4	14	12	10	49.9	12	38.8	10	52	15	27.2	13
斯洛伐克	48.9	11	16.7	7	54.2	4	27	16	66.6	4	37.1	7
斯洛文尼亚	60	2	39.3	1	53.9	5	36.7	12	61.6	8	42.1	4

注：数据来源于《The Global Innovation Index 2019》，经作者整理后得出。

由表4.2可知，在教育层面，斯洛文尼亚、波黑处于第一梯度，二者在基础教育和高等职业技术教育方面具有较强的优势。在研发层面，捷克、爱沙尼亚、匈牙利、斯洛文尼亚、波兰等国处于第一梯度，这些国家基本上属于中欧国家，与西欧国家相邻，具备较好的研发基础。在基础设施层面，捷克与爱沙尼亚处于第一梯度，二者在相关设施投资方面走在前列。在市场化投资层面，阿尔巴尼亚、波黑、保加利亚、爱沙尼亚、拉脱维亚、立陶宛、北马其顿等国处于第一梯度，这些国家多数加入欧盟，市场化程度偏高，吸引外资能力也较强。在农产品贸易能力方面，黑山、北马其顿、塞尔维亚等国处于第一梯度，他们围绕波罗的海出海口，在国际贸易中占有先机。在创造性产出层面，捷克、爱沙尼亚、拉脱维亚、立陶宛、黑山、斯洛文尼亚等国处于第一梯度，特别是在机械、农业科技等方面基础力量雄厚。

中东欧各国研发创新能力梯度排名见表4.3。

表4.3 中东欧各国研发创新能力梯度排名

梯度划分	教育	研发	基础设施	市场投资	贸易	创造性产出
第一梯度	斯洛文尼亚、波黑	捷克、爱沙尼亚、匈牙利、斯洛文尼亚、波兰	捷克、爱沙尼亚	阿尔巴尼亚、波黑、保加利亚、爱沙尼亚、拉脱维亚、立陶宛、北马其顿	黑山、北马其顿、塞尔维亚	捷克、爱沙尼亚、拉脱维亚、立陶宛、黑山、斯洛文尼亚
第二梯度	克罗地亚、捷克、爱沙尼亚、匈牙利、拉脱维亚、立陶宛、波兰	保加利亚、克罗地亚、拉脱维亚、立陶宛、塞尔维亚、斯洛伐克	阿尔巴尼亚、保加利亚、克罗地亚、匈牙利、拉脱维亚、立陶宛、黑山、波兰、罗马尼亚、塞尔维亚、斯洛伐克、斯洛文尼亚	克罗地亚、捷克、黑山、波兰、塞尔维亚、斯洛文尼亚	阿尔巴尼亚、波黑、保加利亚、克罗地亚、爱沙尼亚、拉脱维亚、立陶宛、斯洛文尼亚	保加利亚、克罗地亚、匈牙利、波兰、斯洛伐克
第三梯度	罗马尼亚、塞尔维亚、斯洛伐克、阿尔巴尼亚、保加利亚、黑山、北马其顿	阿尔巴尼亚、波黑、黑山、北马其顿、罗马尼亚	波黑、北马其顿	匈牙利、罗马尼亚、斯洛伐克	捷克、匈牙利、波兰、罗马尼亚、斯洛伐克	阿尔巴尼亚、波黑、北马其顿、罗马尼亚、塞尔维亚

数据来源：《The Global Innovation Index 2019》，经作者整理后得出。

教育：第一梯度：得分60及其以上；第二梯度：[50，60)；第三梯度：[40，50)

研发：第一梯度：得分20及其以上；第二梯度：[10，20)；第三梯度：[1，10)

基础设施：第一梯度：[55，66]；第二梯度：[45，55)；第三梯度：[35，45)

市场投资：第一梯度：得分45及其以上；第二梯度：[35，45)；第三梯度：得分35以下

贸易：第一梯度：[65，75]；第二梯度：[55，65)；第三梯度：得分55以下

创造性产出：第一梯度：得分40及其以上；第二梯度：[30，40)；第三梯度：得分30以下

4.1.1.3 中国与中东欧国家知识产权贸易情况

作为创新能力的一大体现，知识产权使用费用体现出一个国家对科技引进方面的重视程度，而知识产权贸易的发展程度则反映了国家的技术竞争力和知识产权的保护水平，体现出一国自主创新能力的高低以及是否具有成为贸易强国的潜力。从统计数据来看，2019年，中国以370多亿美元的知识产权进口

使用费远远领先于中东欧16国。在中东欧16国中，波兰以24亿美元居于榜首，其后依次是匈牙利（约14亿美元）、捷克（约12亿美元）、罗马尼亚（约8亿美元）、斯洛伐克和斯洛文尼亚（约2亿美元），知识产权使用费用支出最少的是阿尔巴尼亚、波黑、黑山。黑山的知识产权进口费用只有344万美元，约为中国的1/6 400。从近5年的数据看，大多数中东欧国家的知识产权进口使用费是逐年上升的；2011—2019年匈牙利、斯洛文尼亚、拉脱维亚、爱沙尼亚的知识产权进口使用费用下降，原因可能是国内经济不稳定，政府在科技引进方面的支出相应减少。

综合而言，随着中国与中东欧国家科技实力的逐渐增强，双方的知识产权贸易额总体上增加；随着中国与中东欧国家在科技领域的合作逐渐深入，中国与中东欧国家科技协同创新势在必行。2012年，"中国-中东欧国家合作（16+1合作）"机制成立，开创了中国同中东欧国家合作的新途径。

4.1.1.4 中国与中东欧国家科技合作状况

目前，中国与中东欧国家之间的区域合作随着"一带一路"倡议的深入推进不断快速发展，中国与中东欧国家合作从单边国家合作转变为多边国家协同合作，中国-中东欧国家合作的区域联系状况见表4.4。其中，与中国合作关系较为密切的中东欧国家有波兰、捷克等，双方具备长期合作的互信合作稳定关系，处于第一梯度。斯洛文尼亚、匈牙利、斯洛伐克等国与中国合作较为稳定友好，这3个国家的科技实力较强，通过项目合作取得了较好的成效，属于第二梯度。克罗地亚和罗马尼亚两国在农业、养殖等特色领域内与中国合作较好，双方注重农业实用技术层面的合作。保加利亚和北马其顿受制于科研经费，科技实力相对有限，与中国的科技合作时断时续，需要进一步稳定与中国的合作关系，加强对话合作沟通。塞尔维亚与黑山两国由于与中国的合作时间较短，合作的广度和深度均需要持续拓展和深化，但两国与中国的友好合作关系持续向好。另外，爱沙尼亚、立陶宛、拉脱维亚、波黑、阿尔巴尼亚等国由于未与中国建立科技合作关系，还需要创新与中国的科技合作机制，探索未来可以尝试的科技合作项目，逐步深入推进双方的科技合作。

表 4.4 中国-中东欧国家合作的区域联系状况

国别	合作关系状况	科技合作领域	合作建议
波兰	合作关系总体稳定	煤炭、机械制造、船舶、材料、冶金、化工、农业、医学等	进一步加强合作关系,挖掘更多合作成果,鼓励双方通过建立联合研究中心、设立分支机构、定期召开学术会议等方式促进在机构和制度层面进行合作,巩固和发展合作关系
捷克		在机械制造、汽车、船舶、仪器仪表、冶金、化工、环保等	
斯洛文尼亚	合作关系稳定友好,合作效果好,多个项目成为中国与中东欧重点合作项目	喀斯特地貌恢复与重建、材料、机械制造、基础研究等	
匈牙利		中医药、新材料、新能源、生物、农业等	
斯洛伐克		农业、材料、机械制造、医疗和生物技术等	稳步发展合作关系,聚焦合作领域,重点在农业领域开展合作,注重实用技术合作
克罗地亚	在部分特色领域合作较深入,合作关系稳定友好	海洋科技、海水养殖、机电、农业、环保等	
罗马尼亚		农业、生物、环境、化工等	
保加利亚	科研经费较紧张,对华合作受到一定影响,目前双方以保持合作关系为主	农业和食品加工、机械制造、化工、医药、新材料等	维持和巩固合作关系,多探索开拓其他领域,促进人员交流,稳步发展科技合作,以科技合作夯实和促进双方关系
北马其顿		地震研究、环保、机械	
塞尔维亚	开展合作时间不长,但是合作关系友好,合作广度在增加	农业、材料、环保、物理、机械等	继续推进合作,挖掘合作潜力,进一步加强双方人员之间的联系,注重在技术专长领域展开合作
黑山		地震研究、环境、生物、机械	稳步发展中国与中东欧科技合作,以科技合作夯实和促进两国关系
爱沙尼亚	尚未开展政府间科技合作	—	根据对方科技发展情况、对方意愿和外交需要等方面的因素综合考虑
立陶宛		—	
拉脱维亚		—	
波黑		—	
阿尔巴尼亚		已签订协议,但尚未开展实际合作	

资料来源:中国商务部对外投资和经济合作司每年发布的对外投资发展报告,经作者整理后得出。

4.1.2 中国与中东欧国家科技协同创新基础

4.1.2.1 商品贸易基本盘稳定

商品贸易是国家经济发展的重要组成部分，是科技创新的基础力量，通过进出口各类产品，特别是高新技术产品，可以对我国的技术创新产生促进作用。中国与中东欧国家通过密切频繁的经贸往来，在经济上互利的同时，加强了合作关系，为科技协同创新打下良好的基础。

从中国与中东欧国家的贸易总量看，2011—2019 年，中国与中东欧国家贸易额总体上不断增长，中国与中东欧 16 国贸易额为 822 亿美元，较 2011 年增长了 55.4%，中国自中东欧国家进口较 2011 年增长了 80.7%。中国与中东欧国家的相互投资持续扩大，据不完全统计，2018 年中东欧国家在华投资超过 15 亿美元，中国企业在中东欧国家投资逾 100 亿美元，涉及机械制造、化工、金融、环保、物流、新能源等领域，双向投资带动产能合作，正在成为双边经贸合作新的增长点。此外，双方的基础设施互联互通也进展顺利。中国企业在塞尔维亚、波黑、黑山、北马其顿承建的一系列能源、交通基础设施项目顺利实施。匈塞铁路塞尔维亚境内段已开工建设，匈牙利境内段已公布招标结果。截至 2020 年 4 月底，中欧班列累计开行超过 1.5 万列。中东欧 16 国中，匈牙利、波兰、捷克、斯洛伐克是中国的主要贸易伙伴，2019 年贸易额为610.5 亿美元，占中东欧 16 国与中国贸易总额的 72.3%。2019 年，与中国的贸易额减少的中东欧国家为黑山（-10.8%）、保加利亚（-8.3%）、波黑（-5.4%）和爱沙尼亚（-1.1%）。

从贸易的产品结构看，世界各国高新技术产品的进出口贸易额总体上增加，占商品进出口总额的比重也逐年增加。国家发改委统计数据显示，近几年来，我国高新技术产业规模不断扩大，并跻身世界前列，进出口总额总体呈现增长趋势，且持续贸易顺差。2019 年，我国高新技术产品占商品进出口总额的比重超过 30%，且呈持续平稳上升态势，高新技术产品将成为中国与中东欧国家商品贸易中越来越重要的组成部分。

4.1.2.2 FDI 基础投资趋势良好

长期以来，FDI（外商直接投资）活动有助于一国的科技创新，FDI 规模越大，其带来的技术溢出效应也往往越明显。FDI 不仅仅为一国的经济发展提供了必要的资金，各种先进技术也得到了传播，产生了科技创新。截至 2019年 4 月底，中国在中东欧 16 国投资超过 100 亿美元，其中大约 41 亿投向匈牙利。2011—2019 年《中国对外直接投资统计公报》数据显示，中东欧越来越成为中国对外投资和经济合作的重要选择，中国对中东欧国家的直接投资额总体上逐年增长，特别是从 2013 年我国提出"一带一路"倡议开始，投资额显著上升。截至 2019 年年底，中国对中东欧国家直接投资存量额最多的国家是罗马尼亚，为 18.4 亿美元，其次是波兰和匈牙利，各约为 16.7 亿美元，对捷克的投资存量为 4.3 亿美元，超过 1 亿美元的国家还有保加利亚，为 2.1 亿美元，最少的是北马其顿、黑山和拉脱维亚，对拉脱维亚的直接投资存量仅为 94 万美元。

4.1.3 农业科技合作前景广阔

目前，中国与中东欧在农业科技合作层面发展态势良好。2018 年，中国科研经费高达 2 万亿元，稳居世界第二。其中，支持中国与中东欧国家农业科研资金占科研经费的 0.32%。中国与中东欧国家农业科技以各大高等院校和各国企业为主要载体。就合作项目而言，集中于以共同创办联合实验室、科技促进中心等形式进行合作，合作项目达 300 余项，并逐年递增，中国与中东欧正保持着农业科技层面合作的良好势头。自 2012 年"16+1"合作机制实施以来，中国与中东欧国家在农业科技合作中取得了一定成果，例如 LED 叶菜植物工厂技术落地中罗科技园，将科技成果转化为生产力。截至 2020 年年底，中国与中东欧国家已成立 3 个科技中心、3 个联合实验室以及多个研究所。中东欧国家与中国宁波、重庆等省市建立了稳定的农业科技合作关系，共同促进中国与中东欧农业科技水平的发展。近年来，中国与中东欧国家农业科研交流逐渐频繁，但仍存在着问题。例如，中国与中东欧合作项目相较于其他国家较少，农业科研合作形式单一，缺乏创新性，有待进一步在中国与中东欧合作过程中探索新的合作模式。

中国与中东欧国家农业科技合作现状见表 4.5。

表 4.5　中国与中东欧国家农业科技合作现状

国家	中国	中东欧 16 国
科研合作资金规模	6.4 亿元（2019 年）	—
项目数量	300 余项	
重大项目类型	"互联网+农业"、农机装备智能化、生物技术研发	
地方合作	中东欧国家与重庆、宁波、河北地区建立合作关系 中国与中东欧高校建立科研合作项目	
主要合作模式	科技中心、联合实验室、高校智库	

注：中东欧 16 国 2019 年用于农业科研合作方面的资金规模未查阅到相关具体数据。

4.1.4 双边国家农业科技互补性较强

中国农业科技起步较晚，但科技水平发展迅速，自主研发能力不断突破，逐渐缩小与发达国家农业科技水平的差距。截至 2018 年年底，中国农业科技进步贡献率达 57.5%，农业发明专利申请量为全世界第一。中国作为世界第一农机制造和使用大国，农业机械化创新不断突破。目前已经拥有较为成熟的灌溉、施肥与温室智能控制系统。此外，中国已将互联网、大数据等现代技术应用于现代农业，融合各领域创新技术形成"互联网+农业"的现代化农业并研发出精准农业智能化装备、人工光型密闭式植物工厂等先进技术；食品包装上突破了新材料研发瓶颈，成功研发出包装新材料；掌握了发酵肉制品、多糖类保健食品以及马铃薯综合加工技术；研发出了农作物病虫害预防技术，为农作物质量提供保障。中国水稻、玉米等农作物的杂交技术位于世界前列，在农作物的基因编辑、栽培技术方面也取得重大突破，为进一步研究农作物杂交技术及新品种开发奠定了基础。在动物繁育上，通过对动物进行分子评估和挖掘优质基因，掌握了动物繁育性别控制等关键技术，对加快动物杂交技术的应用推广发挥了重要作用。

相对而言，中东欧 16 国中有 13 国科技创新水平居世界前 50，且部分中东欧国家为欧盟成员国，农业科技在一定程度上得到欧盟的支持。中东欧国家总体上在种子培育、农产品深加工、生物技术等方面具有一定的优势（秦波等，2016）。在农机设备方面，中东欧国家将研究重点放在"数字农业"和"智慧农业"上，提倡互联网与农业结合。由于中东欧国家盛产葡萄、橄榄、奶制品、肉类等农产，各国在葡萄酒酿造技术、橄榄油加工技术以及功能性乳制品的开发上具有比较优势。中东欧部分国家拥有成熟的先进栽培技术，例如无病毒苗木繁殖栽培技术。匈牙利、捷克、波兰等国拥有较多的核心生物科技企业，在转基因等生物技术方面有很大的优势，例如家畜胚胎冷冻移植技术、转基因技术及生物技术领先于中国。经过中国与中东欧农业科技优势对比发现，中国与中东欧国家在农业科技上各具比较优势且互补性较强，加强双方农业科技合作势必会实现双赢，加快农业科技发展速度，最终使得中国与中东欧农业科技水平进入新的阶段。

中国与中东欧国家农业科研优势比较见表 4.6。

表 4.6　中国与中东欧国家农业科研优势比较

项目类别	中国	中东欧 16 国
农机设备	精准农业智能化装备技术、 气体射流冲击烘焙技术与设备、 灌溉施肥与温室智能控制系统、 人工光型密闭式植物工厂技术、 谷物种子精选自动化系统	果蔬自动化分级系统、 大马力拖拉机复式作业装置
食品包装 与加工	食品包装新材料关键技术、 马铃薯综合加工技术、 系列功能多糖类保健食品加工技术、 发酵肉制品加工技术 & 新产品开发	食品检疫技术、 葡萄酒酿造技术、 橄榄油加工技术、 功能性乳制品的开发
农作物种植 技术	小麦条锈病预防技术、 果蔬新品种研发 & 杂交技术、 防治作物细菌性病害的新型杀菌剂、 功能型微生物发酵剂	抗逆资源和先进栽培技术、 无病毒苗木繁殖栽培技术、 环保植物的种植和收割技术
动物养殖技术	ELISA 诊断试剂盒研究、 动物性别控制关键技术、 动物杂交培育、 动物种质特性评估 & 挖掘优质基因	培育生产转基因作物技术、 胚胎移植技术、 家畜胚胎冷冻移植技术

资料来源：根据中国与中东欧国家建立的部分科研合作资料整理得出（不完全统计）。

4.2　中国与中东欧国家农业科技合作成效与问题

4.2.1　中国与中东欧国家农业科技合作成效

中国与中东欧国家凭借各自拥有的科技优势与多方建立农业科技合作关系。随着希腊的加入，在"17+1"的合作机制下，中国与中东欧 17 国在农业合作方面展开深入交流，农业科技和创新成为重点领域。目前多边定期召开科技合作委员会会议，及时共享农业科技创新成果，已取得一定成效。

一是建立起农业科技合作平台。平台的建立是中国与中东欧国家加强合作的基础。目前中国陆续与波兰、匈牙利共同建立农业科技促进中心，与塞尔维亚建立玉米中心。中国农科院与中东欧国家科研机构合作建设联合实验室，与罗马尼亚共同建立科技园区，旨在加强农业科研成果交流，及时将科研成果转化为生产力，进一步推动中国与中东欧科技合作进程。此外，中东欧部分国家与中国省市级地区建立合作关系，借助该地区具有的科研优势与高校签订长期合作协议，因地制宜地发展科技水平。

二是科技合作的领域范围得到扩大。中国与中东欧国家建立农业科技合作关系之初，中国与中东欧秉持着了解对方科技实力的态度在农作物和动物的培育方面展开初步合作。随着近几年合作经验的积累，对彼此实力有所了解，将合作领域延伸到各个层面，加大了对机械装备以及食品深加工以及其他领域的合作。现阶段中国与中东欧又将目光投向发展"数字农业"，结合互联网推动精准农业的发展，可以说中国与中东欧的合作已经形成了良性循环，未来合作领域将会进一步得到拓展。

三是科技成果转换率不断提高。近年来，中国与中东欧在农业科技合作上取得实质性的成果，分别在动物疾病防控、鱼类免疫、农作物转基因方面取得重大进展，申请的科技合作成果专利数量逐年递增。中国与中东欧企业的加入为科技成果的转化提供了实现的可能，具体表现为生物公司将研发出的动物新品种进行大规模养殖，将已有的预防病虫害技术运用于农作物生产方面，减少病虫害对农作物的侵害进而提高品质，利用功能性乳制品技术提炼出更具营养价值的成分并大量进行生产。

4.2.2 存在的问题

4.2.2.1 中东欧国家科技水平不一，存在农业科技合作不均衡问题

美国遗产基金会发布的 2018 年世界各国经济自由指数排名显示，爱沙尼亚全球排名第 10，为中东欧国家第一，而希腊为全球第 100，在中东欧国家中排名垫底。该指数基于多个指标的衡量，其中包括各国的科技自由。该指数反映了中东欧国家科技水平参差不齐，加之欧盟对成员国提供农业科技指导和资金支持，导致中东欧国家之间的科技水平存在较大差异，为建立科研成果共享平台带来一定的困难。其次，中国与中东欧国家在农业科技合作交流中存在着国别间的不平衡和差异性较大的现象，中国重视与中欧及东南欧国家的农业科技合作，并与之开展了较多的合作项目，但在波罗的海地区，农业科技合作项目总体偏少，合作项目数量与中欧和东南欧形成较大的差距。

4.2.2.2 中东欧国家缺乏对农业科技发展的重视以及现代化农业的经验

由于农业在大部分中东欧国家不是支柱产业，政府致力于发展第二产业和第三产业，缺乏对农业这一弱势产业的保护和扶持。2018 年，波兰对农业的投入仅占财政总支出的 7.6%，政府对农业的扶持力度较小导致对农业科技创新投入不足，进一步导致中国与中东欧农业科技合作经费偏低，创新能力有待进一步提高。此外，中东欧国家普遍存在农业现代化生产设备和农业基础设施

较为薄弱的现实，缺乏现代农业生产的基础设施条件，不足以大规模地推进现代农业的发展，阻碍了目前中国与中东欧在"数字农业"和"智慧农业"等创新合作领域的发展进程。

4.2.2.3 中国与中东欧国家农业科技合作参与主体较少，科技合作局限于短期、浅层次的合作

现阶段，除了国家层面开展的农业科技合作与交流，与中东欧展开合作的中国企业很少，主要是一些大型的跨境农业企业。中国与中东欧农业科技合作的参与主体较少，局限于政府与政府之间，中国与中东欧企业之间以及企业与政府之间的合作依然偏少。基于此，中国与中东欧国家既不能共享现有的农业科技成果，未来农业科技的创新合作也会受阻。中国与中东欧国家企业未能与该国政府达成合作意愿，缺乏能在国际市场竞争的大型科技型农业企业，农业科技不能得到大力推广，科研成果不能及时转化为生产力。此外，中国与中东欧农业科技合作项目局限于短期、浅层的交流性合作，中国与中东欧合作规模较小、农业合作分散且缺乏大项目，使得重大合作成果较少。合作模式主要集中于联合实验室、科技促进中心、科技园等，合作潜力未能充分发挥出来（罗青，2017）。

4.2.3 面临的机遇和挑战

在现有的农业科技合作基础上，2019 年第十四届农业经贸合作论坛通过的《中国-中东欧国家农业部长会议杭州共同宣言》，强调需要加强"农业数字化"发展，即加强创新和数字技术发展，特别是农业数字化领域的合作，推动数字农业和智慧农业的发展，充分挖掘"数字红利"（余勤，2019）。中国与中东欧国家农业科技合作也将迎来新机遇。

在中国政策支持下，"互联网+农业"的模式将会广泛应用于数字农业和智慧农业，成为中国与中东欧国家未来农业科技合作的重要领域。中国将率先发展数字农业，而中东欧国家具有领先的技术水平，合理运用中国与中东欧科技合作优势的互补性，带来"1+1>2"的效果。在"一带一路"倡议下中国与中东欧国家农业科技合作将会上升到新阶段，全方位、深层次地开展科技合作。此外，中国正面临着传统农业向现代化农业转型的挑战，为中东欧国家与中国大力发展农业科技合作创造良好的机会。中东欧 13 国已加入欧盟，成为欧盟成员国之一。中国高度重视与中东欧国家加强农业科技合作，为中国提升农业科技水平，借机打入欧洲市场提供便利，为实现中国与欧盟农业科技合作搭建桥梁，并为实现"中国-中东欧国家-欧盟"为核心体系的"三位一体"

合作奠定坚实基础。

欧盟对成员国与非成员国在农业科技创新支持上也存在政策差异，目前欧盟提出"地平线2020计划"和"农业生产力与可持续的欧洲创新伙伴关系计划"，旨在遗传育种、大数据、绿色农业等领域取得重大突破。第三方的支持对于中国与中东欧国家实现深入合作带来了一定挑战，为积极响应以上计划，欧盟给成员国提供科研基金和技术支持，加大对农业科研创新的投入，并将取得的重大科技成果在成员国之间推广，真正实现科技共享，但也面临地缘政治排外的风险，这种不确定性为中国与中东欧国家开展农业科技合作带来巨大挑战。中东欧国家内部农业科技水平参差不齐，加之部分国家加入欧盟的影响，加剧了这种差距。中国与中东欧国家农业科技合作面临政治上的欧盟化、经济上的趋中国化、军事上的北约联盟等抉择困境，造成中国与中东欧国家深度合作相对迟缓、顾虑较多。

4.3　中国与中东欧国家农业科技合作的模式分析

农业科技合作是中国和中东欧国家农业合作的重要方式，中东欧一些国家在特定领域内的科技水平位居世界前列，波兰、捷克等中东欧国家在生物医药、节能环保等方面都有很大优势，捷克在治理空气、土壤和水污染方面的技术不落后于西欧国家。中国与中东欧国家的农业科技合作机制已初步建立，为农业科技合作搭建了合作交流平台。

4.3.1　农业科技教育合作

4.3.1.1　农业科技教育合作概况

在"一带一路"倡议持续推进的新时期，中国加快布局与"一带一路"沿线国家教育文化领域的交流与合作，推进与沿线国家教育资源共享，通过"引进来"和"走出去"两种方式，将教学资源、教学标准、专业人才、专业设备进行"引进"和"输出"，形成辐射"一带一路"沿线的生态合作网络。中东欧国家地处"一带一路"沿线，主要包括捷克、波兰、匈牙利、克罗地亚等16国，各国自然资源丰富，经济基础扎实，产业特色鲜明。2012年4月，中国-中东欧国家合作机制正式建立，该机制以基础设施建设为基础，在投资、贸易、教育、文化等多个领域全面打造"16+1"合作新局面。在"16+1"合作框架的引领下，中国与中东欧国家不断探索在各领域合作的新途径、新经验，使其成为中国融入欧洲经济圈的一个重要接口。

4.3.1.2 中国与中东欧国家农业科技教育合作案例

宁波借力"一带一路"倡议的发展契机和得天独厚的港口优势，从 2015 年至今，已经成功举办了四届"中国-中东欧国家投资贸易博览会"，搭建了中国与中东欧国家经贸往来、人文交流的重要平台。随着合作的全面深入，宁波与中东欧国家的贸易额也呈现逐年递增态势。据宁波海关统计，2018 年宁波与中东欧 16 国进出口额达 243.6 亿元，增长 23.1%。"中国制造"的优质产品从宁波口岸源源不断地运往中东欧这片"新热土"，波兰、捷克、斯洛文尼亚等中东欧国家的特色产品也通过宁波口岸大量进入中国市场。同时宁波与中东欧国家"一带一路"产教协同在实践上主要体现在：

一是成立"一带一路"产教协同联盟。"一带一路"产教协同联盟由参与"一带一路"沿线国家职教建设的高职院校、行业企业及相关社会团体组成，共同打造开放、包容、均衡、普惠的区域职业教育合作架构，共建"一带一路"职业教育共同体。具体措施包括推动职业领域国际合作、推进海外人才培养和开发、搭建多维度产学研用合作平台。

二是建设"一带一路"产教协同地方智库。"一带一路"产教协同地方高端智库立足区域经济和社会发展实际，在深化产学研合作模式上，提出大量具有战略性、前瞻性的对策建议，成为"一带一路"沿线国家发展战略实施的助推器。包括建立产教协同高端智库、设立"引才引智"工作站、推进国际人才项目的对接。

三是打造"一带一路"产教协同实践基地。宁波中东欧国家特色商品馆是长三角地区颇具特色的进口商品专业市场，市场内产品涵盖中东欧 16 个国家上万种单品，是中国重要的中东欧进口商品集散地。宁波职业技术学院商贸专业群协同中东欧国家特色商品馆，通过"班级特色项目""专业工作坊""志愿者"等活动，打造了具有国际特色的校外产教协同实践基地。包括开展中东欧"班级特色项目"、参与中东欧国际博览会"志愿者"活动、成立中东欧商品馆特色"工作坊"。

4.3.2 农业科技产业园区合作

4.3.2.1 合作概况

中国与中东欧国家农业优势互补，合作潜力巨大，双方应在农业贸易、数字农业、农业科技、农业机械研发制造以及绿色生态等方面加强合作。通过依托"17+1"农业合作框架，中国与中东欧国家建立农业常态合作对接机制，建立双方企业家联盟，搭建网络平台，支持培育示范合作项目等，扎实有效推进双方农业合作，建立农业科技产业园区等。企业作为投资主体在搭建农业科技产业园区和农业国际合作包括农业数字化应用合作中发挥了重要的作用。

4.3.2.2 农业科技产业园区合作案例

天津食品集团在保加利亚投资 3.6 亿元建立了农业园区，用于发展农业种植和大宗农产品贸易。园区聚集了众多科研机构和企业，目前已形成规模效应，成为中国与中东欧国家农业合作的典范，被中国农业农村部命名为"中国-中东欧国家农业合作示范区"，中保两国总理共同为园区揭牌。通过构建农业数字化建设推进高标准农田信息化管理系统、规模化奶牛场 ERP 云平台建立，构建奶牛信息库，开发百万只蛋鸡自动化管理系统，中国与中东欧农业科技合作的智能化不断深入发展。中国通过对外投资形成的智能农机装备、农业物联网、水肥一体化智能控制系统、果蔬自动化分选装备、粮食病毒分选装备、智能仓储处理系统、智能物流周转箱的数字化农业服务生态圈，有效地促进了中国智慧农业运营模式和管理经验在中东欧国家的推广应用，同时消除了中国与欧盟在智慧农业标准方面的直接正面竞争。

4.3.3 农业科技推广合作

4.3.3.1 合作概况

中国与中东欧国家在科技上各具优势，中国与中东欧国家对彼此的农业技术进行学习有助于解决本国农业发展技术难关，促进各自的农业快速发展。因此，中国与中东欧国家的农业技术合作，以及农业科技园合作等不断涌现，正在各个城市蓬勃发展，带来了农业技术的革新。

4.3.3.2 农业科技推广合作案例

（1）中国-罗马尼亚农业科技园。

首个中国-罗马尼亚农业科技园目前在罗马尼亚首都布加勒斯特落成。中国-罗马尼亚农业科技园是中国科技部的支持项目，是落实"一带一路"科技创新行动计划和中国-中东欧国家科技创新伙伴计划的重要举措。对罗马尼亚来说，同中国在科技领域的合作具有战略意义。科技园有望通过技术合作与技术示范，推动中国成熟农业技术在中东欧国家的转移转化，提升中东欧国家在设施农业等方面的创新能力与产业化水平，实现双方合作共赢。

（2）中波两国科技合作协议。

早在 21 世纪初，中国和波兰在作物育种、栽培、加工等方面的合作就颇有成效。两国农业部门签署了农业和食品业的经济与科技合作协议，建立了司局级农业合作工作组，中国部分机构与波兰农业研究机构展开合作，双方互访、考察、了解对方的农业发展情况和农业科技现状。双方共同建立农业科技中心，创新合作机制，引导中波科研机构开展一批农业研究课题。从近年两国公布的合作协议和相关意向来看，其农业科研合作主要包括植物保护和农药残留控制、蔬菜育种、禽流感防治等。中方通过引进、消化吸收波兰农业先进技术，创新了适合国内的技术和设备。两国科研机构签订科技合作协议，建立工作机制，开展广泛的农业科技交流与合作，在中波农业科技框架下取得了丰硕的成果。中波联合实验室于2016年7月正式揭牌成立，标志着两国在动物疫病防控研究领域的合作取得实质性进展。

（3）中保两国科技合作协议。

中保科技合作历史悠久。1955年，两国签署了《中国和保加利亚科技合作协定》，后又成立了两国政府间科技合作委员会。中保科技合作涉及农业、生态、畜牧、环保、机械制造、新材料、能源等领域。2014年6月，两国政府科技合作委员会第14届例会在索菲亚召开，中方介绍了中国创新驱动发展的战略规划和对外开展国际科技合作等最新进展，保方介绍了保加利亚2014—2020年的科研发展规划和重点领域等内容。双方在中国-中东欧国家合作框架下，就进一步推动中国与中东欧科技合作交换了意见。双方签署了例会议定书，共有12个项目列入本届例会政府间科技合作计划，主要涉及农业、医学、生物、信息、环保、机械工程等领域。

（4）中匈两国成立"中匈农业科技促进中心"。

中匈两国农业合作历史悠久，自2006年中匈农业合作工作组成立以来，两国农业互利合作关系不断发展。2006年5月1日，两国领导人共同见证了《中匈关于建立农业科技合作促进中心的谅解备忘录》的签署。中匈农业科技促进中心的成立是落实谅解备忘录的具体举措，将为进一步拓展和加强两国在农业科技领域的合作奠定良好基础。另外，中国和匈牙利还成立了中匈鱼类免疫药理学国际联合实验室、中匈食品科学合作研究中心（重庆）等农业科技合作机构。

中国-中东欧国家的农业科技优势和合作模式比较见表4.7。

表 4.7　中国-中东欧国家的农业科技优势和合作模式比较

区位	国别	欧盟成员国	农业科技优势	现有的农业科技合作
中欧 (4 国)	波兰	是	有机农业、种子育种技术、鱼类加工技术	中波农业科技促进中心、动物疾病防控联合实验室
	匈牙利	是	食品检疫技术、抗逆资源和先进栽培技术、无病毒苗木繁殖栽培技术、核果类病毒研究	中匈农业科技促进中心、畜牧业合作、中匈鱼类免疫药理学国际联合实验室、中匈食品科学合作研究中心（重庆）
	捷克	是	转基因作物技术、胚胎移植技术	油菜与果树遗传育种合作，农业机械化合作
	斯洛伐克	是	农产品深加工技术	中国-中东欧国家虚拟技术转移中心、定期召开科技合作委员会会议
东南欧 (10 国)	罗马尼亚	是	无土栽培育苗无菌技术，环保植物的种植和收割技术，油葵播种、授粉和制种技术	蔬菜科技合作，中国-罗马尼亚农业科技园区
	保加利亚	是	葡萄酒酿造技术、樱桃种植管理技术、家畜胚胎冷冻移植技术	作物栽培合作，动物疾病防控联合实验室
	阿尔巴尼亚	否	水产养殖技术、农业加工技术、农产品质量安全技术	—
	斯洛文尼亚	是	—	通过科技委员会机制加强交流
	克罗地亚	是	植物品种培育技术	禽流感防控技术合作，水产养殖技术合作
	塞尔维亚	否	向日葵、玉米和甜菜种子改良和杂交技术	中塞玉米育种合作研究中心，生物技术研究合作，诺维萨德大田作物和蔬菜研究所
	波黑	否	—	—
	北马其顿	否	葡萄栽培及酿酒技术	—
	黑山	否	—	—
	希腊	是	橄榄油加工技术、农业机械化技术、生物技术	中国-希腊农用无人机农业示范推广基地
波罗的海 (3 国)	立陶宛	是	畜牧、奶制品生产技术	灌装牛奶、奶粉、黄油制作技术合作
	拉脱维亚	是	农业化学技术、生物制药技术、渔业加工技术	农作物品种培育，农业化学，农业气象学，植物遗传资源的保存，以及各类农作物种子的认证、选育和销售
	爱沙尼亚	是	园艺技术、果饮技术、乳制品生物技术、啤酒酿造技术	

注：有些中东欧国家在农业领域的科技优势小，难以较好地定性其优势和具体模式。

4.4 中国与中东欧国家农业科技合作载体

4.4.1 农业产业园区（友谊农场）

中捷产业园区（河北省中捷友谊农场）抓住建设中国-中东欧（沧州）中小企业合作区契机，构建以都市商务区、科技创智区、通用航空园、高端制造园、中欧绿色产业园为主的"两区三园"发展格局。中捷产业园区发挥资源优势，将产业发展与园区建设同步推进，已逐步形成涵盖现代农业、海洋、湿地、欧洲风情等多种旅游元素的精品景区。

中捷现已建成集农业高新技术示范、生态旅游观光、科普教育与技术培训四大功能于一体的金太阳科技园，园区在发展有机蔬菜产业的同时，带动花卉种植、畜牧水产养殖、休闲采摘、生态餐饮同步发展。金太阳科技园通过打造精品休闲渔业基地，同时建成鱼悦阁、观鱼台等多处景观，为游客提供多项休闲娱乐方式。金太阳科技园拥有集温泉、餐饮、住宿、娱乐、高尔夫、养生、休闲于一体的五星级盛泰开元温泉度假酒店和具有浓郁斯洛伐克风情的尼特拉酒庄，年产葡萄酒 500 吨，地下酒窖储存能力达 150 吨。

经过多年的发展，以中捷农场为依托，中国与中东欧国家的农业合作、投资不断加强。2016 年，中捷产业园 GDP 达到 58 亿元，财政收入 29.4 亿元，社会固定投资 166 亿元，从一个沉寂的农业垦区蜕变为高新技术引领区、现代农业示范区，从一座国际性农场变身为现代产业之城，2018 年它被批准为中国唯一的中国-中东欧（沧州）中小企业合作区，成为中国与中东欧国家合作交流的平台。

4.4.2 农业合作示范区

为推动中国-中东欧"16+1"合作框架下的农业合作，2017 年 5 月 23 日，中国农业部与保加利亚农业、食品及林业部签署联合声明，决定在保加利亚启动首个"16+1"农业合作示范区，旨在探索建立"16+1"合作农业示范推广新模式。这是农业领域一个实体化运作的"16+1"多边区域合作平台，与"中国与中东欧国家农业部长会议暨经贸合作论坛""中国与中东欧国家农业合作促进联合会"一起形成了"16+1"农业合作的"三驾马车"。首个中国-中东欧国家农业合作示范区位于保加利亚首都索菲亚，定位与发展目标为"一堡四区"，即中国农业企业与中东欧 16 国及欧盟农业合作的"桥头堡"；

中国先进农业品种、技术、装备和管理等在"一带一路"沿线国家的"展示区";国内先进农业产能在欧洲合作的"承接区";推动中保、中欧、中外农产品贸易和电商物流合作的"先行区";农垦体制改革境外先行先试的"试验区"。未来,示范区将以传统种植和贸易为基础,促创新、调结构,大力增加"名、优、特"经济作物种植,发展"种、养、加"全产业链农业。

首个"16+1"农业合作示范区以天津农垦保加利亚公司为依托,引进、试种并推广优良品种,种植特色经济作物,建设温室大棚,展示先进农机具。同时采取措施促进中国与中东欧农产品贸易与投资,推动农产品跨境电子商务交易平台的筹建工作。启动建设以来,已有中国农科院、中国国家杂交水稻研究中心、保加利亚科学院、普罗夫迪夫农业大学,以及华大基因农业集团、天津天世农有限公司、上海光明集团等 20 多家中保科研机构和企业参与其中,"1+1>2"的群聚效应正在逐步显现,农作物种植、农产品深加工、农业科技等领域合作不断取得新进展。据统计,示范区内累计投资已达 6 000 多万欧元,为当地创造 500 多个就业机会,产生了较好的社会经济效益。而农业合作示范区的建成,也加强了中保之间的科技交流,促进了双方的学习交流和投资。

4.5 中国与中东欧国家农业科技合作发展强度分析

4.5.1 农业科技合作强度指数

4.5.1.1 国别农业科技合作强度分析

较之中国与中东欧国家之间关于农业信息技术产品在全球贸易中的地位,中国与中东欧国家农业信息技术产品贸易实际份额是否达到了预期水平,本书在此建立农业科技合作强度指数(agricultural science and technology cooperation intensity index,简称 ASATCII),该指数从相对意义来讲可反映出两国农业信息技术产品贸易竞争力与其在世界市场上的平均水平差距(许培源,2020),进而体现两国农业信息技术产品贸易联系的紧密程度。从中国出口角度衡量的两国农业科技合作强度指数公式为:

$$\text{ASATCII}_{ct} = (X_{ct}/X_c)/\left(\frac{M_t}{M_w} - M_c\right) \tag{4.1}$$

式(4.1)中,ASATCII_{ct} 表示中国对 t 国农业信息技术产品的出口强度;X_{ct} 表

示中国对 t 国农业信息技术产品出口值；X_c 表示中国农业信息技术产品出口总值；M_w、M_c、M_t 分别表示世界、中国和 t 国农业信息技术产品进口总值。$\text{ASATCII}_{ct} \leqslant 1$，说明从中国对 t 国出口角度来看，两国农业信息技术产品贸易联系松散，且低于中国与世界其他国家（地区）的联系强度；$\text{ASATCII}_{ct} > 1$，则说明两国农业信息技术产品贸易联系紧密，且高于中国与世界其他国家（地区）的联系程度。ASATCII_{ct} 越大，说明两国贸易联系越紧密；反之，联系越松散。同理，可测算出 t 国对中国农业信息技术产品出口强度指数，假设中国对 t 国出口强度与 t 国对中国出口强度出现"一高一低"情况，则说明两国农业信息技术产品的产业内贸易水平不高。中国与中东欧国家农业科技合作强度测度及得分见表 4.8。

表 4.8 中国与中东欧国家农业科技合作强度测度及得分

排名	国家	总体农业科技合作功效得分	国家	农业科技研发合作强度得分	国家	农业技术转移类合作强度得分
1	波兰	0.09	波兰	0.047 3	波兰	0.042 7
2	保加利亚	0.087 7	匈牙利	0.041 4	罗马尼亚	0.046 3
3	匈牙利	0.070 3	捷克	0.038 2	捷克	0.032 1
4	罗马尼亚	0.07	斯洛伐克	0.031 3	匈牙利	0.038 7
5	捷克	0.058 2	罗马尼亚	0.021 8	塞尔维亚	0.036 4
6	塞尔维亚	0.048 9	保加利亚	0.021 1	保加利亚	0.027 8
7	立陶宛	0.043 6	阿尔巴尼亚	0.020 3	斯洛伐克	0.023 3
8	拉脱维亚	0.041 5	斯洛文尼亚	0.019 1	克罗地亚	0.022 4
9	克罗地亚	0.035 2	克罗地亚	0.017 2	波黑	0.018
10	波黑	0.031 8	塞尔维亚	0.016 8	阿尔巴尼亚	0.015
11	斯洛伐克	0.030 1	波黑	0.015 2	立陶宛	0.014 9
12	爱沙尼亚	0.026 3	北马其顿	0.012 8	北马其顿	0.013 5
13	阿尔巴尼亚	0.023 1	黑山	0.010 3	斯洛文尼亚	0.012 8
14	北马其顿	0.021 1	立陶宛	0.009 1	拉脱维亚	0.012
15	斯洛文尼亚	0.015 3	拉脱维亚	0.008 2	爱沙尼亚	0.007 1
16	黑山	0.011 0	爱沙尼亚	0.003 4	黑山	0.007 6

数据来源：欧盟 Cordis 网页以及中国-中东欧国家"16+1"合作框架计划的专业检索中，进行中国与中东欧国家农业科技交易数据测算得出。

由表 4.8 可以看出，总体农业科技合作功效得分高于 0.07 分的包括波兰、保加利亚、匈牙利和罗马尼亚，属于第一梯队国家范畴；农业科技研发合作强度得分高于 0.03 分以上的国家主要包括波兰、匈牙利、捷克与斯洛伐克，处于第一梯队国家范畴；农业技术转移类合作强度得分高于 0.03 分的国家包括波兰、罗马尼亚、捷克、匈牙利和塞尔维亚，这些国家处于第一梯队国家范畴。总体而言，目前，中国与中东欧国家开展农业科技合作的主要是波兰、匈牙利、罗马尼亚、捷克等国家。此外，其他国家在农业科技合作方面潜力也依然较大，特别是在美国主导的逆全球化背景下，推动"一带一路"背景下的中东欧国家的农业科技合作对于国家之间强化合作与加强经贸往来具有重要的战略空间。

4.5.1.2 国别品类科技合作强度对比分析

根据中国与中东欧国家国别之间信息科技产品进出口相关数据，结合以上农业科技合作强度指数测度方法，计算出 2015—2019 年中国与中东欧国家在农业信息科技产品进出口合作指数，见表 4.9。大多数国家与中国的农业信息科技产品进出口合作指数在 2015—2019 年间均呈现出上升的趋势，只有少部分国家呈下降趋势，见表 4.9。

表 4.9　中国与中东欧国家农业信息科技产品进出口合作指数

国家	年份		
	2015 年	2017 年	2019 年
立陶宛	1.77	1.95	1.98
拉脱维亚	1.72	1.95	1.98
罗马尼亚	0.74	0.79	0.86
保加利亚	1.5	1.37	1.62
克罗地亚	1.05	1.29	1.36
波兰	1.09	1.19	1.39
黑山	0.99	0.76	0.62
阿尔巴尼亚	0.62	0.64	0.53
北马其顿	1.04	0.87	0.95
塞尔维亚	0.97	1.08	1.19
爱沙尼亚	0.74	0.78	0.85
匈牙利	0.61	0.68	0.72
波黑	0.47	0.75	0.72

表4.9(续)

国家	年份		
	2015 年	2017 年	2019 年
斯洛文尼亚	0.13	0.28	0.45
捷克	0.09	0.19	0.28
斯洛伐克	0.21	0.31	0.32

数据来源：根据欧盟 Cordis 网页以及中国-中东欧国家"16+1"合作框架计划的专业检索获得的中国与中东欧国家农业科技交易数据测算得出。

此外，对比中东欧主要国家对全球和中国进出口的产品结构，发现中国与中东欧市场贸易额较大的主要机电产品及一些高新技术产品，如医疗设备等。2018 年部分中东欧国家对全球和中国进出口的前五大类产品对比见表4.10。

表 4.10　2018 年部分中东欧国家对全球和中国进出口的前五大类产品对比

国家	向全球出口的前五大类产品	向中国出口的前五大类产品	从全球进口的前五大类产品	从中国进口的前五大类产品
波兰	机电产品、运输设备、贱金属及其制品、家具/玩具/杂项制品、塑料/橡胶	机电产品、贱金属及其制品、塑料/橡胶、家具/玩具/杂项制品、运输设备	机电产品、运输设备、贱金属及其制品、矿产品、化工产品	机电产品、家具/玩具/杂项制品、纺织品及原料、贱金属及其制品、化工产品
捷克	机电产品、运输设备、贱金属及其制品、塑料/橡胶、家具/玩具/杂项制品	机电产品、光学/钟表/医疗设备、运输设备、纤维素浆/纸张、塑料/橡胶	机电产品、运输设备、贱金属及其制品、化工产品、塑料/橡胶	机电产品、贱金属及其制品、家具/玩具/杂项制品、纺织品及原料、运输设备
匈牙利	机电产品、运输设备、化工产品、塑料/橡胶、贱金属及其制品	机电产品、光学/钟表/医疗设备、化工产品、家具/玩具/杂项制品、木材及制品	机电产品、运输设备、矿产品、化工产品、贱金属及其制品	机电产品、纺织品及原料、贱金属及其制品、家具/玩具/杂项制品、塑料/橡胶

资料来源：作者根据中国对外经贸数据平台产品相关资料的整理得到。

4.5.2　农业科技合作互补指数

从农业科技合作强度指数中发现，两国之间的农业信息技术产品贸易联系较为紧密，但这种贸易联系存在的原因究竟是贸易互补还是贸易偏向，需要进一步通过贸易互补指数来验证，单个农业信息技术产品贸易互补指数计算公式为：

$$\mathrm{RCA}_{mt}^{k}\, C_{ct}^{k} = \mathrm{RCA}_{xc}^{k} \times \mathrm{RCA}_{mt}^{k};$$

$$\mathrm{RCA}_{xc}^{k} = \frac{X_{c}^{k}}{X_{c}} \bigg/ \frac{X_{w}^{k}}{X_{w}}\,;\ \mathrm{RCA}_{mt}^{k} = \frac{M_{t}^{k}}{M_{t}} \bigg/ \frac{X_{w}^{k}}{X_{w}} \qquad (4.2)$$

综合互补性指数可进一步表达为：

$$C_{ct} = \sum_{k} C_{ct}^{k} \times \frac{X_{w}^{k}}{X_{w}} = \sum_{k} \mathrm{RCA}_{xc}^{k} \times \mathrm{RCA}_{mt}^{k} \times \frac{X_{w}^{k}}{X_{w}} \qquad (4.3)$$

式（4.2）和式（4.3）中，RCA_{xc}^{k} 表示用出口来衡量的中国农业信息技术产品 k 比较优势；RCA_{mt}^{k} 表示用进口来衡量的 t 国农业信息技术产品 k 比较优势；X_{c}^{k} 和 X_{w}^{k} 分别表示中国和世界农业信息技术产品出口值；X_{c} 和 X_{w} 分别表示中国和世界出口值；M_{t}^{k} 表示 t 国农业信息技术产品进出口值；M_{t} 表示 t 国进口总值。当 $C_{ct} > 1$，说明两国农业信息技术产品贸易互补性强，且 C_{ct} 值越大，互补性越强，更进一步说明中国主要出口农业信息技术产品类别与 t 国进口农业信息技术产品类别相吻合；当 $C_{ct} \leqslant 1$ 时，说明两国农业信息技术产品贸易互补性较弱，且 C_{ct} 值越小，互补性越不明显，这显示出中国主要农业信息技术产品出口与 t 国主要农业信息技术产品进口即供给与需求不匹配。中国与中东欧国家农业信息科技合作互补指数见表4.11。

表4.11　中国与中东欧国家农业信息科技合作互补指数

国家	2015 年	2017 年	2019 年
波兰	1.34	0.91	0.75
保加利亚	0.56	1.17	1.28
匈牙利	1.07	0.82	1.11
罗马尼亚	0.81	1.19	1.00
捷克	1.26	0.91	0.83
塞尔维亚	0.73	1.19	1.08
立陶宛	0.95	0.87	1.18
拉脱维亚	1.05	1.07	0.88
克罗地亚	0.74	1.04	1.22
波黑	0.88	1.12	1.00
斯洛伐克	0.74	1.11	1.15
爱沙尼亚	0.76	1.05	1.18
阿尔巴尼亚	0.92	1.02	1.06
北马其顿	0.79	1.07	1.14

国家	2015 年	2017 年	2019 年
斯洛文尼亚	0.99	0.83	1.18
黑山	0.30	1.13	1.57

资料来源：针对中国与中东欧国家"16+1"合作框架计划的专业检索获得的中国与中东欧国家农业科技交易的数据测算得到。

由表 4.11 可以看出，2015—2019 年，在农业信息科技合作互补指数上，保加利亚、匈牙利、罗马尼亚、立陶宛、塞尔维亚、克罗地亚、波黑、斯洛伐克、爱沙尼亚、阿尔巴尼亚、北马其顿、斯洛文尼亚、黑山等多个国家与中国之间均具有较强的互补性，这也反映出"一带一路"倡议在推进中国与中东欧国家农业科技合作层面具有非常大的合作潜力。

4.5.3 农业科技合作专业化指数

贸易强度指数证明了两国农业信息技术产品存在紧密的贸易联系，综合贸易互补指数则进一步验证了这种紧密联系源于两国少数农业信息技术产品之间存在较强的贸易互补关系。贸易互补有产业间互补和产业内互补，两国通过产业间贸易互补可达到调剂余缺、取长补短的目的（何宇等，2020），而通过产业内互补则能达到相互学习、共同提升的目的。那么，两国农业信息技术产品贸易究竟表现为何种性质的互补，在此引入贸易专业化系数，从产业间互补和产业内互补两个维度加以测算。公式为：

$$\text{TSC}_{ct}^{k} = \frac{X_{ct}^{k} - M_{ct}^{k}}{X_{ct}^{k} + M_{ct}^{k}} \tag{4.4}$$

式（4.4）中，TSC_{ct}^{k} 表示两国农业信息技术产品的贸易专业化系数；X_{ct}^{k} 和 M_{ct}^{k} 分别表示中国农业信息技术产品 k 对 t 国的出口值和进口值。当 $-0.25 < \text{TSC}_{ct}^{k} < 0.25$ 时，表明两国农业信息技术产品贸易属于产业内互补状态；当 $\text{TSC}_{ct}^{k} \geqslant 0.8$ 时，表明中国在农业信息技术产品上具有强竞争力或较高比较优势；当 $\text{TSC}_{ct}^{k} \leqslant -0.8$ 时，表明中国在农业信息技术产品上具有弱竞争力或较高比较劣势，这两种情况均表明两国农业信息技术产品贸易处于产业间互补的状态。

由表 4.12 可知，在农业机械技术方面，大多数国家均处于产业内互补状态，与波兰、拉脱维亚、克罗地亚、波黑、爱沙尼亚、阿尔巴尼亚等国相比中国具有一定的比较劣势，匈牙利、斯洛伐克具有一定的比较优势。在农业技术推广方面，中国与中东欧国家的比较优势较为突出，罗马尼亚、捷克、阿尔巴尼亚等国家具有较强的比较劣势，匈牙利、塞尔维亚、波黑、斯洛伐克、马其顿等国家却具有较强的比较优势。在农业研发方面，波兰、匈牙利、斯洛伐克、塞尔维亚、黑山等国家具有一定的比较优势，拉脱维亚、斯洛文尼亚等国家相对处于劣势。在农业技术专利转让方面，波兰、捷克、斯洛文尼亚、克罗地亚等国具有一定的比较优势，立陶宛、拉脱维亚等国具有一定的比较劣势。

表 4.12　中国与中东欧国家农业科技合作专业化指数

国别	农业机械技术	农业技术推广	农业研发	农业技术专利转让
波兰	0.45	0.49	−0.68	−0.44
保加利亚	0.18	0.41	0.12	0.07
匈牙利	−0.65	−0.80	−0.40	−0.25
罗马尼亚	−0.15	0.81	0.35	−0.07
捷克	−0.38	0.90	0.29	−0.43
塞尔维亚	−0.23	−0.68	−0.40	0.17
立陶宛	−0.09	0.28	0.27	0.30
拉脱维亚	0.36	0.56	0.37	0.30
克罗地亚	0.40	−0.13	−0.15	−0.38
波黑	0.60	−0.87	0.21	−0.23
斯洛伐克	−0.86	−0.80	−0.46	−0.07
爱沙尼亚	0.33	0.21	0.28	0.04
阿尔巴尼亚	0.75	0.59	0.25	0.17
北马其顿	−0.07	−0.62	−0.19	−0.25
斯洛文尼亚	−0.05	0.45	0.34	−0.42
黑山	−0.19	−0.82	−0.42	−0.35

资料来源：根据欧盟 Cordis 网页以及中国−中东欧国家"16+1"合作框架计划的专业检索获得中国与中东欧国家农业科技交易数据测算得到。

4.6　中国与中东欧国家农业科技合作体系与路径

4.6.1　政策体系建设

为加强中国与中东欧国家农业科技合作，中国与中东欧国家领导人多次会晤，商讨促进合作交流的措施，积极鼓励中国与中东欧科研机构和企业加强农业科技合作。2012 年，首届中国−中东欧国家创新合作大会在南京举办，会议发布了《中国-中东欧国家创新合作南京宣言》，宣告"中国-中东欧国家虚拟技术转移中心"揭牌成立。2014年，第三届中国-中东欧国家领导人会晤，会议鼓励中国和中东欧国家的科研机构和企业在农业科技领域加强合作。2016年，科技部、国家发展改革委、外交部、商务部联合发布《推进"一带一路"建设科技创新合作专项规划》，为落实该规划，中国与中东欧国家不断增加农业科技合作项目数量，注重合作项目的质量。2018年，第七届中国-中东欧国家领导人会晤，根据与会各方共同达成的《中国-中东欧国家合作索菲亚纲要》，各方支持在公平基础上，加强在研究和创新领域的互利合作，启动"中国-中东欧国家科技创新伙伴计划"，定期举办中国-中东欧国家创新合作大会。各方愿在自愿基础上开展联合研究，加强科技人员交流，开展科普合作。

在中国与中东欧国家加强农业科技合作进程中，企业的参与是不可或缺的。以政府、企业为参与主体的中国与中东欧农业科技合作逐步形成，现已形成政府与政府，企业与政府以及企业与企业之间的全方位合作。其中，企业与企业之间的合作更为灵活且合作模式多样。现阶段存在的模式主要是中国企业与中东欧国家企业通过并购，借助企业在当地的优势，共同促进农业科技的发展。企业与企业共同合作，建立农产品生产基地。通过中国与中东欧国家政府和企业的努力，不断显现出合作共赢的局面。专利申请增加，多项研究成果突破，进入投产阶段，将科研成果及时转化为生产力。这一现象衔接了中东欧国家与周边国家的合作，欧盟其他成员国加入农业科技合作，形成"中国-中东欧国家-欧盟"三位一体的农业科技合作模式，使得三边协同科技体系建设不断推进。

中国与中东欧国家农业科技合作体系建设见表4.13。

表4.13　中国与中东欧国家农业科技合作体系建设

政策体系建设	举办会议	机构建设	企业建设
发布《推进"一带一路"建设科技创新合作专项规划》	中国-中东欧国家创新合作大会	中国-中东欧国家虚拟技术转移中心	中国与中东欧企业以并购、合作的形式共同开发农业科技
达成《中国-中东欧国家合作索菲亚纲要》	定期举办中国-中东欧国家农业合作论坛	成立多个联合实验室、科技促进中心、农业科技园区	共同成立农产品生产企业加工公司
启动"中国-中东欧国家科技创新伙伴计划"	中国-中东欧国家农业及食品科技与贸易合作论坛	高校之间成立农业科技创新联盟	企业与企业合作建立农产品生产基地

资料来源：根据中国-中东欧国家合作论坛和相关新闻报道整理得出。

4.6.2　双边国家农业科技合作路径

中国与中东欧国家在农业科技合作层面已有多年的合作基础，"17+1合作"是中国与中东欧国家友好合作的创新举措，在各方共同努力下，农业科技创新合作正成为其中的重要内容。各方将继续秉持相互尊重、合作共赢、共同发展的原则，深化科技创新务实合作，共促共享各国繁荣发展。随着"一带一路"倡议的提出，双方的农业科技创新合作到达新阶段，中国应借此契机加强与中东欧国家农业科技创新合作，开拓更多合作领域，重点围绕数字农业和智慧农业，创新农业科技合作模式，加强双方的沟通交流，消除区位障碍，打破合作不平衡问题，进一步推动中国与中东欧国家农业科技的发展。为深化中国与中东欧国家农业科技创新交流与合作，本书提出以下建议：

（1）创新对话机制，积极探索新形势下的合作模式。

现有的农业科技合作机制大多集中在成立科技促进中心、创办联合实验室并定期举行科技委员会上，在现有的对话机制基础上，结合大数据、云处理等互联网技术手段积极创新合作模式（徐惠，2018），全方位多方面地开展农业技术创新。注重中国-中东欧-欧盟三者之间的合作关系，利用大部分中东欧国家加入欧盟并为成员国提供技术和资金的优势，抓住合作的新机遇，以此为切入点创新合作模式。

（2）创建共享平台，激发农业科技创新。

为加强中国与中东欧的农业科技合作，及时分享最新科技成果，应由中国或中东欧国家带头创建共享平台。共享平台的搭建不仅能推广相关农业科技成果，还能将成果及时转化为生产力。例如双方共同建立网站，将网站为具体的几大板块，及时更新研究动态和发布研究成果。此举不仅能准确把握中国与中东欧国家最新研究动态，还能为双方沟通带来便利。创建共享平台，对激发更多科技创新起着积极作用，也为双方潜在的农业科技合作创造机会。

（3）鼓励新的参与主体加入，将科研成果共同转化为生产力。

目前中国与中东欧国家农业科技合作的参与主体仅限于政府与企业，造成农业科技创新成果研发后缺乏大力推广，不能及时反映在现实农产品生产中。中国与中东欧国家除了鼓励企业参与其中，增加中国与中东欧农业企业合作的数量，还应积极鼓励新的参与主体共同参与农业科技研发，为中国与中东欧农业科技合作注入新鲜血液（李珊珊，2019）。鼓励金融机构以股份的形式投资农业企业，企业得到资金支持自然会加大对农业科技的研发投入，科研转化为生产力的效率也得以保证，最大限度地发挥创新性农业科技的优势，以此增加农产品数量，保证农产品质量。

（4）开拓合作新领域，消除地区合作阻碍。

目前的农业科技合作领域覆盖不全面，主要停留在农作物的种植和动物的培育上，缺乏在新形势下将互联网技术与农业有效结合的合作领域。各国在科技创新过程中，在原有的合作基础之上，将重点转移到"数字农业"与"智慧农业"的创新之中，并在涉及领域较少的农产品分子加工提高农产品营养价值的领域加以合作。此外，中国应避免合作区域不平衡，彻底消除与波罗的海地区合作不足的问题，均衡合作，吸取各国在农业科技方面的先进技术。

（5）鼓励中国与中东欧国家地方政府开展"一对一"农业科技合作。

现如今，中国与中东欧国家鼓励不同主体之间积极开展农业科技合作。首先，中国地方政府可充分利用中欧班列开通的优势，加强地方政府与中东欧国家地方政府的农业科技合作。借"蓉欧+""渝欧+"班列开通提供的便利，成渝协同发展与中东欧国家农业科技合作。同理，中东欧国家的地方政府也可借助中欧班列与中国地方政府"并联"区域"串联"农业科技。其次，充分发挥各省市农业科技优势与中东欧国家开展针对性的"一对一"农业科技合作，提高农业科技研发效率。

5 中国与中东欧国家农业
投资合作机制与路径研究

5.1 中国与欧盟及中东欧国家的对外投资现状

随着欧盟单一市场和欧元区的扩张，欧洲区域内、外贸易规模显著增加，一体化程度不断加深。与此同时，作为近年来欧洲地区经济增速最快、发展潜力最大的地区，中东欧国家已悄然融入全球价值链，且随着全球化的不断推进，其发展前景与全球一体化进程已密不可分。全球化产业专业分工非常发达，在全球供应链体系中，出口国与上、中、下游国家之间彼此合作、相互贸易、相互依赖的关系极为复杂。为了更精确地定位一国参与全球价值链①的具体程度，针对"价值链向后参与"（backward GVC participation）和"价值链向前参与"（forward GVC participation）分别对中国与中东欧国家在农业多元合作深度层面进行比较分析。

由于生产基于国际分工以及比较优势，在一国出口的成品中，原料、中间产品零配件往往是从国外进口，商品的出口国（生产国）与原料、中间产品的来源国（上游国家）在价值链中便形成了"价值链向后参与"的关系（姜建清，2020）。"价值链向后参与度"指一国出口中含有的进口成分的比重，

① 在早期贸易学术文献中提出过多种衡量全球价值链参与度的指标。Hummel 等（1998，2001）提出了所谓的"垂直专业化"指标（vertical specialisation，VS），即出口中所包含的国外附加值。Daudin 等（2011）进一步发展了以正向联系为重点的全球价值链的数学定义，也就是说，他们计算一国出口中，国内附加值所占份额，此方法被称为 VS1。因而，VS 和 VS1 与一国纵向一体化的进出口视角相对应，两者共同反映了一国/一部门参与全球价值链的总量。Koopmann 等（2014）提出了当前贸易学术文献中用于衡量全球价值链参与度的基准方法之一——他们将出口总额按照附加值的来源进行完全分解。

即国外增加值（foreign value added，FVA）的比重，其反映的是一国的出口在多大程度上是由其他国家创造的增值所带动。一国进口的原料、中间产品零配件在国内加工完成并出口时，并非都是以最终产品为主，一些中间产品出口至下游国家后，需要一个或多个下游国家继续进行进一步的加工或组装，直至形成最终产品并出口到最终消费市场，于是，该出口国与下游国家在价值链中形成了"价值链向前参与"的关系。"价值链向前参与度"指该国出口中，由下游国家再加工/再出口的部分所占比重，反映的是一国所创造的国内附加值（domestic value added，DVA）在多大程度上被其他国家吸收并用于再生产和出口。

对比分析 OECD 的贸易附加值 TiVA（trade in value added，TiVA）数据库发现了中东欧主要国家、欧盟和 OECD 国家全球价值链参与度的变化趋势。整体来看，中东欧国家全球价值链向后参与度平均水平高于欧盟和 OECD 国家的平均水平。全球化产业高度分工使得欧洲各国在从事跨国生产经贸中获得巨大效益。特别是来自欧洲核心国家的跨国企业，为了实现同时拥有技术与市场的优势，积极对中东欧国家投资，利用外包、组装、回销等方式在欧洲地区构建了强大的相互合作分工体系。大部分中东欧国家再次积极融入全球价值链，其前向与向后参与度一度呈现温和增长趋势。但随着全球经济放缓，价值链中核心国家纷纷进行经济发展策略调整，对外投资规模不断降低，部分国家逐渐将重心放在国内投资以及内需市场，导致部分中东欧国家向后参与度开始逐渐放缓。从价值链向前整合方面来看，在经历 2008 年全球金融危机和仍在陷入的全球疫情背景下，中东欧国家的向前参与度虽然有所提升，但始终维持在一个相对较低的水平（17% 左右），低于 OECD 国家的平均水平（19.85%）。然而，中东欧国家与 OECD 之间的差距随着时间在逐渐缩小，特别在近几年，维谢格拉德四国的向前参与度已超过 OECD 的平均水平。

2005—2016 年欧洲和中东欧国家全球价值链参与度发展趋势见图 5.1。

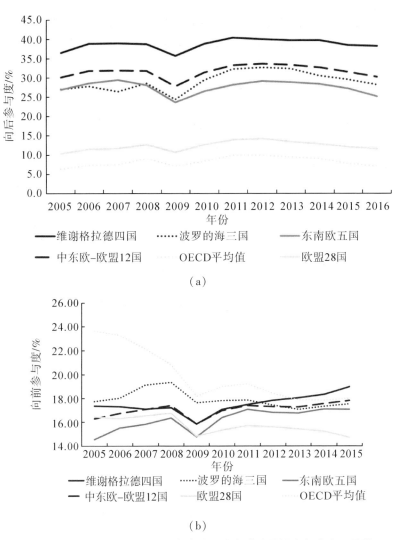

（a）

（b）

图 5.1　2005—2016 年欧洲和中东欧国家全球价值链参与度发展趋势

注：由 OECD 出版的 2018 年贸易附加值 TiVA 数据库为 64 个经济体提供了全球价值链相关指标，包括 OECD 成员国、欧盟 28 国、G20 成员国，大多数东亚和南亚经济体以及部分南美国家。该数据库涵盖了 2005—2015 年，2016—2019 年数据暂无，其中向后参与度 2016 年数据为 OECD 初步计算值。

（资料来源：经济合作与发展组织（OECD）贸易附加值数据库 TiVA 数据库）

为了更好地揭示中国与中东欧国家以及全球主要经济体之间的产业链分工及投资状况，进一步将中东欧国家、欧洲和全球价值链主要参与国家（美、中、日、韩）向后参与度和向前参与度的十年平均水平制作成散点图，得到中东欧、欧洲和全球主要贸易国家在全球价值链参与程度，见图 5.2。

由图 5.2 可知，在纵观层面，过去十几年，欧洲国家更为积极地参与全球价值链，普遍具有较高程度的参与度；在全球价值链里，大部分欧洲核心地区国家向前参与度和向后参与度差异不大，较为均衡，中东欧国家国家更倾向于专注"向后"的联系，部分发达经济体则更专注"向前"的联系。例如日本、美国、英国和德国的全球价值链向前参与度均大于21%，但四国向后的参与度却偏低，均在21%以下。与之形成鲜明对比的是，中东欧国家的匈牙利和斯洛伐克的全球价值链向后参与度非常高，分别达到45.66%和45.14%，而向前参与度却很低，仅保持在14%~17%的水平，说明中东欧国家的出口在较大程度上是由国外增加值（FVA）所带动的，而中东欧国家所创造的国内附加值（DVA）仅有一小部分被其他国家吸收并用于生产和出口。结合图 5.1 和图 5.2 可知，中东欧各国相对于其他国家，自身的位置较为稳定，这就意味着他们在一定程度上仍局限在某一特定"区域"，即向前和向后相关联的伙伴国家以及相互嵌入程度变化不大。然而，随着时间推移，一部分中东欧国家向后参与度和向前参与度均呈现加强的趋势。例如，匈牙利在保持自身较高向后参与度的同时，逐渐推动自身向前的全球价值链整合。近几年，波兰和罗马尼亚在全球价值链向前关联程度逐渐提升至该地区的最高水平（21%以上）。同样，由图 5.2 可知，捷克在向后与向前的全球价值链参与过程中均有不俗表现。

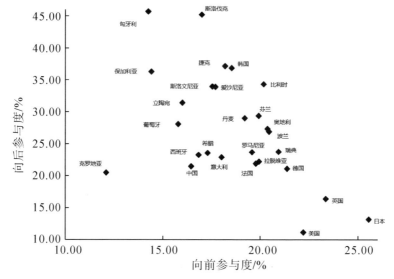

图 5.2　中东欧、欧洲和全球主要贸易国家全球价值链参与程度

（资料来源：经济合作与发展组织（OECD）贸易附加值数据库 TiVA 数据库）

此外，维也纳国际经济比较研究所在 2019 年公布的一份研究报告也证实，一国向后参与度和向前参与度之间虽然呈现负相关关系，但并不意味着该国必须在"向后参与"和"向前参与"之间做取舍，与之相反，一国在全球价值链中双向的参与程度均可加深。

2005—2016年中东欧部分国家全球价值链参与度发展趋势见图5.3。

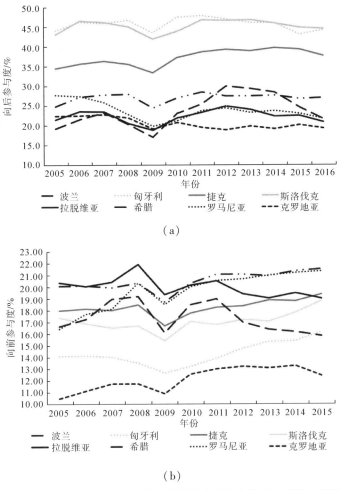

（a）

（b）

图5.3　2005—2016年中东欧部分国家全球价值链参与度发展趋势

（资料来源：经济合作与发展组织（OECD）贸易附加值数据库 TiVA 数据库。由 OECD 出版的 2018 年贸易附加值 TiVA 数据库为 64 个经济体提供了全球价值链相关指标，包括 OECD 成员国、欧盟 28 国和 G20 成员国、大多数东亚和南亚经济体以及部分南美国家。该数据库涵盖了 2005—2015 年，2016—2019 年数据暂无，其中向后参与度 2016 年数据为 OECD 初步计算值）

随着全球产业链的分工协作不断加深，对外直接投资也不断深化。长期以来，欧盟经济发达、科研基础雄厚、高质量人才储备充足，成为中国企业全球化发展的重要战略投资地。综合来看，中国与欧盟的相互直接投资规模无论从增量还是存量来看都远高于中国与中东欧 17 国；从投资流量增速上来看，中国与中东欧 17 国之间的相互直接投资虽然整体略高于中国与欧盟国家，但尚未能保持在一个稳定的水平。考虑到中国商务部国别投资数据发布相对滞后，为了更加客观地对比近年来中国与中东欧 17 国、欧盟投资合作情况，重点介绍中国对欧盟、中东欧 17 国直接投资的对比情况以及欧盟、中东欧 17 国对中国直接投资的对比情况。

5.1.1　中国对欧盟、中东欧 17 国直接投资对比

2018 年，中国对欧盟的直接投资有所放缓，达 88.66 亿美元，同比下降 13.6%，占中国对外直接投资总额的 6.2%，平均对每个欧盟国家的直接投资为 3.17 亿美元；中国对中东欧 17 国直接投资为 6.65 亿美元，同比增长 67.74%，平均对每个中东欧国家的直接投资为 0.39 亿美元。2010—2018 年中国对欧盟 28 国、中东欧 17 国直接投资流量及增速见图 5.4。

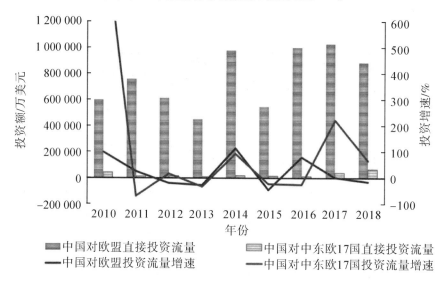

图 5.4　2010—2018 年中国对欧盟 28 国、中东欧 17 国直接投资流量及增速

（资料来源：Wind 资讯、中国商务部）

2018 年年末，中国对欧盟直接投资存量为 907.39 亿美元，占中国对外直接投资存量的 4.6%。中国对外直接存量上百亿美元的国家依然为：英国、荷兰、卢森堡、德国。截至 2018 年年底，中国对中东欧 17 国的直接投资存量为 25.1 亿美元，单个国家直接投资存量最高的依然是波兰（5 亿多美元），远低

于欧盟发达国家。2010—2018 年中国对欧盟 28 国、中东欧 17 国的直接投资情
况见表 5.1。

表 5.1　2010—2018 年中国对欧盟 28 国、中东欧 17 国的直接投资情况

单位：亿美元

年份	中国对欧盟 直接投资流量	中国对中东欧 17 国 直接投资流量	中国对欧盟 直接投资存量	中国对中东欧 17 国 直接投资存量
2010	596 306	41 881	1 249 689	85 681
2011	756 083	12 998	2 029 079	101 340
2012	611 990	15 284	3 153 824	133 998
2013	452 350	10 451	4 009 661	155 555
2014	978 716	20 422	5 421 040	181 736
2015	547 978	16 169	6 446 013	209 623
2016	999 426	12 142	6 983 669	171 487
2017	1 026 736	39 669	8 601 478	203 320
2018	886 638	66 539	9 073 906	251 305

资料来源：中国商务部。欧盟 2012 年及以前年度合计数据不包括对克罗地亚投资数据。

在对外直接投资方面，由于中国企业走出去的步伐一直相对谨慎，也面临
不少的挑战，特别是欧盟对于外资审查的趋严，对于部分国资背景企业开展业
务拓展的限制，标准制定过程中缺少中国领先企业的发声，中企在当地的本地
扶持不足，缺乏有效且系统的沟通机制，治理模式与文化存差异等，中国投资
已成为欧盟关注焦点。法国、德国不仅担忧中国投资导致欧洲技术向亚洲转
移，也担心中国政府资金支持企业进入欧洲关键基建领域将危及欧洲安全与公
共秩序。随着欧盟及其部分成员国的外资审查政策不断收紧，预计未来一段时
间中国对欧盟投资并购不确定性将持续增加。

5.1.2　欧盟 28 国、中东欧 17 国对中国直接投资对比

在对外直接投资方面，截至 2018 年年底，欧盟 28 国对中国累计直接投资
总额为 1 215 亿美元，且 28 国均对中国有直接投资。其中，累计直接投资总额
最大的是德国，为 316.6 亿美元，占比 26.1%；其次是英国，累计为 210.0 亿
美元，占比 17.3%；第三是荷兰，累计为 189.4 亿美元，占比 15.6%。1997—
2018 年，欧盟 28 国对中国直接投资流量年均增速为 5.5%。此外，中东欧 17
国中有 13 个国家对中国有直接投资，累计直接投资总额为 14.66 亿美元，其

中，匈牙利、捷克、罗马尼亚是中东欧国家 17 国中对中国直接投资规模最大
的 3 个国家，累计直接投资总额最大的是匈牙利，累计为 3.5 亿美元，占比为
23.6%；其次是捷克，累计为 3.0 亿美元，占比 20.3%；第三是罗马尼亚，累
计为 2.8 亿美元，占比 18.9%。1997—2018 年期间，中东欧 17 国对中国直接
投资年均增速为 17.3%。1997—2018 年欧盟 28 国、中东欧 17 国对中国直接投
资流量及增速见图 5.5。

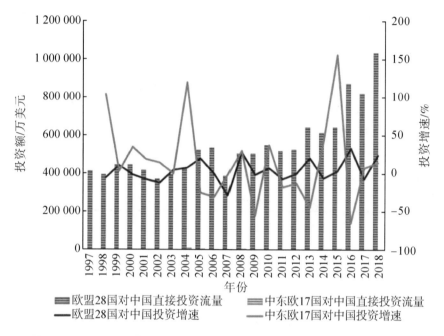

图 5.5　1997—2018 年欧盟 28 国、中东欧 17 国对中国直接投资流量及增速

（资料来源：Wind 资讯、中国商务部）

　　欧盟国家对中国直接投资更为广泛，截至 2018 年年底，欧盟 28 国均对中
国有直接投资，中东欧 17 国中仍有 4 国（马其顿、塞尔维亚、阿尔巴尼亚、
黑山）没有对中国有直接投资；其次，直接投资额上欧盟国家依然保持远超
中东欧国家的水平，截至 2018 年年底，欧盟 28 国平均对中国的累计直接投资
总额约为 43.4 亿美元，同期有直接投资发生的中东欧 13 国，平均每国对中国
的累计直接投资总额仅为 1.1 亿美元。此外，2018 年，欧盟 28 国中对中国直
接投资前三大国较中东欧国家中对中国直接投资前三大国均高出不少。

　　2018 年欧盟 28 国、中东欧 17 国对中国直接投资前三大国比较见图 5.6。

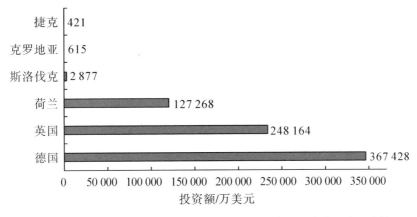

图 5.6　2018 年欧盟 28 国、中东欧 17 国对中国直接投资前三大国比较

此外，中国对中东欧 17 国投资领域持续保持多样化（主要涉及机械、化工、通信等领域），但从并购交易规模来看，中企对中东欧 17 国的并购数量和金额仍远不及中企对欧盟国家；再从并购项目内容来看，中企对中东欧国家的行业整合主要是关于轮胎、地板的生产制造，以及物流、运输行业的战略整合，相比对欧洲发达国家，中企对中东欧国家的并购标的技术含量相对不高，更侧重生产性投资。考虑到中国商务部国别投资数据发布相对滞后，以及新型冠状病毒感染对相互直接投资数据的影响，为了更加客观地对比近年来中国与中东欧 17 国、欧盟投资合作情况，重点介绍中国与中东欧 17 国、欧盟并购交易情况。在农业对外投资层面，投资仍然相对较少，但投资增速呈较快的增长势头。

5.2　中国与中东欧国家农业投资合作发展现状

新型冠状病毒感染爆发以来，全球经济遭受重创，特别是全球对外直接投资（outward foreign direct investment，OFDI）影响甚重。2020 年年底，中欧投资协定的签署，标志着中欧之间开始从贸易依存关系逐步转向更深层次的投资依存关系。中东欧国家作为中国与西欧发达国家联系的门户和桥头堡，在双边国际贸易和投资中发挥着重要作用。2012 年 4 月，中国-中东欧国家合作（"16+1 合作"）正式启动，中国与中东欧国家在贸易、金融、投资等方面随之展开全面的合作。2019 年希腊的加入促使"17+1 合作"局面正式形成，中国与中东欧国家之间进入到合作深化阶段，双边搭建起全方位、多层次、宽领域的跨区域合作机制，并且不断拓展到金融科技、数字经济、金融生态等新兴领域的投融资合作。随着"一带一路"倡议和"17+1"合作的持续推进，中国与中东欧国家的投融资合作不断扩大，如何有效推动中国对中东欧国家的直接投资以带动中欧双边投资协定有效落实，助推中欧经济命运共同体的打造，成为学术界关注的焦点（刘作奎，2020）。截至2020年6月底，中国对中东欧国家累计直接投资达30.5亿美元，间接投资超过120亿美元，双边投资合作进入到更高水平和更高质量的阶段。在经贸发展上，中国与中东欧国家的双边贸易规模整体较小，但2013—2020年中国与中东欧17国贸易额从529亿美元增加到1 034.5亿美元，双边贸易额成倍增长。环球银行金融电信协会（Society for Worldwide Interbank Financial Telecommunications，SWIFT）发布的数据显示，截至2020年12月底，人民币在全球贸易额中的份额仅为2%，活跃度在全球货币中排名第5，人民币的国际化地位与中国在全球市场的经济地位严重不匹配。货币互换成为人民币国际化突围的重要环节，从2015年开展跨境贸易人民币结算开始，中国进出口总额中的人民币结算比例呈逐年下降的趋势，尤其是2017年占比达到2012年以来的最低值，仅为14.96%，人民币国际支付结算进入"瓶颈期"，即只依靠人民币结算的跨境贸易去带动人民币国际支付规模扩大的作用受限（陈若愚，2021）。在"一带一路"倡议与中东欧国家"17+1"合作平台推动下，强化中东欧国家与中国经济合作往来，为推动人民币在中东欧国家的跨境使用创造新的有利机会，促使人民币国际化从支付结算向投融资货币转变就显得尤为重要。

中国与中东欧国家双边贸易额与投资存量占比见图5.7。

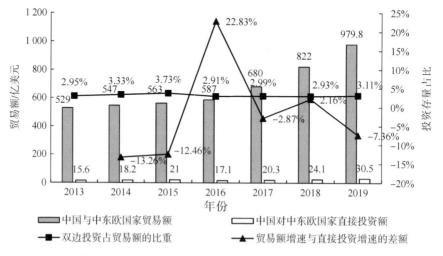

图5.7 中国与中东欧国家双边贸易额与投资存量占比

（数据来源：根据2013—2019年中国对外直接投资统计公报数据，经作者整理得出）

目前，中东欧国家作为中国对外直接投资的"浅水区"，双边贸易依存度较低、规模也较小，但这也为中国创造了较大的投资潜力和发展机会（尚宇红、高运胜，2014）。对于中国而言，中东欧国家有助于中国打开欧洲市场，实现出口产品的升级和价值链的提升，提高中国对外出口的竞争优势（刘作奎，2013）。对于中东欧国家而言，通过制定优惠政策吸引外资，可以提升其对中国投资的吸引力。中国对外直接投资统计公报数据显示，2013—2019年，中国与中东欧17国贸易额年均增长10.81%（见图5.7）。然而，考虑到中东欧国家易受外部势力因素干扰带来较大的投资风险，双边贸易整体规模依然较小，双边投资占贸易额的比重相对较低，且贸易额增速与直接投资增速的差额存在较大的波动性，贸易额增速远低于投资额增速，但由于我国对中东欧国家直接投资规模较小，短期内对我国对外直接投资的冲击不明显（夏昕鸣等，2020）。在人民币国际化战略的推动下，中国与中东欧国家在金融等领域的合作得到深化，目前中国已经与欧洲央行、匈牙利、塞尔维亚、阿尔巴尼亚等国家和组织签署了双边本币互换协议，此举极大促进了双边在投融资上的联通和共赢合作。吴福象（2021）认为中国与"一带一路"国家之间的OFDI规模依然偏小，需要在强化同美欧日韩等发达经济体相互投资和创新合作的基础上，加强对"一带一路"沿线国家多元化战略目标的技术输出和基础设施输出，实现以"内循环"支撑"外循环"、以"外循环"带动"内循环"的新发展格局。贾瑞霞（2020）将中东欧国家划分为三类：强力创新者，包括斯洛文尼亚与爱沙尼亚；中等创新者，多数中东欧国家属于中等创新者；一般创新者，保加利亚与罗马尼亚为一般创新者。

总体而言，中国与中东欧国家投资合作虽然已经取得了一定成绩，但也存在海外投资形象被国际舆论扭曲、环境准入壁垒及运营环境风险、农业技术"走出去"落地实施难、农业产业价值链有待升级与重组等新问题（叶前林等，2021）。第一，近年来中国和中东欧国家的双边投资总额不断增加，但中东欧国家接受的外资主要来自欧盟国家，部分国家经济对欧盟的依赖程度高达80%。截至2020年12月底，中国与中东欧17国的进出口总额长期低于中国进出口贸易总额的2%，且中东欧国家与中国之间的双边贸易长期处于逆差状态，且双边贸易规模总体偏小。第二，大部分中东欧国家接受的外币投资仍以美元、欧元和卢布为主，特别容易受到欧元和美元汇率的影响从而提高我国对外直接投资的风险和成本，因此，有效参与到中东欧区域货币竞争，成为人民币货币互换影响对外直接投资效率的关键点。第三，由于中东欧17国之间发展水平存在较大的差异，既存在经济相对发达国家与欠发达国家的关系，也存在欧盟成员国和非欧盟成员国的关系，各国在政治、经济和文化等方面也存在明显的发展差异，导致中国在与不同的国家合作时将会面临不同的风险和挑战，相应的合作模式和领域也存在较大异质性。因此，中国与中东欧国家之间双边贸易与货币互换既存在相互依存也存在一定的差异性，双边货币互换政策与双边贸易状况均可能影响到中国对外直接投资效率。考虑到我国对"一带一路"沿线中东欧国家的直接投资规模和范围将会进一步扩大，有必要厘清双边贸易在货币互换的状况下对我国对外直接投资效率的影响及其作用机制。如何通过货币互换实现双边贸易在提升中国对外直接投资效率方面的作用等问题也需要进一步探讨。

为此，本书基于2009—2018年中国与"一带一路"沿线中东欧国家双边货币互换在中国对外直接投资效率方面的面板数据，采用随机前沿引力模型，测度中国与中东欧国家在人民币互换与双边贸易方面如何影响中国对外直接投资效率。一方面，挖掘中国与中东欧国家合作的发展潜力，为探索新形势下中国与中东欧国家之间进一步强化投融资合作提供新思路和新方向；另一方面，为实现中国与中东欧国家多维度合作共赢提供决策参考，对中国与"一带一路"沿线国家加强合作和重构国家竞争格局具有重要意义。本书可能的创新点为：一是通过测度中国与中东欧国家对外直接投资效率，分析"一带一路"沿线中东欧国家与中国之间通过货币互换在双边贸易中如何影响中国对外直接投资效率及其作用效果，为提高中国对中东欧国家的对外直接投资效率和投资潜力提供经验证据；二是从货币互换与双边贸易层面测度中国对中东欧国家的存量投资和流量投资效率，揭示中国对不同国家直接投资效率差异的原因，为保障我国人民币的国际化、增强中国对外直接投资安全稳定及避免贸易壁垒与摩擦提供新思路和经验证据。

5.2.1 双边农业投资合作现状

2012年以来，随着欧债危机、欧盟对华政策的调整以及"一带一路"倡议的深入推进，为了寻找新的发展机会和经济增长点，中国和中东欧国家的合作进一步深化。2012年4月，中国-中东欧国家合作（"16+1合作"）正式启动，中国与中东欧国家在金融、贸易、投资等方面也随之展开全面的合作。2019年希腊的加入也促使"17+1合作"进入了合作深化阶段，目前双边已经搭建起全方位、多层次、宽领域的跨区域合作机制，并且不断扩展在金融科技、数字经济、生态环境等新兴领域的投融资合作，为高水平和高质量推进中国和中东欧国家之间合作提供互惠互利的平台。在经贸发展上，中国与中东欧

16 国贸易额从 2011 年的 529 亿美元增加到 2018 年的 822 亿美元，同比增长 21%，2018 年双边贸易额更是创历史新高。其中，中国对中东欧国家进口增幅比出口增幅高 5 个百分点，中国和中东欧国家的贸易逆差得到一定程度缓解。尤其在近年国际直接投资大幅下降的情况下，中国对中东欧 16 国的投资逆势增长，达到 67%，双边投资合作具有巨大发展空间。在经贸发展的推动下，中国和中东欧国家在金融等领域得到深化合作，目前中国已经与欧洲央行、匈牙利、塞尔维亚、阿尔巴尼亚等国家和组织签署了双边本币互换协议，为加强双边互联互通、实现共赢创造了有利的发展契机。自 2012 年 "16+1" 合作机制建立以及 2013 年 "一带一路" 倡议不断推进，中国看好中东欧国家市场前景，对外投资大幅度增长，相较于 2011 年投资存量分别增加 32.7%、54.5%。除 2016 年以外，中国对中东欧国家投资存量总体呈明显的上升趋势。部分中国企业在中东欧国家农业投资活动表现为以下特征。

5.2.1.1 投资规模偏小，增长迅速但地域差异较大

根据中国农业农村部对外经济合作中心 2019 年的数据，以及联合国粮农组织统计资料显示：从投资存量看，截至 2018 年年底，中国对中东欧国家的投资存量规模达到 24.1 亿美元，但中国对中东欧国家的投资存量仅占整个 "一带一路" 沿线国家的 2.44%，反映出中国对中东欧国家的直接投资规模较小。就企业在中东欧国家的农业投资而言，根据《境外投资企业备案结果公开名录》，中国企业对中东欧国家农业投资在投资总额的 0.8%～1.25%，投资规模相比于制造业、批发和零售业来说差距悬殊。中国在中东欧国家农业领域的投资经验少、投资规模小、发展潜力巨大。从投资流量看，2019 年中国对中东欧国家农业投资达到 8.7 亿美元，占存量比重的 36.1%。其中，当年对中东欧国家投资最大的国家为波兰和匈牙利，占比分别达到 25.7% 和 18.6%，双边投资增长迅猛。从企业设立数量和区域分布来看，企业设立数量最多的国家为波兰、捷克和匈牙利，分别设立了 18 家、12 家、10 家。在投资目的国方面，主要的投资国家分布在中欧班列沿线，比如波兰、捷克、斯洛伐克、奥地利、匈牙利等。

中国对中东欧国家与 "一带一路" 沿线国家投资存量对比见图 5.8。

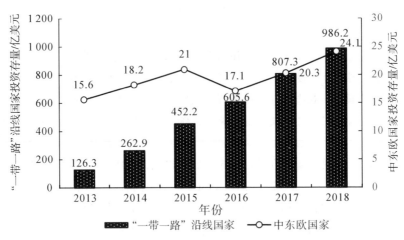

图 5.8　中国对中东欧国家与"一带一路"沿线国家投资存量对比

5.2.1.2　民营主体和地缘优势省份高度参与

从投资主体构成看，农业对外投资主体日趋多元化，形成非公有经济为主体、国有企业为补充的多层次主体构成。截至 2019 年年底，中国境内共有 83 家主体在中东欧国家进行农业投资，同比增长 21.76%。其中，属于非公有经济控股的境内投资者约 67 家，占比 80.72%；国有经济控股的境内投资者约 16 家，占比 19.28%。

从投资主体分布看，共涉及全国 12 个省份和自治区。其中，新疆、广东、河北、江苏以及浙江设立的农业投资企业数目分别为 13 家、11 家、10 家、7 家和 8 家，合计共设立 49 家，占总量比重为 59.03%。

投资主体的省际分布不均导致了中国对中东欧国家的投资特征存在显著差异。其中，随着中欧班列的开通，中国对中欧班列沿线国家的农业投资变得最为活跃，地缘分布也变得更为分散，民营资本充分利用中东欧各国之间不同的农业资源，在投资中发挥主导作用，但投资规模相对偏少且盈利能力较弱。

5.2.1.3　模式创新加速、合作园区成为主导

中国企业注重充分利用"一带一路"国家自然资源和企业资源，有效结合投资目的区域比较优势，形成境外农业合作园区、全产业链、租地种、替代种植等形式丰富、层次多样、各具特色的合作模式（农业农村部国际合作司，2017；农业农村部对外经济合作中心，2018）。境外农业合作园区是中国农业企业在"一带一路"沿线国家"抱团出海"重要形式，该模式突出的特点是有利于形成境外产业集群、提升产业链效率、降低单个企业交易成本、强化企业应对风险能力、增强企业的谈判优势、加强同类企业间的横向连接和产

业链前后端企业间纵向对接、提升产业规模、实现产业协同发展、推进境外农业合作示范区建设试点。

5.2.1.4 投资产业集中于种植业和服务业

虽然中国企业对中东欧国家的农业投资合作领域涉及广泛，但是投资存量产业分布严重失衡。以亚洲地区为例，截至 2019 年年底，中国对亚洲地区投资设立的 83 家涉农企业中，种植企业 42 家，占比 50.6%；畜牧企业 11 家，占比 13.25%；渔业企业 6 家，占比 7.2%；林业企业 8 家，占比 9.6%；农副产品加工企业 4 家，占比 4.82%；农林牧渔服务业 12 家，占比 14.45%（图 5.9）。

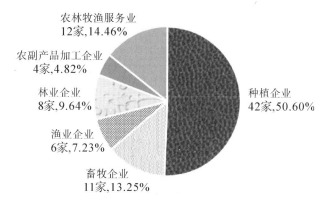

图 5.9 部分中国企业在中东欧国家农业投资结构

在种植业内部也存在产品分布结构失衡，中国企业的农业投资集中在小麦、水稻、玉米和大豆四类粮食作物，以及油棕和天然橡胶等经济作物生产。此外，蔬菜、水果、茶叶、园艺产品、甘蔗、咖啡等作物的投资种植潜力还有待充分发掘。部分中国企业在中东欧国家农业投资行业及领域见表 5.2。

表 5.2 部分中国企业在中东欧国家农业投资行业及领域

企业名称	投资行业与领域
中粮集团	大宗粮油商品加工和贸易
中储粮总公司	水稻种植、高产科技示范区
黑龙江农垦	大豆、棕榈油、水稻、玉米、小麦等农作物的种植、加工和贸易
中农发集团	大豆、水稻、玉米等农作物的种植、加工，仓储物流设施建设和贸易
重庆粮食集团	大豆、油菜籽种植和加工，物流仓储设施建设
吉林粮食集团	大豆、水稻、玉米等农作物的种植、加工，仓储物流设施建设和贸易

表5.2(续)

企业名称	投资行业与领域
天津聚龙	棕榈油种植和加工
浙江卡森集团	大豆的种植和加工贸易
山东冠丰种业科技有限公司	棕榈油生产和加工
中兴能源	棕榈油生产和加工
安徽丰原集团	葡萄酒、特色农畜产品、水产品、蔬菜种植
新希望	种植、畜牧养殖全产业链
光明食品	食品生产、加工、销售、技术研发等全产业链
正邦集团	饲料生产加工全产业链服务、生物制药研发

资料来源：作者根据相关新闻报道资料整理得出。

5.2.2 双边农业投资成效

5.2.2.1 投资规模扩大，双边互动增加

自 2006 年中国与中东欧国家开启机制性农业合作到 2017 年，双方农产品贸易额从 4.5 亿美元增加到了 11.3 亿美元，增长了接近 3 倍。随着近几年中国与中东欧国家双边农产品贸易额快速增长，双边交流互动也不断增加，为中国和中东欧国家增加投资规模创造了有利的条件。例如 2018 年，中国与中东欧国家在深圳盐田港建立首家 "16+1" 农产品和其他产品电商物流中心与展示馆，中阿园艺蔬菜培训班在阿尔巴尼亚地拉那农业大学开设教学班，青田侨乡农品城在捷克设立首家海外专柜。

5.2.2.2 双边农业合作企业数量增加

在 "一带一路" 倡议和 "16+1" 合作的推动下，中国农业企业与中东欧国家大型农业企业不断加强合作。比如天津农垦集团在保加利亚投资成立全资子公司，主要从事国际贸易并租赁土地进行农产品种植；安徽丰原集团在波兰投资设厂；天津食品集团在保加利亚建立农业园区，用于发展农业种植和大宗农产品交易。中捷产业园区，中国中东欧（沧州）中小企业合作区为中东欧国家中小企业与国内企业合作对接搭建了优质平台，集聚了众多科研机构和企业，形成规模效应。中国企业与塞尔维亚企业正在推进全产业链农业产业园和蔬果产业园项目的合作。

5.2.2.3 双边贸易基础设施不断健全

近年来，中国和中东欧国家之间投资贸易需求不断增多，推动了双边基础

设施建设的建设和改善，尤其是交通运输设施方面。2014 年 12 月，第三次中国–中东欧国家领导人会晤就 2015 年开工建设"中欧陆海快线"达成共识，成为推进中欧"一带一路"倡议的重要举措。快线南起希腊比雷埃夫斯港，途经马其顿斯科普里和塞尔维亚贝尔格莱德，北至匈牙利布达佩斯，主要建设内容是对连接四国的既有铁路线进行复线化改造和提速等。改造和提速完成后，四国间铁路运输时间将大为缩短，将为中国对欧洲出口和欧洲商品输华开辟一条新的便捷航线。

5.3 中国与中东欧国家农业投资合作模式及问题分析

5.3.1 双边国家农业投资模式

5.3.1.1 中捷农场

中捷友谊农场作为中国在"一带一路"倡议下与中东欧对接的最大王牌。中捷友谊农场不仅在国内设立办事处，专门负责中东欧农业投资项目的对接，除此之外，还在欧洲设立办公机构，搜集中东欧农业投资信息，利用"大使年会"这一平台，加大与欧洲多国大使的联系。2010—2016 年，中捷友谊农场分别促成了国家展馆项目、布拉格广场项目、文化创意中心项目、尼特拉葡萄酒庄园项目、捷克啤酒项目、荷兰华荷花卉科技园项目、中斯国际旅游公司、Fair 飞行学院项目，以项目为依托，加强外资的引进和扩大对外投资的规模和渠道。

5.3.1.2 宁波"16+1"经贸合作示范区

2017 年 11 月，《中国–中东欧国家合作布达佩斯纲要》提出"要大力支持宁波等城市设立'16+1'经贸合作示范区"。"16+1"经贸合作示范区建立以来，宁波把加强与东欧国家合作作为参与"一带一路"建设的重要突破口。当前在宁波市人民政府的支持下，宁波通过利用中国–中东欧国家投资贸易博览会、中国–中东欧国家贸易便利化检验检疫试验区、索菲亚中国文化中心"三大平台"，先后承办了四届中国–中东欧国家投资贸易博览会、三次中国–中东欧国家经贸促进部长级会议和两届中国–中东欧国家合作发展论坛，加大中国与中东欧国家的经贸联系，实现了中东欧商品进入中国市场、中国与中东欧国家双向投资合作、中国与中东欧国家人文交流的"三大目标"。2018 年以后，越来越多的中东欧合作新项目和外国资本进入宁波，宁波和中东欧国家新增双向投资项目 10 个，其中外商投资项目 8 个，外资达到 419 万美元；对外投资项目 2 个，实际中方投资达到 413 万美元。同时，宁波与中东欧国家进出口总额达到 36.96 亿美元，同比增长 26.6%，其中，出口达 31.1 亿美元，同比增长 25.4%，进口 5.05 亿美元，同比增长 34.4%。

5.3.2 双边国家农业投资合作政策体系及存在的问题

5.3.2.1 双边国家农业投资合作政策梳理

中国-中东欧 16 国农业投资合作是 2012 年建立的新型合作平台。在各方共同努力下，"16+1"合作框架下中国-中东欧国家在农业合作领域上取得丰硕成果，近年来双边农业经贸合作论坛和会议也不断增加。比如，2013—2019年，中国-中东欧国家每年都会召开农业经贸合作论坛和农业部长会议，会议将农业投资作为重要议题，尤其在 2019 年的农业经贸合作论坛中，加强双边农业投资与贸易合作、推进数字农业发展的讨论受到与会各方极大重视，并最终通过《中国-中东欧国家农业部长会议杭州共同宣言》。同时，中东欧国家每年也会举办中东欧国家特色商品展、农业展、博览会等活动增强双边农业交流创造沟通的平台，进而加强中国企业和中东欧国家的相互了解，提高中国企业对中东欧农业投资合作的积极性。中国与部分中东欧国家双边农业会议或活动见表 5.3。

表 5.3 中国与部分中东欧国家双边农业会议或活动

时间	双边农业会议或活动
2013 年 9 月	农业经贸合作论坛
2014 年 6 月	中国-中东欧国家经贸促进部长级会议
2014 年 6 月	中东欧国家特色商品展
2014 年 10 月	中国-中东欧国家农业经贸合作论坛
2015 年 6 月	首届中国-中东欧国家投资贸易博览会
2015 年 6 月	中东欧国家特色产品展
2015 年 9 月	第十届中国-中东欧农业经贸合作论坛
2015 年 11 月	"16+1"农业部长会议
2016 年 11 月	第 11 届中国-中东欧国家农业经贸论坛
2016 年 11 月	"16+1"农业部长会议
2016 年 11 月	中国-中东欧国家农业合作促进联合会第三次会议
2017 年 8 月	第 12 届中国-中东欧国家农业经贸合作论坛
2017 年 8 月	第二届中国-中东欧国家农业部长论坛

表5.3(续)

时间	双边农业会议或活动
2018 年 5 月	第 22 届波罗的海农业展
2018 年 5 月	第十三届中国-中东欧国家农业经贸合作论坛
2018 年 5 月	"16+1"农业部长会议
2018 年 6 月	第三次中国-中东欧国家经贸促进部长级会议
2019 年 5 月	第四届农业部长会议
2019 年 5 月	第十四届农业经贸合作论坛
2020 年 9 月	中国-中东欧国家特色农产品云上博览会
2020 年 9 月	中国-中东欧国家农业多元合作年,正式签署《中华人民共和国政府与欧洲联盟地理标志保护与合作协定》
2021 年 5 月	中国与中东欧国家经贸合作及第二届中国-中东欧国家博览会

5.3.2.2 双边农业投资存在的问题

(1)投资环境风险。

当前,中国-中东欧国家农业投资领域的合作虽然得到了很大改善,但是无论是国内还是国外环境仍然存在一些问题,阻碍中国企业对中东欧国家进行农业投资,主要体现在四个方面:一是中国企业对中东欧国家的市场环境和法律制度等还不够了解,东西方的文化差异较大,历史文化、宗教信仰、法律体系等因素阻碍中国企业对中东欧国家的直接投资,在对农业投资时难免会涉及生产技术、知识产权、产品质量、劳动者权益等问题,处于风险考虑,中国部分企业在对中东欧企业进行投资时比较谨慎。二是中东欧国家整体贸易便利化水平仍较低,国内经济环境复杂,多数国家行政审批手续复杂,效率低下,再加上中东欧国家农业招商引资部门缺乏宣传意识,导致中国企业与中东欧国家之间的信息交流和沟通困难。三是尽管中东欧国家总体投资环境较好,但由于中东欧国家地处欧亚大陆中部,是地缘政治中的敏感地带,投资风险较大。四是中东欧国家中部分国家加入欧盟,欧盟对成员国实施关税同盟政策以及实行共同的农业政策,对农产品实行统一价格,取消了农产品内部关税并且对农产品贸易实施货币补贴政策,最终形成统一的大市场,中国进入的难度很大。

(2)双边农业投资合作作用仍不明显。

虽然近年来中国和中东欧国家的双边投资贸易总额不断增加,但就总体而言,中东欧国家接受的外资主要来自欧盟国家,部分中东欧国家经济对欧盟的依赖率超过了80%,而中国-中东欧16国的进出口总额长期低于中国进出口贸易总额的2%,长期以来中国与中东欧11个国家保持贸易顺差,与5个国家保持贸易逆差，总体上处于贸易顺差地位，且农产品贸易市场上，以波兰和罗马尼亚为主，与中东欧各国之间的农产品贸易发展非常不均衡。然而，传统贸易又是作为中国和中东欧国家之间最主要的合作方式，合作方式较为单一，农业对外投资在双方农业合作中发挥作用较小，中国对中东欧的农业投资规模也较小。

（3）双边投融资方式较为单一。

融资方面，目前中东欧国家企业的融资方式比较单一，以银行信贷为主。尤其在金融危机后大多数中东欧国家在融资渠道上越来越依赖私营银行贷款，存在着融资基数小但违约风险大的问题，因此会加大中国对其投资的风险。对于中国农业企业而言，中国金融机构对农业企业贷款融资的门槛太高，部分企业融资困难，无法满足其对外直接投资所需的大量资金，同时中国对外优惠政策根据工业项目制定，农业实际优惠措施少，从而影响中国企业"走出去"的积极性。而在投资方面，为积极响应农业"走出去"战略，中国农业企业在中东欧国家主要采取投资并购、与当地建立产业园区等方式完成对中东欧国家的资本输出。但是中国企业倾向于采取并购的方式，以当地企业为载体获得先进的技术和管理经验以开拓中东欧国家和欧洲的市场，中东欧国家则希望外国企业的投资能够解决本国就业问题，进一步推动经济的发展，双边利益的冲突导致中国农业企业并购难度加大。

（4）信息掌握不充分，存在盲目投资。

由于中国企业和中东欧国家在投资和农产品贸易的规模总体较少，双边信息互换和对彼此的了解都不够深入，尤其对于中国企业来说，虽然我国为支持中国-中东欧国家合作提供了很多支持，但是却可能引发部分中国企业盲目入市，在没有认真对当地进行考察和风险评估的情况下就匆忙进行投资。比如，2009年中国中铁股份有限公司的子公司——中国海外工程有限责任公司成功中标波兰A2高速公路项目，成为中国公司在欧盟国家获得的首个大型基建项目。但由于事先没有对当地的基础设施建设和欧盟的相关规定进行充分调查和了解，2011年6月，波兰政府解除了与中方公司的合约，中国基建中东欧"第一标"以失败收场，中国企业声誉也因此受到很大影响。

（5）对中东欧国家投资存在地区差异。

《中国对外投资统计公报》统计数据显示，截至2018年年底，中国对中东欧国家的直接投资存量中，排名靠前的国家分别是波兰、匈牙利、罗马尼亚、捷克、塞尔维亚等发达国家经济体或发展中国家经济体，大多集中在中欧以及东南欧。而投资存量靠后的国家分别为阿尔巴尼亚、波黑、拉脱维亚、立陶宛等国，主要分布于波罗的海地区。中欧除斯洛伐克以外，各国的投资存量占比都达到 10% 以上，占中国对中东欧国家直接投资存量的 48.66%，表明中国企业与中东欧国家的资源禀赋高度契合，中国企业重视与中欧国家的合作。而东南欧占据 48.1% 的投资存量，其中中国对罗马尼亚的直接投资规模最高，占比达到 12.12%，但波罗的海三国的投资规模仅占中国对中东欧国家的直接投资存量总额的 3.24%，反映出中国企业对中东欧国家的投资比例存在不均衡的问题。中国与中东欧各国投资额及其占比见表 5.4。

表 5.4　2010—2018 年间中国与中东欧各国投资额及其占比

单位：万美元

区位	国别	2010年	2011年	2012年	2013年	2014年	2015年	2016年	2017年	2018年	2018年占比/%
中欧	波兰	14 031	20 126	20 811	25 704	32 935	35 211	32 132	40 552	52 373	20.84
	匈牙利	46 570	47 535	50 741	53 235	55 635	57 111	31 370	32 786	32 069	12.76
	捷克	5 233	6 683	20 245	20 468	24 269	22 431	22 777	16 490	27 923	11.11
	斯洛伐克	982	2，578	8，601	8 277	12 779	12 779	8 277	8 345	9 929	3.95
东南欧	罗马尼亚	12 495	12 583	16 109	14 513	19 137	36 480	39 150	31 007	30 462	12.12
	保加利亚	1 860	7 256	12 674	14 985	17 027	23 597	16 607	25 046	17 109	6.81
	阿尔巴尼亚	443	443	443	703	703	695	727	478	642	0.26
	斯洛文尼亚	500	500	500	500	500	500	2 686	2 725	4 009	1.60
	克罗地亚	813	818	863	831	1 187	1 182	1 199	3 908	6 908	2.75
	塞尔维亚	484	505	647	1 854	2 971	4 979	8 268	17 002	27 141	10.80
	波黑	598	601	607	613	613	775	860	434	434	0.17
	马其顿	20	20	26	209	211	211	210	203	3 630	1.44
	黑山	32	32	32	32	32	32	443	3，945	6 286	2.50
	希腊	423	463	598	11 979	12 085	11 948	4 808	18 222	24 247	9.65
波罗的海	立陶宛	393	393	697	1 248	1 248	1 248	1 529	1 713	1 289	0.51
	拉脱维亚	54	54	54	54	54	94	94	102	1 170	0.47
	爱沙尼亚	750	750	350	350	350	350	350	362	5 684	2.26

数据来源：根据 2010—2019 年间中国对外投资统计公报经作者整理得出。

5.3.3　双边国家农业投资合作面临的机遇和挑战

5.3.3.1　面临的机遇

（1）中国经济的发展增速和市场投资潜力大。

随着中国全面开放新格局的形成，国内市场得到进一步开放，中国经济已由高速增长阶段转向高质量发展阶段，经济规模和 GDP 基数大幅提高，为中国对外直接投资创造了条件。同时，企业整体经济实力增强，为中国企业开展跨国直接投资提供了资金保障。截至 2018 年年底，中国对外直接投资净额达到 1 430.37 亿美元，是 2012 年中国对外直接投资净额的 2.53 倍，尤其在 2016 年，中国对外直接投资净额达到 1 961.49 亿美元，是 2012 年的 3.47 倍，较 2015 年增长了 34.66%，对外直接投资净额为中国历史之最。2008—2018 年中国对外直接投资净额见图 5.10。

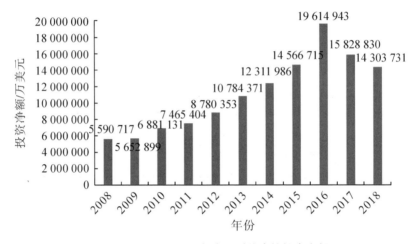

图 5.10　2008—2018 年中国对外直接投资净额
（数据来源：《中国统计年鉴》和《2018 年度中国对外直接投资统计公报》）

在农业投资方面，2008—2018 年中国农业、林业、牧业、渔业对外直接投资净额呈现逐年增加的趋势，其中，2018 年中国对农业、林业、牧业、渔业对外直接投资净额达到 328 715 万美元，是 2008 年的 19.13 倍（图 5.11）。同时中国对外农业直接投资占中国对外直接投资总净额的比重也在逐年增加，2008 年农业对外直接投资仅占中国对外直接投资总净额的 0.31%，而 2018 年占比达到 1.79%，为 2008 年的 5.78 倍。由此可见，投资作为拉动经济增长的重要手段，随着中国经济的快速发展，中国的对外投资需求增大，为"一带一路"中国对外农业投资提供了充足的资金支持，这也意味着中国正成为一个新兴的投资大国发展。

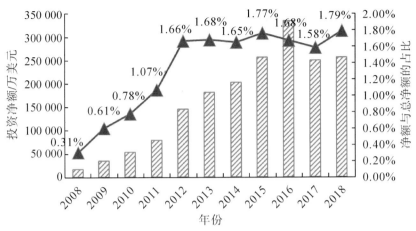

图 5.11　2008—2018 年中国农业对外直接投资净额及占比

（数据来源：中国统计年鉴和《2018 年度中国对外直接投资统计公报》）

（2）人民币国际化进程加快，投资更加便利化。

近年来，在国际环境复杂严峻的背景下，贸易保护主义和单边主义抬头，但中国经济发展有巨大的韧性和潜力，且长期稳定发展，为稳定中国外汇储备规模提供了有力支撑。截至 2021 年 4 月底，中国外汇储备达到 3.19 万亿美元，人民币汇率及市场预期总体稳定，正常的国际收支可得到有效保证。同时在中国与中东欧国家经济联系不断加强的背景下，中国与中东欧国家之间货币互换规模也在不断增加，为中国对外投资营造了良好的市场交易环境。目前，中国和中东欧国家在金融等领域上不断深化合作，目前中国已经与欧洲央行、匈牙利、塞尔维亚、阿尔巴尼亚等国家和组织签署了双边本币互换协议，极大促进了双边在投融资上的联动互通和共赢合作。一方面，人民币互换协议在中东欧国家经济建设过程中能够有效发挥造血功能，货币互换后可以直接用于购买对方国家的产品和服务，降低使用第三方货币的风险，进而促进中国和中东欧国家投融资合作的加深。另一方面，货币互换后中东欧国家可以使用人民币与中国进行贸易结算，提高本国商品和服务的吸引力，同时双方央行之间的货币合作降低了中国与中东欧国家投资往来的流动性短缺风险和交易成本，使得中国对外投资的竞争力和效益明显提高，进而刺激中国对外直接投资。

（3）中东欧国家农产品具有特色性和竞争力，投资吸引力大。

中东欧国家长期以来农业资源丰富，农业发展历史悠久，具有丰富的自然资源，在农产品、动植物源产品、矿物燃料等方面具有不同的比较优势。例如，北马其顿被誉为"欧洲的菜篮子"，投资其葡萄园、果园、菜园等可获财政补贴；保加利亚是世界葡萄酒生产和出口的主要国家，同时也是酸奶发源地，乳制品历史悠久；塞尔维亚是全球第二大覆盆子和李子生产国；斯洛文尼亚和塞尔维亚畜牧养殖业较为发达；罗马尼亚具有丰富的农业种植历史，一直是欧洲主要的粮食生产国和出口国，曾有"欧洲粮仓"的美誉；希腊国土与气候适合水果生长，在种植橄榄、葡萄和柑橘等方面具有丰富经验。由于中国与中东欧国家在地理位置和农产品贸易结构方面存在较大差异，双边农业生产具有互补性，中东欧国家对中国出口的农产品主要为农畜产品、食品和酒类等，并凭借着产品知名度和品质的优越性，不断寻求更大的国外市场，吸引了中国对中东欧国家农业的投资合作。

（4）"一带一路"倡议和"17+1 合作"政策大力推动，投资动力大。

2012 年以来，随着欧债危机、欧盟对华政策等政治风险变化和"一带一路"倡议的持续推进，为了寻找新的发展机会和经济增长点，中国和中东欧国家的合作受到了更多的关注。2012 年 4 月，中国-中东欧国家合作（"16+1 合作"）正式启动，中国与中东欧国家在金融、贸易、投资等方面也随之展开全面的合作，2019 年希腊的加入也促使"17+1 合作"新局面的形成，中国-中东欧国家合作进入了深化阶段。目前中国-中东欧国家双边已经搭建起全方位、多层次、宽领域的跨区域合作机制，并且不断扩展金融科技、数字经济、生态环境等新兴领域的投融资合作，尤其在近年国际直接投资大幅下降的情况下，中国对中东欧 16 国的投资逆势增长，达到 67%，双边投资合作具有巨大发展空间，为实现中国和中东欧国家高水平和高质量合作发展提供了互惠互利的平台。2019 年 5 月 17 日举行的中国-中东欧国家农业经贸论坛，指出中国-中东欧国家之间具有较强的合作潜力，农业互补优势明显，双边要利用好"17+1"农业合作平台，加强在农业贸易、数字农业、农业科技、农业机械研发制造以及绿色生态等方面的合作。随着"一带一路"倡议和"17+1 合作"的继续推进，中国-中东欧国家农业合作也必将得到进一步发展。

（5）双方农业合作机制不断完善，投资潜力巨大。

长期以来中东欧地区是中国投资的"浅水区"，双边贸易依赖性较低、规模较小，但这也为中国创造了较大的投资潜力和投资机会。对于中国而言，加大对中东欧的农业投资可以帮助中国打开欧洲市场，实现出口产品的升级和价值链的提升，提高中国对外出口的竞争优势；对于中东欧国家而言，在经济发展需求的刺激下，中东欧国家会通过积极制定优惠政策吸引外资，为投资者提供"寻租"机会，从而为提高中国对外投资效率创造机会。

另一方面，中东欧国家作为欧洲重要的农产品供应基地，农业用地占总用地的47%，具有较好的农业生产条件，但是中东欧国家农业经营普遍存在规模小、机械化不高、劳动力需求大等问题，因此对于中国企业而言，可以利用已经掌握较为先进的农业生产技术和管理模式优势，扩大对中东欧国家的农业投资。目前，中国农业农村部已与15个中东欧国家签署了40多份双边农业合作协议，并且与匈牙利、波兰、保加利亚、斯洛伐克、斯洛文尼亚和克罗地亚等中东欧国家建立了农业合作工作组。双方农业合作机制的进一步完善和成熟，将会带动中国-中东欧投资的不断扩大。一方面，随着中国-中东欧物流交通枢纽和基础设施建设的合作加强，尤其是中欧班列和商贸物流园区的建成，为双边农产品的运输和存储提供了良好的条件，运输畜产品、奶制品、果蔬的能力也得到进一步增强，为双边扩大农业市场合作创造有利条件。另一方面，在国内新基建战略的推动下，中国企业加大对外农业投资会受到更多的政策支持，也为中国企业对外发展农产品电商平台、农业生产技术合作等创造有利时机。

5.3.3.2 面临的挑战

（1）地缘政治风险加大。

虽然近年来中国和中东欧国家的双边投资贸易总额不断增加，但就总体而言，中东欧国家接受的外资主要来自欧盟国家，同时中东欧国家大部分接受的外资主要来自美元、欧元和卢布，尤其是易受到欧元和美元汇率的影响从而导致中国对外投融资的风险和成本增加。在美国和欧盟的双重压力下，部分中东欧国家受到欧美反华舆论宣传的影响，出于政治安全和战略安全的考虑，对华合作的疑虑上升，从而对中国-中东欧国家合作的外部环境造成严峻的威胁。例如，塞尔维亚国内部分人士担心如果参与了中国的"一带一路"倡议将会影响其加入欧盟的进程。另外，中东欧国家之间发展存在较大的差距，既有经济相对发达和不发达的国家，也有欧盟和非欧盟国家，各国间文化、经济和政治等存在明显差异，也有不少国家经济社会转型尚未成功，加之金融危机导致经济增速进一步下滑，双边投资合作风险大。比如北马其顿多次出现铁路罢工事件，直接影响了中欧陆海快线运输。另外，部分中国企业与中东欧国家企业存在竞争关系，会出现一些以国家安全、民众利益、就业保障等名义设置的投资壁垒，加大中国企业投资中东欧国家农业的风险和规模。

（2）投资信息不对称。

中东欧国家发展差异大，在农业生产和贸易方面的政策和环境存在较大差异，并且容易受到国外不利舆论的引导，因此保持信息的沟通和互享对于中国和中东欧国家之来说就尤为重要。然而，与中国合作中东欧的农业企业大多是中小企业，政府能提供关于各国的农业资讯信息有限，企业要想获得更多的商业信息，就需要自行进行考察和调研分析，加大了中国企业农业投资的成本和困难。

（3）中资企业用工、招工难度大。

在欧洲，工会具有较大的影响力，工人对工作条件和福利的期望和要求普遍偏高，例如匈牙利作为中国在中东欧地区最大投资目的国，2019年2月，匈牙利平均名义工资同比上涨了9.8%，达到近10年来的最大涨幅，显示中东欧国家工资近年来呈现上涨的趋势。而对中资企业而言，由于他们刚刚进入中东欧市场，国内对农业经济管理和农业生产技术的人才外语主要以英文为主，对当地的语言、文化、政策、制度、理念等还不能完全了解和掌握，因此中资企业不仅存在用工成本较高的问题，而且也存在高素质复合型人才的需求不足的问题。另外，克罗地亚、匈牙利和罗马尼亚等中东欧国家出生率很低，国内人口数量近几年很少增长，同时斯洛伐克、匈牙利、捷克等国家的失业率很低，根据中东欧国家统计局的数据显示，2018年，捷克失业率为3.1%，匈牙利为3.6%，存在明显的劳动力短缺现象，这也给中资企业招工带来一定困难，也容易导致工资膨胀的问题。

（4）基础设施建设不足。

中东欧地区多数国家基础设施存在老化问题，交通设施落后，公路和铁路建设严重缺乏。根据世界银行公布的营商指数也可以看到（表5.5），中东欧地区在开办企业、建筑许可、电力获取、产权登记、保护中小投资者和合同执行等软件设施方面发展较差，尤其在建筑许可上有超过5个国家排名在100名以外。同时根据世界银行数据，中东欧国家每百万人固定宽带互联网用户约为18人，互联网普及率较低，对推动双边农产品电商化贸易和信息交流都会产生不利影响。虽然中国目前在基础设施建设上已经积累了较为丰富的经验，而且已经具备一套完善的农业生产完整设备，但是由于复杂的政治环境，部分国家不愿意中国对其进行基础设施建设，导致双边农业投资贸易合作所需基础设施需求得不到保障。比如，2019年6月，波兰总统安杰伊·杜达就明确表示，反对来自中国的战略基础设施（如海港和航空港）投资等。

中东欧国家以及中、法、德等国家营商环境指数排名见表5.5。

表 5.5 中东欧国家以及中、法、德等国家营商环境指数排名

国家	综合营商指数	开办企业	建筑许可	电力获取	产权登记	贷款	保护少数投资者	纳税	跨境贸易	合同执行	破产办理
阿尔巴尼亚	8	46	106	156	106	44	19	97	24	116	43
波黑	81	174	170	123	99	44	81	133	36	64	41
保加利亚	39	82	48	104	60	32	13	83	21	49	48
克罗地亚	43	95	128	68	62	75	27	49	1	7	54
捷克	27	81	130	13	31	32	53	53	1	68	26
爱沙尼亚	12	14	9	38	6	32	53	53	1	68	26
匈牙利	41	75	69	121	28	20	81	77	1	8	63
立陶宛	21	29	16	55	2	32	51	27	19	6	66
拉脱维亚	14	22	23	42	23	7	42	15	25	23	44
北马其顿	10	4	11	29	48	16	13	9	27	36	32
黑山	51	58	93	167	78	7	42	57	43	41	40
波兰	24	107	46	46	38	20	42	47	1	55	27
罗马尼亚	36	62	95	134	57	7	53	50	1	26	49
塞尔维亚	47	47	36	92	56	44	70	78	23	61	47
斯洛伐克	33	68	103	53	7	44	87	56	1	82	35
斯洛文尼亚	30	49	80	16	34	133	9	24	1	119	12
中国	78	127	177	97	42	63	123	131	96	5	53
德国	17	114	12	5	79	32	53	48	38	17	3
法国	29	27	20	25	100	82	32	63	1	18	24

数据来源：作者整理世界银行数据库得出。

5.4 中国与中东欧国家农业投资合作的有效路径

5.4.1 加大政策支持，促进投资合作

定期举办面向中东欧国家与中国的农业投资合作政策研讨会，增强中资企业对中东欧国家投资、关税和法律等政策的了解，支持有实力的中东欧国家企业到中国进行投资合作。为应对欧盟、美国等对中国与中东欧国家农业投资合

作带来的地缘政治风险及阻碍，减少中东欧国家对中国参与投资的各种猜忌和担忧，中国可以采取三边合作的方式。为了降低德国、俄罗斯等国害怕中国的参与直接影响其在中东欧的利益，在中国推进与中东欧国家投资合作的进程中，可以积极寻求与德国、俄罗斯等国家开展三边合作的方式，比如采取"中国-波兰-德国""中国-波兰-俄罗斯"合作等三方共同投资合作的形式，以达到互利共赢的目的。

5.4.2　加大基础设施建设，提高投资便利化

利用好"一带一路"和"17+1合作"重要政策支持，通过物联网、云计算、大数据等技术，深化中国和中东欧国家在智慧农业和农业场景数字化应用方面的合作，依托中欧班列等交通便捷优势，加大电商平台、贸易中心、物流园区等基础设施建设，适度增加中东欧农产品出口规模，通过举办双边博览会、交流会等活动，实现中国市场与中东欧国家的农产品市场和信息的有效对接，引导和带动双边投融资合作的增加，提高农业产业的生产效率，刺激中国企业加大对中东欧的双边农业投资，充分挖掘中东欧地区与中国互联互通的发展潜力。

5.4.3　扩大投融资渠道，完善对外合作机制

中国要继续加大与中东欧国家的金融合作，根据市场需求创新开辟投融资的新渠道和新工具，鼓励中东欧国家和中国签订人民币互换协议和扩大互换规模，为双边贸易和农业投资提供便利和减少风险。但同时，由于现阶段人民币仍处于发展的初期，不能过于追求中东欧地区货币使用量的扩大和货币竞争，也要保证人民币汇率的稳定，推动人民币国际化，进而增强中东欧国家使用人民币的信心（程贵，2021）。另外，中国企业应当积极参与到中东欧国家的农业价值链融资建设中，缓解中东欧国家过度依赖私营银行贷款的状况。除此之外，双边可以充分发挥亚投行基金和丝路基金在价值链融资中的作用，推动双方政府职能部门建立多层次的协调沟通机制，通过签订双边农业合作协议，建立农业合作工作组，深化中国与中东欧国家合作，为农业投资项目提供投融资服务。

5.4.4　建立保障机制，加大风险防范

中东欧16国在经济发展、政治环境、文化背景、国际贸易等方面存在较大的差异，尤其是中东欧国家易受到国际货币的锁定效应和政策调整等影响，

需要建立风险预警机制，了解国外政策需求导向，及时预警和防范各种中国对外投融资的风险。对于中国企业而言，为了降低可能的风险，可以建立专家咨询委员会，加强对东道国政治和经济环境的调研，广泛联络当地机构搜集信息，了解双边在农业生产的比较优势和经营状况，及早制定战略部署和规划，避免盲目涉足不熟悉的领域和地区，实现互惠共赢的合作局面。

5.4.5 对接中东欧国家差异化的发展战略需求

基于经济结构特征，中东欧国家大体上可以分为两类：一类是以农业和旅游业为主的国家，比如阿尔巴尼亚、北马其顿、保加利亚、克罗地亚、波黑、黑山和塞尔维亚等国，农业是其重要的生产部门，旅游业较为发达，应优先在农产品加工、旅游服务业和商贸物流业及地方特色工业等领域与这些国家开展投资合作；另一类是工业比较发达的国家，主要是立陶宛、拉脱维亚、爱沙尼亚、捷克、斯洛伐克、斯洛文尼亚、波兰、匈牙利、罗马尼亚等国，可选择其优势工业部门和特色工业部门开展投资合作。例如，罗马尼亚的汽车制造业、纺织业和冶金业，波兰的钢铁、汽车、机械制造及采煤业，匈牙利的食品加工、纺织业、精密仪器工业，捷克、波兰、匈牙利、拉脱维亚、克罗地亚等国的交通运输及物流业。

5.4.6 优化中国对中东欧投资的市场化主体

经济合作是"一带一路"建设的重要目标，要提高中国与中东欧投资合作的市场化导向。中国传统的对外投资主体是国有企业，对外投资决策难免受到地方政府的干预和投资决策中官僚主义的影响，容易导致对外直接投资决策的非审慎性和盲目性，增加对外直接投资的风险。因此，要优化中国企业海外投资主体，提高对外投资主体的多元化，推动和鼓励民营企业开展对外投资，为中国开展对中东欧国家直接投资增添新的动力。

5.4.7 加强中国与中东欧国家的陆海通道建设

目前，从满洲里和新疆出境通往中亚和中东欧的中欧班列打通了东西方向的物流通道，需要进一步协调和加强中东欧南北方向的次区域通道建设即中欧陆海快线的建设，以提高中东欧物流通道的通达能力和运营效率。这样，经西伯利亚大陆桥和新亚欧大陆桥运输的物资到达波兰或捷克后，依托匈塞铁路，经中欧陆海快线可由陆上通道向南运送至其他中东欧国家，尤其是巴尔干半岛国家。另外，中国南部沿海城市的货物从海上运至希腊或由规划中的陆路南线运至土耳其后，再通过中欧陆海快线运至中东欧国家，相比经好望角、大西洋到欧洲北部港口的传统海上丝绸之路，极大地缩短了运输时间。

5.4.8 完善对中东欧投资合作的区域协调机制

中东欧 16 国有欧盟成员与非欧盟成员，有欧元区成员与非欧元区成员，多重区域治理体系相互重叠。在开展对中东欧国家投资前，中方企业需要学习和熟悉欧盟的政治环境和法律制度，考察和了解东道国的营商环境和社会风俗，尤其是东道国有关企业社会责任、环境保护、劳工标准、工会制度、就业促进、签证程序和外汇管理等方面的法律制度和政策规定，协调复杂区域治理环境下的利益冲突，充分利用中东欧寻求"向东开放"的战略机遇，争取更多的投资项目落地，提高双方产能合作水平（韩永辉等，2021）。

5.4.9 合理保护中国企业在中东欧的投资权益

中国企业海外投资起步较晚，缺乏海外投资经验，容易按照国内或在其他发展中国家的投资经验办事，与国际贸易领域不同，国际投资领域目前尚没有达成多边投资协议，因此，需要通过双边投资协定（BIT）的签订，加强对中国企业海外投资合法权益的保护。目前，中国已与中东欧的波兰、保加利亚、匈牙利、捷克、斯洛伐克、阿尔巴尼亚、北马其顿、克罗地亚、爱沙尼亚、斯洛文尼亚、立陶宛、罗马尼亚、塞尔维亚 13 国签订了双边投资协定。中国企业需要了解中国与东道国双边投资协定的签署状况，对其保护内容和保护水平做出正确评估，充分利用双边投资协定保护自身的合法投资权益。

6 中国与中东欧国家农业教育合作现状与路径研究

　　"一带一路"倡议提出之后,得到了国际社会的广泛关注。这一倡议跨越中亚、南亚、东南亚、西亚、北非、中东欧等地区65个国家,多数国家为新兴经济体和发展中国家,也是世界上最具发展潜力的经济带。长期以来,中东欧国家都是联结欧亚大陆的重要纽带。随着"一带一路"倡议的深入推进,沿线国家与中国的联系越发紧密,需要一大批不同类型、不同层次的人才,特别是双边国家围绕农产品贸易为基础延伸的投资、技术、基础设施等合作更加需要加强双边国家的合作交流。为此,教育部在2016年发布了《推进共建"一带一路"教育行动》的文件,提出加强区域教育大开放、大交流、大融合,实施"丝绸之路"合作办学、师资培训、人才联合培养与教育援助计划,推进政策、渠道、语言、学历的相通与互认,发挥教育在共建"一带一路"中的基础性和先导性作用。我国农业高等教育应该担负起"一带一路"农业国际合作发展新使命,促进中国与中东欧国家农业教育合作迈入新时代,以更主动的姿态推动中国与中东欧国家之间的农业经贸往来与经济发展。为此,有必要厘清中国与中东欧国家农业教育合作发展现状、面临的机遇和挑战、合作的成效、双边国家农业教育合作政策演进与合作模式,从而提出进一步优化双边农业教育合作路径。

6.1 中国与中东欧国家农业教育合作发展现状

6.1.1 农业教育合作优势

中国与中东欧国家各自拥有吸引师生的有利条件。就中国而言，高等院校以及农业院校综合实力较强，在农业领域开设的细分专业多，针对性强；开设的课程以学科交叉融合课程为主，特别是以农业为基础，融合信息技术、农业生物技术、经济学等学科的智慧农业与现代农业发展课程；结合中国不同农业地理区位和丰富实践，在培养农业创新型、复合型人才方面具有较强优势。此外，中国为保障"一带一路"沿线国家来华留学生教学质量，依托完善的教学基础设施和强大的师资力量，在学术声誉和论文引用率方面表现良好，拥有国家级或省级重点实验室和众多院士、教授；与大型农业企业和跨国农业公司达成战略合作意向，为学生提供实习和工作的平台。

就中东欧国家而言，欧盟区域内部教育资源丰富，且中东欧部分高校与欧盟高校达成了教育合作项目，意味着中国留学生拥有更多渠道和机会与欧盟各国加强农业交流学习，农业教育合作的边际外部性将不断增强。世界知识产权组织发布的《2020 全球创新指数（G11）》显示，中东欧国家中有 12 个国家的科技创新水平居世界前 50 名，表明中东欧国家在农业科技上具有较大优势，可以进一步弥补国内部分农业科技的薄弱环节，与国内农业教育形成较强的互补性，合作空间巨大。此外，东西方文化的差异形成风格各异的教学特色，对中国留学生也具有较强的吸引力，特别是随着"一带一路"倡议的深入推进，中国与沿线国家的农业技术交流合作也越发深入，也需要越来越多的中国学生了解中东欧国家的文化、农业特色、技术市场等。

6.1.2 农业教育合作面临的机遇

为促进双边农业领域的合作，中国与中东欧国家在"一带一路"倡议下相继出台政策以鼓励双边进行深层次的交流合作，双边的市场、地缘区位优势、经济发展程度以及"一带一路"的政策激励和中国倡导的全球化等因素，为中国与中东欧国家农业教育合作迎来的新的机遇。

6.1.2.1 中国与中东欧国家双边市场空间和发展潜力巨大

国际货币基金组织（IMF）的数据显示，2019 年中国与中东欧国家 GDP

分别为 14.4 万亿美元和 2 万亿美元，人口分别为 14 亿和 1.24 亿，双边国家 GDP 总量和人口分别占世界的 18.69% 和 20.09%，可以看出双边国家经济总量和人口规模均非常巨大，具有较大的发展潜力和承载空间（Dutta，2020）。自 2001 年中国加入世界贸易组织（WTO）后，进出口贸易额持续增加，产品的国际竞争力不断提升。中国与中东欧国家年均 GDP 增速和双边贸易额增速均高于世界平均水平，但中东欧国家内部经济发展程度存在较大差异，中国与中东欧国家在农业方面的资源禀赋和农产品贸易互补性较强，二者均为双边国家农业教育合作提供了广阔的发展空间和市场潜力。此外，在"一带一路"倡议下，越来越多的中国商品经过中东欧国家流入西欧国家，陆路交通枢纽的作用加持也有利于促进农产品贸易流通和中欧国家之间的贸易往来，双边巨大的市场空间和频繁贸易往来对双边农业教育合作奠定了巨大的经济基础。

6.1.2.2　中国与中东欧国家拥有地缘区位优势

中国地处亚洲大陆，与俄罗斯接壤，邻国主要有日本、韩国等发达国家，可以说中国是中东欧国家进入亚洲市场的主要突破口。而中东欧地处欧洲大陆，是中国制造业产品与欧洲消费市场最直接的桥梁纽带，加之中东欧已有 13 国为欧盟成员国，这也为中国商品在欧盟区域内部流通提供了便利渠道，为提高双边留学生就业机会和教育互动创造了有利条件。中国与中东欧国家的地缘区位优势为双边在地理空间上、经济便利性、社会交往等多方面深化农业教育合作创造了有利条件。

6.1.2.3　"一带一路"倡议顺应全球化浪潮激发市场红利

自中国加入 WTO 以来，进一步融入全球经济，成为国际贸易的重要参与者和各国的坚实合作伙伴。中国开放的大门越开越大，致力于同世界各国实现多边合作共赢。中国倡导全球化，开放程度也不断提高，吸引的外资不断增加。中国和世界的相互依存日益加深，为双边、多边国家合作创造了发展机遇。共建"一带一路"是造福人类的一项伟大倡议，为世界各国在农产品贸易、对外投资、文化交流、科教合作等方面带来更多发展机会，沿线国家和地区的民众正享受着这项倡议带来的经济发展红利。共建"一带一路"直接促进各参与国家和地区的经济繁荣，加强区域互联互通并推动不同文化之间的交流互鉴，拉近各国人民之间的距离。总体而言，虽然以美国为首的发达国家带头逆全球化，但世界各国全球化的总体趋势仍未发生根本性变化，全球化的发展红利也为中国与中东欧国家深入开展农业教育合作带来了重大机遇。

6.1.3 双边农业教育合作面临的挑战

中国与中东欧国家在增进双边院校农业教育合作时也面临着来自地缘政治风险、美国倡导的逆全球化以及双边留学政策还未进一步开放等一系列的问题挑战，从而导致双边农业教育合作依然面临一定的阻碍。

6.1.3.1 中东欧国家长期面临较大的地缘政治风险

中东欧国家地处欧亚大陆中部，是地缘政治中的敏感地带，已成为各大国争相划分势力范围之地，因此中东欧国家被迫卷入多元化区域合作博弈。美国实施"新丝绸之路"计划，试图削弱中东欧国家与中国的经济联系。自英国正式脱欧之后，欧盟国家内部凝聚力与合作共赢的心态逐渐分离，中东欧国家自苏联解体后受内部长期政治矛盾纠纷影响也处于关系修复期与磨合状态。俄罗斯也对中东欧国家施加军事和政治压力，欧盟、美国、俄罗斯等对中国与中东欧国家双边投资合作带来一定程度的"威胁"，中东欧国家面临的世界大国和周边国家带来的政治压力依然较大，这些都给中国与中东欧国家在各领域的合作带来非常大的挑战。

6.1.3.2 美国倡导的逆全球化趋势影响不断蔓延

随着中国综合国力的不断提升，中国的国际地位和话语权也逐渐提高，但以美国为主导的发达经济体采取各种手段阻碍中国的发展，逆全球化趋势和全球产业链分工的紧密合作关系逐步变得相对松散，制造业回流美国也进一步加剧了当前世界经济的低迷和复苏乏力，特别是 2020 新型冠状病毒感染造成全球经济困境和社会矛盾不断激发，经济全球化进程导致西方世界出现了全球化赢家与输家之间的结构性对立（张梦琦，2019），逆全球化的思想抬头，降低对外开放和技术管制的声音也变得越发强烈。美国为保持霸权地位，在世界各地开始倡导逆全球化，实施贸易保护措施、反移民政策，并退出多个国际组织，以维护其政治经济霸主地位。如何降低逆全球化对世界经济发展产生的巨大消极作用，推进国内大循环为主体，国际国内双循环相互促进的新发展格局，将成为破解逆全球化趋势的有效策略。

6.1.3.3 中国农业教育和对外留学政策开放力度仍不够

首先，中国现代化农业生产起步较晚，在农业科技方面与中东欧国家有一定差距，但这种差距正在逐渐缩小。QS 世界大学排名显示，中国农业类大学的排名靠后，在师资资源和学术声誉上还有提升的空间。农业类大学中关于农业相关的优势学科不突出，中国农业教育水平相比西欧发达国家而言竞争力仍然不强，中东欧国家留学生仍然首选西欧发达国家农业类大学或农学类专业就读。其次，双边国家校级合作开放程度仍不高。中国作为"一带一路"倡议的提出者和倡导者，出台了很多加强与沿线国家合作的政策，但在校际合作政策的对接方面，中东欧国家内部仍存在一定的争议，中东欧国家在推动双边农业教育合作的进程中，对留学生的政策开放程度不高，还需进一步放开，在鼓励中东欧留学生赴中国留学方面还需进一步加强宣传与政策激励，双边国家的教育部门仍需强化对话协商。

6.1.4 双边国家农业教育合作成效

"一带一路"倡议提出后，中国与中东欧国家农业教育合作取得了较快的发展并获得了可喜的成绩。自 2014 年起，中国－中东欧国家高校联合会启动，通过搭建中国与中东欧国家高校间的合作伙伴关系与合作平台，发挥成员高校的主动性与积极性，整合与共享教育资源，深化中国与中东欧各国之间的教育合作与交流。

6.1.4.1 农业教育合作平台建设逐步完善

"一带一路"倡议提出之后，中国提议成立了南南合作农业教育科技创新联盟和丝绸之路农业教育科技创新联盟论坛，为实现资源共享、农业企业"引进来"和"走出去"搭建双向平台，并以此为载体开展务实农业教育合作，为中国与中东欧国家校际合作创造机会，挖掘潜在合作领域。针对中国与中东欧国家特定的战略合作关系，形成了中国－中东欧国家高校联盟，提升高校联盟内部的互补性和竞争力。上述农业教育平台吸引了众多中国和"一带一路"沿线国家高等院校和优质企业的参与，覆盖院校高达 120 余所，影响力显著。此外，中国部分高校成立中国－中东欧研究所，针对双边农产品贸易、农业投资、农业教育、农业科技应用等领域展开深入研究与交流合作。

6.1.4.2 校际合作项目和领域不断拓宽增多

目前，中国有 397 所高校与中东欧国家 126 所高校建立了校际合作关系，其中参与合作的高校主要以农林院校和综合类大学为主，校际合作项目数量逐年递增。据不完全统计，2019 年中国与中东欧国家合作项目数量达到 300 余项，结合双边合作意愿和国家政策倡导，预期双边未来在农业教育领域的合作项目数量将会呈稳步增加的态势。此外，随着合作项目的增多，双边农业教育合作领域也将逐渐拓宽，从早期双边院校主要围绕各自优势学科展开到双边国家农业科技前沿领域的教育合作，不断强化双边国家农业教育合作的高质量发展。同时，中东欧国家愈发注重加强与中国友好省市之间的区域合作，比如中国重庆市、宁波市、河北省等率先与中东欧国家开展农业教育合作，以互派交换生、教师互访、建立联合实验室、开展学术交流、举办寒暑期交流项目、共同参与课程开发等方式展开交流。

中国与中东欧国家农业教育合作成效见表6.1。

表6.1　中国与中东欧国家农业教育合作成效

项目类别	合作载体与机构		
农业教育合作平台 搭建完善	南南合作农业教育 科技创新联盟	中国-中东欧研究所	中国-中东欧国家 高校联盟
农业合作形式	夏令营、冬令营	高端会议、讲座	联合图书馆
农业合作领域	动物医学、食品科学、 优质农产品栽培	动物培育、农作物 种植与繁育	食品加工技术、农业 大数据、智慧农业
农业教育参与主体	政府	高等院校	农业企业

资料来源：根据南南合作农业教育科技创新联盟与中国-中东欧国家高校联盟相关资料整理得出。

6.1.4.3　国际型农业创新型复合人才培育不断增多

中国与中东欧国家的农业教育合作旨在培养研究型人才和技术型人才，双边高校因地制宜地针对留学生的不同需求实施了不同的教学培养计划。鉴于双边农业教育具有较强互补性，双边高校事先探讨人才培养模式，充分利用双边国家学科优势及农业科技发展趋势，制订出一套符合培养目标的教学方案，培养出创新型、复合型人才。此外，双边高校在原有的校际合作基础上，进一步推动了双边农业科技教育合作，通过更多农业教育合作主体的参与，为双边农业教育合作提供更多的可能性，进一步完善人才培养体系并形成良性循环，不断强化双边农业科技与成果推广应用等层面的学生交换学习。

6.1.5　双边国家农业教育合作存在的问题

6.1.5.1　双边留学生流动比例偏低

根据《2019来华留学生简明统计》和联合国教科文组织公布的统计数据，中东欧国家来华留学的学生占其总留学人数的比例仅为28.4%，虽然中国与中东欧国家已经签署了多个互认学历学位协议，并建立了36所孔子学院和44个孔子课堂[①]，总体上取得了较大的进展，但双边国家学生留学去向大多依然是以英、美以及西欧等发达国家为主，且双边农业教育合作大多以非学历教育为主（鲍东明等，2016）。中国与中东欧国家留学生往来人数见图6.1。

---

① 根据孔子学院总部（国家汉办）网站公布的孔子学院和孔子课堂统计得出。

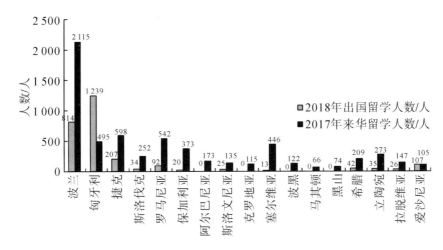

图 6.1　中国与中东欧国家留学生往来人数

（数据来源：联合国教科文组织《2018 年来华留学生简明统计》经整理得出）

从图 6.1 可以看出，中国与中东欧国家留学生流动幅度较低且留学生来源地区分布极度不均衡：2017 年，波兰来华留学人数最多，达到 2 115 人次，马其顿来华留学人数仅为 66 人，与波兰差距明显。现阶段中国与中东欧存在着双边留学生往来人数较少且互相不为留学目的国的问题（马佳妮、周作宇，2019）。此外，中东欧来华留学生分布地区不均衡，主要集中在中欧和东南欧地区，波罗的海地区留学生人数处于较低水平。从农业教育合作结构来看，双边留学生选择的高校主要以综合类高校为主，就读农业专业的留学生主要以农业类高校为主。

6.1.5.2　合作院校国别分布不均衡、合作项目有限

中国与中东欧国家农业教育合作项目逐年增长，但仍处于较低水平。中国与中东欧国家部分校际合作项目见表 6.2。

表 6.2 所列举出的校际合作在一定程度上反映了中国与之合作的高等院校主要集中在波兰、匈牙利、罗马尼亚、捷克、保加利亚等中欧、东南欧地区，波罗的海地区的合作院校相对较少，中东欧国家内部双边留学生流动人数的差异性也较大，间接反映出双边国家教育合作国别分布不均衡的问题。双边国家留学生流动水平与双边校际合作密切程度呈正相关关系，为推动中国与中东欧国家农业教育合作，可以探索从增加双边留学生流动水平和校际合作项目两方面着手，注重与立陶宛、拉脱维亚、爱沙尼亚等国的农业教育合作，消除地域限制。

表 6.2　中国与中东欧国家部分校际合作项目

合作院校/研究所		合作项目
中国-波兰	中国农业大学　华沙生命科学大学	动物医学、食品科学
	内蒙古农业大学　波兹南生命科学大学	植物育种、动物科学
	中国人民大学　克拉科夫农业大学	种子科学技术
	四川农业大学　波兰罗兹大学	食品科学技术
	湖南农业大学　波兰弗罗茨瓦夫环境与生命科学大学	畜牧、园艺
中国-匈牙利	湖南农业大学　卡波什瓦大学	动物营养、兽药
	云南农业大学　考波什堡大学	环境工程
中国-罗马尼亚	湖南农业大学　布拉索夫特兰西瓦尼亚大学	食品加工、机械工程
	中国农业科学院农业环境与可持续发展研究所　布加勒斯特农业与兽医药大学	智能LED植物工厂技术、轻简化节能日光温室
	河北农业大学　布加勒斯特农业与兽医药大学	农业经济和区域经济
中国-捷克	东北农业大学　捷克科学院	动物科学
	中国农业大学　孟德尔大学	森林保护
	西南大学　布拉格生命科学大学	食品安全
中国-保加利亚	浙江大学　保加利亚农业大学	基因编辑
	甘肃农业大学　索菲亚大学	玫瑰生产和加工技术
中国-爱沙尼亚	华中农业大学　塔尔图大学	食品加工技术
	东北农业大学　生命科学大学	动物医学
中国-希腊	西南大学　雅典国立卡波蒂斯坦大学	葡萄酒酿造
	山东农业大学　雅典农业大学	农作物病虫害防御

资料来源：各高校官网。

6.1.5.3　农业教育合作平台利用不充分、合作深度不够

为积极响应"一带一路"倡议，由中国农业大学牵头、国内外近 70 所涉农高校在北京成立南南合作农业教育科技创新联盟平台，该平台主要由农林高校和涉农企业组成，旨在进一步推动"一带一路"沿线国家农业和农业教育的发展。此外，"一带一路"农业科教创新联盟汇聚了华南农业大学、广东省农科院、广东省科学院等众多科研院所及企业，着力促进政产学研企等优势资源在农业领域开展多层次的合作与交流，组织"一带一路"沿线各国相关专家共同研究解决其发展中面临的重大挑战和问题。相较于以上两个联盟，中国—中东欧国家高校联盟缺乏影响力，参与高校和农业企业数量偏少，该联盟在

产学研合作方面仍处于探索阶段，其作用有待观察。由于双边农产品贸易额规模有限，双边农业企业开展跨国合作的动力也偏低，进一步制约了双边国家农业教育合作的深度。

6.2　中国与中东欧国家农业教育合作政策演进与合作模式

6.2.1　教育合作政策演进

2012 年中国与中东欧国家领导人相聚波兰华沙，在会议中首次提出《中国关于促进与中东欧国家友好合作的十二项举措》，强调加强高校校际交流与联合学术研究，定期举办"中国-中东欧国家教育政策对话"会议，鼓励双边高校联合开展农业教育合作项目，互学互鉴。2013 年，来自中国的 16 所高校与中东欧国家的 12 所高校共同签署了《中国-中东欧国家高校联合会成立宣言》，中国-中东欧国家高校联合会的成立是响应《中国-中东欧国家合作布加勒斯特纲要》的一项重要举措。此举明确了双边国家未来教育合作的重点领域，并以高校联合会为载体加强双边农业等不同领域的深度合作，实现互利共赢。2016 年教育部发布《推进共建"一带一路"教育行动》，要求推动教育深度合作、互学互鉴，携手促进沿线各国教育发展，全面提升区域教育影响力。为积极响应《推进共建"一带一路"教育行动》，中国高等院校高度重视与中东欧国家建立教育合作关系，在不同领域开展交流与合作，共同增进双边教育合作。2019 年发表的《中国-中东欧国家合作杜布罗夫尼克纲要》特别指出，各方需大力支持 2020 年在捷克举办的第八届中国-中东欧国家教育政策对话和中国-中东欧国家高校联合会第七次会议。这些政策体系的逐步深入为双边国家农业教育合作提供了有力的政策支撑。中国-中东欧国家农业教育政策体系见表 6.3。

表 6.3　中国-中东欧国家农业教育政策体系

合作举措	留学政策	教育培训
定期举办"中国-中东欧国家教育政策对话"会议	学分互认	从事短期实习活动
共同签署《中国-中东欧国家高校联合会成立宣言》	互免学费	共同申报国际科研项目
举办中国-中东欧国家高校联合会会议	颁发相关证书	组织留学生实地考察学习

资料来源：中国-中东欧国家高校联合会。

6.2.2 双边农业教育合作模式

经过长期以来的农业教育合作，中国与中东欧国家探索出了适合双边国家农业教育合作的有效合作模式。目前中国与中东欧各国的农业教育合作模式主要包括学术交流、师生互访、课程开发、联合实验室、联合图书馆、交换实习、高校联盟等形式。

6.2.2.1 中国-中东欧国家高校联合会

2013年11月，中国与中东欧各国共同发表了《中国-中东欧国家合作布加勒斯特纲要》。为落实纲要精神，2014年9月，中国-中东欧高校联合会正式成立。联合会本着"相互尊重、平等互利、合作共赢"的原则，通过搭建中国与中东欧高等院校之间的沟通渠道与合作平台，发挥成员高校的主动性与积极性，整合与共享资源，深化中国与中东欧各国教育合作交流。联合会在双边各设秘书处，中方秘书处设在中国教育国际交流协会，中东欧国家秘书处则轮值担任。在工作机制方面，联合会采取定期工作磋商机制，每年定期举办会议，每年围绕不同的主题开展交流与合作；建立成员高校之间的信息与资源共享平台，打通合作渠道；积极推动中国与中东欧各国政府间学位学历互认工作；鼓励联合会各成员高校申请政府奖学金并设立奖学金；鼓励成员高校建立全面、务实的校际或院系级合作关系，开展学术交流、科研合作、创新与成果转化。中国-中东欧高校联合会工作机制见图6.2。

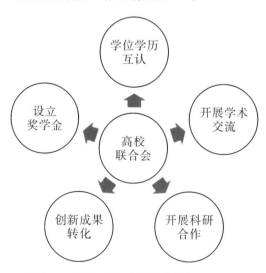

图6.2 中国-中东欧高校联合会工作机制

6.2.2.2 学术交流与师生互访

双方借助中国-中东欧高校联合会平台，签署双边高校教育合作的战略协议，鼓励双边师生互访以增强双边学术交流。中国与中东欧国家在进行师生互访时，会事先做好充分准备。根据双边沟通制定的详细互访流程，将活动安排妥当；带领对方师生团深入了解当地文化风俗，参观当地特色企业产品生产过程，体会东西方文化差异；安排师生团参观高校科技合作创新中心，参加科技创新比赛并围绕不同的主题举办学术会议，鼓励学生们积极探讨，交流互动。此外，双边高校还会以举办夏令营、冬令营的形式，吸引双边留学生参与短期交流项目，深入当地体验不同的教学方法和形式。互访和冬、夏令营是形式，加强双边农业教育合作、吸引更多留学生是目的，以此形式激活深度合作机制，共同摸索并优化互派学生留学的途径。中国-中东欧国家校际师生互访流程见图6.3。

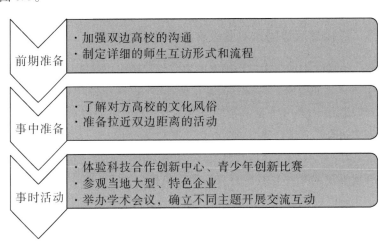

图6.3 中国-中东欧国家校际师生互访流程

6.2.2.3 联合图书馆智库建设

2017年，中国发起"中国-中东欧国家图书馆联盟倡议书"。2018年10月20日，中国-中东欧国家图书馆联盟正式成立，联盟审议通过《中国-中东欧国家图书馆联盟成立宣言》和《中国-中东欧国家图书馆联盟2019—2020年行动计划》，双边致力于发展"图书馆合作·互联·共享"，共谋促进中国-中东欧国家图书馆联盟长效发展的对策。联合图书馆的具体合作机制由政府牵头，双边高校签订合作协议共同搭建资源共享平台，通过现有文献资源共享，未来协作文献编写等形式让双边高校参与进来。双边高校成立专门项目小组，重点收集、整理双边在政治、经济、贸易、农业等领域的信息和文献，将成果分享在共用的数据库，利用信息检索功能，为双边未来开展农业教育合作项目提供便利。此外，双边高校利用"互联网+"实现文献资源的整合升级，采用云计算、大数据分析、移动互联网等相关技术，对中国-中东欧国家有关文献进行分门别类，填补空白资源并设置子系统优化图书馆的功能。但中国-中东欧联合图书馆成立的时间较晚，双边政府、高校对于存在的问题仍在做进一步的完善，例如针对双边共享意识不强，建设资金不足，数字信息资源少，同时也缺乏专业人才维护和管理联合图书馆，导致资源浪费的问题，政府制定相关规范和条例，调拨专项资金建设联合图书馆，促使达成资源共享的目的。

6.3　中国与中东欧国家农业教育合作优化路径

6.3.1　构建双边国家农业教育合作的互动机制

首先，为优化中国与中东欧国家的农业教育合作，需进一步激励双边教育合作的主体（比如政府、高校、企业）依托"一带一路"/南南合作农业教育科技创新联盟和中国-中东欧高校联合会平台，特别是高校与企业之间需要强化双边和多边合作联系，建立师生互访、联合实验室、联合图书馆、学生暑期夏令营等活动。各参与主体应积极发挥主观能动性，政府应加大支持力度，进一步放开留学政策和农业教育合作政策，借助中国-中东欧高校联合会等平台，深入了解高校优势学科，主动表达合作意愿，尽力促成双边高校签署合作协议。其次，应强化高校优势学科与中东欧国家各高校的交流互鉴，推动师资结构不断优化，依托"互联网+"技术拓宽农业交叉学科领域和专业设置。企业为优秀留学生提供奖学金资助、提供实习工作的机会，不仅可以吸引留学生的到来，同时企业还可以吸纳创新型复合型人才，为企业的发展添砖加瓦。最后，企业可以参与双边高校携手合作的科研项目，为科研项目提供资金和技术支持，进行联合攻关。企业借助对科研项目的熟悉度将科研成果及时转化，在推动双边高校农业教育合作的进程中发挥至关重要的作用。"一带一路"/南南合作农业教育科技创新联盟和中国-中东欧高校联合会等载体应结合互联网技术，开发线上网站，从而实现真正意义上的资源共享以提高效率。以上各主体的措施以及平台不断地完善，最大程度上保证了中国与中东欧国家农业教育合作的深度。

中国-中东欧国家农业教育合作参与主体互动机制见图6.4。

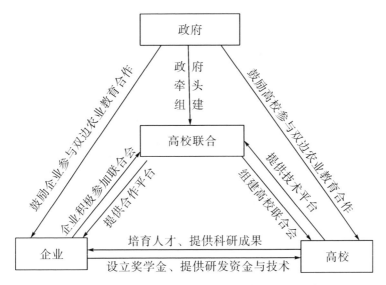

图6.4　中国-中东欧国家农业教育合作参与主体互动机制

对于教师互访，双边在签订合作项目之后便开展农业教育合作，以课程开发、学术会议、知识讲座等形式，学习对方高校开展的前沿农业教育方法，增进彼此了解；若校际合作良好，双边应进一步拓宽新的合作领域并达成合作意向，以形成良性循环，推动中国与中东欧国家的农业教育合作。另外，就目前中国与中东欧国家签订的农业教育合作项目而言，主要是以单独的学术交流、师生互换、课程开发的形式为主，虽有利于增强双边对彼此农业教育领域的了解，但由于缺乏一套完整的合作体系，尚未达到吸引留学生和培养人才的目标。基于现存的合作模式，需要促使各合作高校在专业对接、学生互访、联合培养、就业支持、政策衔接等多维度进一步深化合作，力求提升双边农业教育合作的广度和深度，进而推动双边农业教育合作。

双边高校借助中国-中东欧国家高校联盟平台签订农业教育合作项目，双边以委派交换生进行短期或长期合作项目的形式进行交流学习，交换时间的长短意味着培养的目标和层次不同。交换生参加夏令营或冬令营等短期交流项目，对彼此农业教育有所了解，体验当地教学方法。交换生参加长期合作项目，可凭借平时课程学习，参与农业科技创新中心、比赛等达到熟知关于高校农业教育的知识（田小红、程媛媛，2020），并积极参与联合图书馆的建设。通过交换实习的形式，交换生将所学转化为实质性成果，成为创新型复合人才，达到双边高校培养学生的目的。

中国与中东欧国家高校农业教育合作优化路径见图6.5。

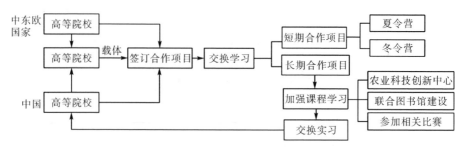

图6.5　中国与中东欧国家高校农业教育合作优化路径

6.3.2　集中优势学科，选好合作契合点

中国与中东欧国家校际合作建立在双边优势学科基础之上，围绕着优势学科开展农业教育合作。高等院校应明确自身优势学科，充分发挥双边农业教育的优势性和互补性，达到吸引对方留学生的目的。例如中国农业大学，拥有3个国家级重点实验室、多个国家级和省级实验教学中心，其中农业工程、作物学、农业资源与环境、植物保护、畜牧学、兽医学为优势学科，与波兰华沙生命科学大学在动物医学专业达成合作意向。除围绕优势学科建立合作关系之外，双边高校可适当拓宽合作领域，选择热门、前沿的研究方向合作，共同申报国际科研项目，申请专项科研基金。校际开展教育合作，主要目的是为了培养创新型复合型人才，应选好双边教育合作契合点，制定一套完善的农业教育合作体系，共建与紧缺人才相关的专业与学科，积极推进双边农业教育务实合作。

6.3.3　打破地缘限制，重视校际合作均衡发展

为积极响应中国与中东欧国家农业教育政策，双边高校应加强交流与合作，由于校际资源的不平衡导致双边国家高校合作层面的不均衡问题值得重视。一方面，中国政府应鼓励中国高等院校积极与波罗的海地区的院校加强合作，借助已搭建的南南合作农业教育科技创新联盟、中国-中东欧国家高校联盟平台，增加双边高校的接触机会，发展潜在合作院校。另一方面，爱沙尼亚、拉脱维亚等国家可以加大与中国农业教育合作的支持力度，在政策上给予一些优惠措施以吸引中方留学生。通过以上措施尽可能消除地域限制并发挥中东欧国家的地缘优势，利用大部分中东欧国家作为欧盟成员国的优势，带动周边的欧洲国家共同参与中国的农业教育合作（顾明远，2020），并逐步形成

"中国–中东欧–欧盟"教育合作共同体。

6.3.4　构建双边国家农业教育产学研合作平台

为提高中国与中东欧国家双边的留学生流动水平，同时提高留学生就读农业相关专业的兴趣，政府在其中起着至关重要的作用，推动区域教育部长级会议、学历学历互认条约、高等教育论坛以及中东欧高校联盟等平台积极参与到"一带一路"教学合作中来（李盛兵，2021）。搭建双边国家农业教育产学研合作平台，强化双边农业合作对接载体联结，政府积极鼓励双边综合实力较强的院校牵头，尽可能地组织中国与中东欧国家的高等院校参与其中，同时向周边国家院校辐射，做到院校覆盖率达到80%以上，带动平台的搭建与发展。此举最大限度打通了双边高校交流合作的通道，创造了农业教育合作的机会。同时，积极扩大中国农业高等教育在中东欧国家高校的宣传，围绕学生留学需求制定留学生资助、奖励、就业创业、社会保障等多方面的政策体系，拓展国内外农业企业集团跨国合作，不断优化农业教育产学研合作对接机制，进一步提高"一带一路"沿线中东欧国家教育的合作程度（徐小洲等，2020）。

6.3.5　拓宽合作领域，创新合作形式

把握双边合作新机遇，结合当下互联网、大数据、云计算等先进技术，创新农业相关专业课程，大力发展交叉学科，如当前中国与中东欧国家大力发展的"智慧农业""数字农业"农业信息化，强调传统农业与现代科技融合。双边院校可针对农业信息化与智能化学科交叉融合，组建跨学科的研究平台，培育"互联网+农业"的人才培养项目，打造若干有辐射作用的课程平台，同时可在重点实验室开辟"互联网+农业"的研究岗位。此外，在现有农业教育合作模式下进行改善或创新，鼓励更多参与主体联合高校共同开展教育合作。例如借助双边大型农业企业的力量，为留学生提供实习、就业岗位，资助优秀留学生奖学金等，企业也达到了吸纳人才的目的。同时，双边高校需进一步完善合作体系，优化合作路径，充分保证合作的高效性和有效性，积极促进双边资源互补并推动双边实现合作共赢。

7 中国与中东欧国家农业
反贫困合作体系与成效研究

　　贫困问题作为世界各国面临的共同难题，也是当今世界经济发展的最大挑战之一。改革开放 40 多年来，中国取得了举世瞩目的反贫困成就，提前完成和兑现了联合国 2030 年脱贫目标。中东欧国家作为联结欧亚大陆的重要地理区域，具有重要的地理区位和经济发展水平，是承东启西的重要桥梁纽带。2012 年 4 月 26 日，首次中国-中东欧国家领导人会晤在波兰华沙举行，揭开了双边合作崭新的一页，此后双边国家不断加强合作，在反贫困领域的合作也不断加深，特别是在农业产业发展层面和聚焦产业扶贫合作领域，建立了深度合作交流机制和国别合作体系。虽然中国与中东欧国家之间地处不同的区域，发展环境和面临的挑战也不尽相同，但农业反贫困目标却基本一致，即致力于加强农业产业发展，实现各国农村低收入人群的脱贫致富，满足人民对美好生活的向往。因此，积极推进中国与中东欧国家在反贫困领域的合作，有利于马克思主义反贫困思想谱系①在全世界的传播，有利于中国扶贫方法和理念的传播，有利于加快中东欧脱贫步伐，有利于完成 2030 年联合国可持续发展议程，有利于展示中国负责任的大国形象，有利于人类命运共同体体系的构建。

---

　　① 圣西门等空想社会主义者和马克思主义创始人马克思和恩格斯，在反贫困问题上认为，资本主义社会中的贫困现象主要由资本主义私有制造成，要消除资本主义社会中的贫困现象，应当推翻资本主义私有制，消灭剥削制度。

7.1 中国与中东欧国家反贫困合作相关文献概述

7.1.1 反贫困研究现状

"反贫困"一词最早由瑞典经济学家冈纳·缪尔达尔提出，此后引起了研究贫困方面的学者广泛关注，标志着反贫困问题进入到贫困问题的研究领域。反贫困的概念主要包括四个方面的内容：①"poverty reduction"，主要强调减少贫困人口数量和致贫因素；②"poverty alleviation"，主要强调减轻贫困程度以及缓和贫困的手段；③"support poverty"，主要是从政策实践的角度研究和落实政府或民间的反贫困计划与项目；④"poverty eradication"，强调反贫困的目的是根除贫困、消除贫困或者消灭贫困（李瑞华，2014）。

国外的反贫困研究主要集中在反贫困理论上，马尔萨斯在《人口原理》中指出，社会人口会按几何级数提高，然而生存资料因为土地有限只能按算术级数提高，人口的增长速度远高于食物的供应速度，最后必然会导致人口过剩，进而引发贫困等问题。解决贫困在于直接"抑制人口增长"，主要措施包括：①"道德抑制"，即使用节育、晚婚等方式降低人口出生率，从而减少人口；②"积极抑制"，即通过提高人口死亡率等方式建设人口[1]。舒尔茨在《人力资本投资——一个经济的观点》中指出，经济发展中人的质量起到了决定性的作用，自然资源的丰裕程度起到次要作用。因此，要摆脱贫困，必须提高人口质量，提升人口素质[2]。缪尔达尔在《世界贫困的挑战——世界反贫大纲》中提出反贫困制度创新的路径在于提高生产效率，打破"贫困恶性循环"，提高贫困人口的收入[3]。

由于中国政府在反贫困事业上做出的贡献，西方学者对中国反贫困实践做了大量的研究。沙琳·库克（Sarah Cook）和格登·怀特（Gordon White）（1998）对中国反贫困模式的变化历程在《中国 PK 模式的变化：研究和政策问题》一书中进行了探讨。古斯塔夫松和钟伟（Gustafsson & Wei Zhong，2000）对 1988 年和 1995 年的两组家庭调查数据进行了系统性的分析，对中国

---

① 马尔萨斯. 人口原理 [M]. 朱泱，等译. 北京：商务印书馆，1992：6-17.
② 奥多·W. 舒尔茨. 人力资本投资：教育和研究的作用 [M]. 北京：商务印书馆，1990.
③ 冈纳·缪尔达尔. 世界贫困的挑战：世界反贫困大纲 [M]. 北京：北京经济学院出版社，1994.

近两年贫困线的标准及其变化进行了讨论。在世界银行发布的《中国WTO：入世、政策变革和减贫战略》的研究报告中，经济学家迪帕克·巴塔萨里（Bhattasali）等（2004）分析了中国加入世贸组织对中国改革开放的影响。

改革开放以后，随着我国反贫困事业的不断推进，我国学者在贫困与反贫困领域进行了广泛研究，相关研究取得了快速的进展，逐渐得到了关于贫困与反贫困领域研究的本土化成果。学术界的研究成果主要包括贫困的分类、贫困的成因以及相关对策等。

第一，贫困的分类研究。康晓光（1995）在《中国贫困与反贫困理论》一书中把贫困大分为制度性贫困、区域性贫困和阶层性贫困。制度贫困是指，由于社会制度（如权利分配制度，就业制度等）决定了生活资源在不同社区、不同区域、不同群体和不同个人之间的不平等分配，进而造成某些社区、区域、群体或个人处于贫困状态；区域性贫困指在相同的制度背景下，由不同的自然条件和社会发展状况而引发的贫困；阶层性贫困是指在相同的制度背景和区域条件下，由于自身素质较差（文化程度不高、劳动力少、缺少社会关系等）而导致的贫困。吴国宝（1996）从贫困成因的角度出发，把贫困划分为资源或条件制约型贫困和能力约束型贫困两种类型。其中，资源或条件制约性贫困主要指由于受到资金、土地和基础设施等方面的限制而导致的贫困；能力约束型贫困则指由贫困人口或贫困家庭的主要劳动力缺乏正常的体力、智力和必要的专业技能所引起的贫困。黄承伟（2002）在《中国反贫困：理论、方法、战略》书中，把贫困分为环境约束贫困、能力约束贫困和权利约束贫困等几种类型。

第二，贫困的成因研究。陈端计（1991）把贫困的成因分为主体不发育论、载体不完善论和供体不平等论三大类别。他把贫困的成因看作一个内外成因的综合体，把人的素质差归为内因，即主体的不发育；把贫困地区不完善的内部环境和不平等的外部环境归为外因，即载体不完善和供体不平等。贫困的真正根源在于主体不发育、供体不平等、载体不完善所构成的一个低质态的"三位一体"。李含琳（1994）对贫困的根源进行了详细的评述，主要包括七类，分别为：资本短缺论、资源贫乏论、自然环境论、人口素质论、劳动挤压论、科技落后论和阶级划分论，并对每一种根源做了剖析。吴忠（1992）综合了人口学、社会学和发展经济学等多学科的角度，认为贫困的成因是多个方面的，综合因素分析相较于单个因素分析具有更强的解释力，其中，贫困内在本质的成因来源于个体的素质低下。

第三，反贫困对策方面的研究。我国学者在反贫困方面的研究主要包括：

①制度创新反贫论。反贫困一直以来是我国长期实行的政策方针，同时也需要世界各国共同行动。为了适应经济全球化和构建人类命运共同体，中国在反贫困方面做了巨大的努力，不断完善和创新反贫困制度体系建设。徐辉（2002）认为在反贫困实践中，有效的制度体系必须以观念创新为先导，以反贫方式和手段创新为核心，以法制完善和创新为保证，整合各种创新要素，充分发挥反贫困制度体系的整体效应。②素质提高反贫论。胡玉霞、迟福林（2005）认为人力资源是现代社会经济发展的核心，因此要积极开发贫困地区的人力资源，重视教育投入，培育高素质技术人才、技术骨干，并加大对贫困地区资金的投入力度。③科技反贫论。科学技术是第一生产力，余远美（2007）认为贫困地区发展必须立足当地资源，而由于科学技术和人才的匮乏，贫困地区无法高效地开发利用当地资源，因此贫困地区要想发展离不开科学技术，且必须重视和依靠科技脱贫。

7.1.2　中国与中东欧国家反贫困合作研究

世界各国之间的反贫困合作大多遵循两种路径：①以联合国与世界银行为核心组织的国际合作；②以国家双边或多边为主体的政府间的官方行为，甚至非政府部门的非官方合作与援助行为等（焦佳凌，2007）。1981年联合国提出，最不发达国家需要通过体制改革来为贫困人口提供国际认可的最低生活标准，发达国家要以其 GDP 的 0.15% 来支援最不发达国家（Madeley，1982），并在 1990 年重申 1981 年大会 0.15% 的达标要求，希望在世纪末达标的国家达到 0.2%，要求各成员国切实采取行动，消除世界贫困。1995 年联合国社会发展世界首脑会议要求各国制定消灭贫困的综合战略，并确定 1996 年为"消除贫困国际年"。2000 年联合国千年首脑会议通过了"千年发展目标"，承诺到 2015 年之前世界极端贫困人口和饥饿人口减半。2004 年全球扶贫大会交流国际扶贫经验，提出新的扶贫举措，以推动全球扶贫事业的发展（Twala，2012）。

从区位优势来看，中东欧地区是亚欧经济带连通欧盟的桥梁，中东欧地区所具有的产业及区位优势决定了其在"一带一路"中重要的区域性支点地位。此外，中东欧各国与中国经济的互补性非常强，在农业领域也具有非常大的合作潜力。近年来，尤其是"17+1"合作框架以及"一带一路"倡议出台之后，中国与国际社会的反贫困合作越来越紧密，取得了长足进步。在"一带一路"倡议下贸易投资日益增长，基础设施不断完善，各国共同利益得以实现（Karaskov etal，2020）。尤利娅·莫妮卡（Iulia Monicao，2018）认为"16+1"合作模式为区域合作提供了创新方法，很大程度上是双边高度竞争的结果。基泽科娃（Kizeková，2018）认为在"16+1"模式下，中东欧国家的经济和政治影响力不断扩大，基于文化交流和高级外交对话的软实力也得到增强。乔敏健等（2021）通过固定效应模型检验中国对"一带一路"沿线国家投资的减贫效应，得出增长贸易量和提升资本丰裕度是低收入国家摆脱贫困的重要着力点。万秀丽等（2020）通过对"一带一路"沿线国家多元贫困现象的分析，提出了构建以共建、共商和共享为基础的减贫责任共同体，依托互联互通的发展模式推动贫困国家向"造血式"减贫方向发展。孟雷等（2019）对中国与非洲国家反贫合作的研究发现，推进减贫合作制度化和机制化建设，加大对农村基础设施建设投资力度，建立统一的海外农业合作部门对于反贫具有积极意义。郝蕾（2019）通过研究中国和南亚国家反贫合作得出了一系列反贫措施，包括加强政策沟通、深化战略互信理念、做好顶层设计。王志章（2018）认为推进"一带一路"沿线国家基础设施建设的支撑点和实现内外双收益以及沟通发展的客观基础是进行产能合作。贾甫（2020）通过对"一带一路"沿线国家跨越中等收入陷阱及其贫困陷阱的分析，得出"一带一路"与全球产业升级的关系。余淼杰等（2018）从自由贸易的角度得出了推动互联互通，促进贸易和投资自由化是减贫的良方。张原（2019）分析了"一带一路"倡议下新南南合作减贫机制，认为需要完善多渠道融资模式，平衡多项目减贫方式，加强政府和市场机制建设交流，构建"弘义融利、开发包容"的对外合作减贫体系。

从双边贸易角度来看，近年来中国与中东欧国家农产品贸易规模逐年增大，双边贸易额增长迅速，极大地推动了双边劳动就业，促进了双边经济迅速增长，对双方反贫困合作贡献巨大。张海森、谢杰（2011）通过引力模型对中国与东欧13国的农产品贸易进行了实证研究，对双边贸易减贫做出了贡献，他指出经济规模和人口规模有利于中国与东欧农产品贸易的发展，且双边农产品贸易符合林德的"需求相似论"。龚江洪、陈旭华（2012）基于经济规模、人口规模、地理距离、需求结构和制度因素构建中国与中东欧贸易引力模型，指出中国应更多从中东欧进口商品以及双边要拓展合作领域。张秋利（2013）分析了中国与中东欧12国货物贸易的互补性，认为中国与中东欧国家贸易结构高度互补、贸易潜力巨大。于春燕（2015）通过研究中国与中东欧16国农产品贸易的互补性与比较优势，分析双边农产品贸易现状特征，探讨双边农产品贸易合作潜力，进而分析双边农业合作战略，认为在维持农产品贸易限制前提下，应该注重双边农产品贸易结构优化。夏娜（2020）通过联合国贸易数据库（UN comtrade）中的农产品贸易数据（2008—2018年）分析了中东欧国家对华农产品出口概况，对中东欧国家对华农产品出口的影响因素进行了研究，为提升贸易关系提供理论依据。

综上所述，中国和中东欧国家间的反贫困合作充分建立在"一带一路"框架下，双方反贫困合作集中在基础设施、农业贸易和服务业领域，并取得了较好的效果。中国和中东欧国家反贫困合作为"中国-中东欧国家-欧盟"之间的反贫困合作建立了有效的联结纽带，提供了交流互鉴的机会，同时给国际反贫困事业提供了新的思路和途径。

7.2　中东欧国家贫困现状的综合测度

7.2.1　中东欧反贫困合作发展现状分析

苏联解体后，一部分中东欧国家成为独立的国家，尽管过去 30 年，部分中东欧国家已经摆脱了苏联解体带来的阴霾，经济形势总体良好，但中东欧大部分地区仍未走出困境，基础设施匮乏、人民生活质量欠佳、贫困问题突出，这些情况严重制约了中东欧国家的经济社会发展。纵观中东欧国家贫困发展现状，主要表现为以下特征。

7.2.1.1　贫困发生率高且贫困基数相对较大

按照每人每天 1.9 美元（2011 年不变价）的国际贫困线①标准线计算，中东欧部分国家的很多人仍然在贫困线下挣扎。以保加利亚为例，2020 年保加利亚的贫困线是人均月收入 363 保加利亚列弗，约 23.8% 的保加利亚人口人均月收入低于贫困线，且相较于上一年增长 1.2%。欧盟统计局的数据显示，中东欧国家中面临贫困或社会排斥风险②的人数远大于西欧北欧等发达国家的人数。2020 年，欧盟国家面临贫困或遭遇社会排斥风险的人口有 9 650 万人，占欧盟国家总人口数的 21.9%。欧盟统计数据显示，中东欧国家罗马尼亚和保加利亚是欧盟成员国中最贫穷的两个国家，罗马尼亚（35.8%）和保加利亚

---

①　贫困线，是在一定的时间、空间和社会发展阶段的条件下，维持人们的基本生存所必需消费的物品和服务的最低费用，贫困线又叫贫困标准。世界银行 2015 年 10 月宣布，按照购买力平价计算，国际贫困线标准从此前的每人每天生活支出 1.25 美元上调至 1.9 美元。

②　欧盟统计局定义"贫困或社会排斥风险"的指标包括：面临财务或货币风险（生活在其国家贫困线以下的人），人均工作时间短的家庭，物资严重匮乏、无法满足生活所需的人，比如无力支付房屋供暖费用，无及时支付租金的能力，每两天才能吃一顿肉或鱼，无法承担为期一周的旅游花销。

（33.6%）这两个国家中，超过四分之一的人口面临贫困或社会排斥的风险，远远超过欧盟平均水平。其中，罗马尼亚人口贫困风险排名第一，是欧洲贫困程度最深的国家。从人均年收入来看，中东欧国家的贫困程度远高于西欧和北欧国家。欧盟统计数据显示，以人均 GDP 为例，2020 年保加利亚、塞尔维亚、阿尔巴尼亚、波黑、北马其顿、黑山等国人均 GDP 不足 1 万美元，其中阿尔巴尼亚人均 GDP 仅为 5 212 美元，波黑人均 GDP 为 5 904 美元，甚至不及挪威人均 GDP 的十分之一。

中东欧各国 2020 年 GDP 与人均 GDP 见表 7.1。

表 7.1　中东欧各国 2020 年 GDP 与人均 GDP　　　单位：美元

国家	2020 年 GDP	人均 GDP
波兰	5 944.57 亿	15 499
罗马尼亚	2 484.81 亿	12 855
捷克	2 436 亿	22 771
希腊	1 894.1 亿	17 675
匈牙利	1 545.96 亿	15 856
斯洛伐克	1 040.58 亿	19 058
保加利亚	691.75 亿	9 979
克罗地亚	559.67 亿	13 829
立陶宛	557.33 亿	19 940
塞尔维亚	529.6 亿	7 674
斯洛文尼亚	528.8 亿	25 145
拉脱维亚	335.05 亿	17 625
爱沙尼亚	310.3 亿	23 348
阿尔巴尼亚	148 亿	5 212
波黑	129 亿	5 904
北马其顿	122.66 亿	5 906
黑山	47.89 亿	7 699
挪威（对比）	3 625.2 亿	67 989

数据来源：欧盟统计局。

7.2.1.2 社会贫富分化严重

国际上通常用基尼系数①来衡量居民收入差距。欧盟统计局的数据显示，中东欧国家的基尼系数均高于同期欧盟国家基尼系数的平均水平（除了2009年黑山的基尼系数与欧盟欧盟国家平均水平相等，为30.7%）。虽然近年来波兰、立陶宛、捷克、斯洛伐克、拉脱维亚、罗马尼亚、爱沙尼亚、克罗地亚等中东欧国家的基尼系数均有所降低，但是降低幅度较小。比如，立陶宛的基尼系数从2009年的35.9%下降到2020年的35.1%，仅仅下降了0.8%；同样，2009—2020年罗马尼亚、爱沙尼亚、捷克的基尼系数下降也不到1%。2019年罗马尼亚的贫富差距居欧盟国家第三位，其最贫困人群的总收入只有最富有人群总收入的1/7。除此之外，还有一些中东欧国家的基尼系数呈现增长趋势。比如，保加利亚的基尼系数2009年为33.4%，但是从2013年开始逐年递增，2017年达到40.2%，超过了贫富差距的国际警戒线，并在2019年达到最高（40.8%），高出欧盟国家平均水平10.6个百分点。2020年保加利亚的基尼系数略有下降，但是仍然处于国际警戒线水平。斯洛文尼亚的基尼系数从2009年的22.7%增长到2020年的23.5%。

2009—2020年欧盟国家的基尼系数变化情况见表7.2。

表7.2 2009—2020年欧盟国家的基尼系数变化情况　　　单位:%

国家	年份											
	2009	2010	2011	2012	2013	2014	2015	2016	2017	2018	2019	2020
保加利亚	33.4	33.2	35.0	33.6	35.4	35.4	37.0	37.7	40.2	39.6	40.8	40.0
立陶宛	35.9	37.0	33.0	32.0	34.6	35.0	37.9	37.0	37.6	36.9	35.4	35.1
拉脱维亚	37.5	35.9	35.1	35.7	35.2	35.5	35.4	34.5	35.6	35.2	34.5
德国	29.1	29.3	29.0	28.3	29.7	30.7	30.1	29.5	29.1	31.1	29.7	34.4
罗马尼亚	34.5	33.5	33.5	34.0	34.6	35.0	37.4	34.7	33.1	35.1	34.8	33.8
西班牙	32.9	33.5	34.0	34.2	33.7	34.7	34.6	34.5	34.1	33.2	33.0	32.1
卢森堡	29.2	27.9	27.2	28.0	30.4	28.7	28.5	29.6	29.2	31.3	32.3	31.2
葡萄牙	35.4	33.7	34.2	34.5	34.2	34.5	34.0	33.9	33.5	32.1	31.9	31.2
希腊	33.1	32.9	33.5	34.3	34.4	34.5	34.2	34.3	33.4	32.3	31.0	31.1

---

① 基尼系数最大为"1"，最小等于"0"。基尼系数越接近0表明收入分配越趋向平等。国际上并没有一个组织或教科书给出最适合的基尼系数标准。但有不少人认为基尼系数小于0.2时，居民收入过于平均，基尼系数处于0.2~0.3时较为平均，基尼系数处于0.3~0.4时比较合理，基尼系数处于0.4~0.5时差距过大，基尼系数处于大于0.5时差距悬殊。

表7.2(续)

国家	年份											
	2009	2010	2011	2012	2013	2014	2015	2016	2017	2018	2019	2020
爱沙尼亚	31.4	31.3	31.9	32.5	32.9	35.6	34.8	32.7	31.6	30.6	30.5	30.5
马耳他	27.4	28.6	27.2	27.1	28.0	27.7	28.1	28.6	28.2	28.7	28.0	30.3
法国	29.9	29.8	30.8	30.5	30.1	29.2	29.2	29.3	28.8	28.5	29.2	29.3
塞浦路斯	29.5	30.1	29.2	31.0	32.4	34.8	33.6	32.1	30.8	29.1	31.1	29.3
克罗地亚	—	31.6	31.2	30.9	30.9	30.2	30.4	29.8	29.9	29.7	29.2	28.3
匈牙利	24.7	24.1	26.9	27.2	28.3	28.6	28.2	28.2	28.1	28.7	28.0	28.3
荷兰	27.2	25.5	25.8	25.4	25.1	26.2	26.7	26.9	27.1	27.4	26.8	27.5
丹麦	26.9	26.9	26.6	26.5	26.8	27.7	27.4	27.7	27.6	27.8	27.5	27.3
波兰	31.4	31.1	31.1	30.9	30.7	30.8	30.6	29.8	29.2	27.8	28.5	27.2
奥地利	27.5	28.3	27.4	27.6	27.0	27.6	27.2	27.2	27.9	26.8	27.5	27.0
瑞典	26.3	25.5	26.0	26.0	26.0	26.9	26.7	27.6	28.0	27.0	27.6	26.9
芬兰	25.9	25.4	25.8	25.9	25.4	25.6	25.2	25.4	25.3	25.9	26.2	26.5
比利时	26.4	26.6	26.3	26.5	25.9	25.9	26.2	26.3	26.1	25.7	25.1	25.4
挪威	24.1	23.6	22.9	22.5	22.7	23.5	23.9	25.0	26.1	24.8	25.4	25.3
捷克	25.1	24.9	25.2	24.9	24.6	25.1	25.0	25.1	24.5	24.0	24.0	24.2
斯洛文尼亚	22.7	23.8	23.8	23.7	24.4	25.0	24.4	23.7	23.4	23.9	23.9	23.5
斯洛伐克	24.8	25.9	25.7	25.3	24.2	26.1	23.7	24.3	23.2	20.9	22.8	20.9
爱尔兰	28.8	30.7	29.8	30.4	30.7	31.0	29.7	29.6	30.6	28.9	28.3	—
意大利	31.8	31.7	32.5	32.4	32.8	32.4	32.4	33.1	32.7	33.4	32.8	
冰岛	29.6	25.7	23.6	24.0	24.0	22.7	24.7	24.1	25.2	23.2	—	
瑞士	30.7	29.6	29.7	28.8	28.5	29.5	29.6	29.4	30.1	29.7	30.6	
英国	32.4	32.9	33.0	31.3	30.2	31.6	32.4	31.5	33.1	33.5	—	
黑山	—	—	—	—	38.5	36.5	36.5	36.5	36.7	34.7	34.1	
北马其顿	—	—	—	38.8	37.0	35.2	33.7	33.6	32.4	31.9	30.7	
阿尔巴尼亚	—	—	—	—	—	—	—	—	36.8	35.4	34.3	
塞尔维亚	—	—	—	—	38.0	38.3	40.0	39.8	37.8	35.6	33.3	
土耳其	44.2	43.5	43.3	42.8	42.1	41.2	41.9	42.6	43.0	43.0	41.7	—

资料来源：欧盟统计局。

注："—"表示数据缺失。

7.2.1.3 贫困程度区域差距大

中东欧国家在资源禀赋、区位条件、发展阶段和经济发展情况等方面各不相同，贫困程度也存在差异。其中，贫困程度的空间差异特征主要体现在两个方面：①中东欧国家之间贫困程度的空间差异性；②中东欧国家内部城乡之间贫困程度的空间差异性。

（1）中东欧国家之间贫困程度的空间差异性。

欧盟统计局的数据显示，将2009—2020年欧洲各地区的平均贫困发生率划分为四个等次，中东欧国家之间贫困程度表现出明显的空间差异性。

欧盟各地区2009—2020年的平均贫困发生率等级划分见表7.3。

表7.3　欧盟各地区2009—2020年的平均贫困发生率等级划分

贫困发生率等级	国家或区域
贫困发生率≥20%	保加利亚、罗马尼亚、拉脱维亚、西班牙、立陶宛、希腊、黑山、北马其顿、阿尔巴尼亚、塞尔维亚、土耳其、爱沙尼亚
15%≤贫困发生率<20%	爱沙尼亚、德国、克罗地亚、卢森堡、马耳他、葡萄牙、瑞典、波兰、塞浦路斯、比利时、爱尔兰、意大利、瑞士、英国
10%≤贫困发生率<15%	奥地利、法国、荷兰、挪威、斯洛文尼亚、匈牙利、芬兰、丹麦、斯洛伐克
贫困发生率<10%	捷克、冰岛

资料来源：根据欧盟统计局数据计算所得。

第一等级（贫困发生率<10%）：2009—2020年，捷克的贫困发生率一直保持在低于10%的水平（除了2019年的贫困发生率为10.1%之外），不仅是17个中东欧国家中最低的，而且也比绝大部分欧洲发达国家的平均贫困发生率还低很多，基本上处于全部欧盟国家的最低水平（冰岛平均贫困发生率为9.1%）。2009—2020年，捷克的平均贫困发生率只有9.4%。

第二等级（10%<贫困发生率<15%）：斯洛伐克、斯洛文尼亚和匈牙利的平均贫困发生率居于第二等级。2009—2020年，这三个国家的平均贫困发生率分别为12.3%、13.3%、13.6%，略高于荷兰（11.8%）和挪威（11.7%）的平均贫困发生率，而低于丹麦（12.4%）、芬兰（12.5%）、法国（13.5%）和奥地利（14.2%）的平均贫困发生率。

第三等级（15%<贫困发生率<20%）：欧盟绝大部分国家或地区均处于平均贫困发生率的第三等级，这其中就包括波兰、克罗地亚这两个中东欧国家。

2009—2020年波兰的平均贫困发生率为16.6%，略低于葡萄牙（18.1%）和英国（16.7%）；克罗地亚的平均贫困发生率为19.7%，与意大利的平均贫困发生率（19.7%）相当。

第四等级（贫困发生率≥20%）：绝大部分的中东欧国家均处于平均贫困发生率的第四等级，包括保加利亚、罗马尼亚、拉脱维亚、立陶宛、希腊、黑山、北马其顿、阿尔巴尼亚、塞尔维亚和爱沙尼亚。其中，爱沙尼亚的平均贫困发生率为20%，低于发达国家西班牙（21.2%）。在这十个高贫困发生率的中东欧国家中，塞尔维亚、黑山、罗马尼亚和北马其顿是平均贫困发生率前三名的地区，2009—2020年的平均贫困发生率分别为25%、24.2%和23.5%（罗马尼亚和北马其顿的平均贫困发生率相同）。

2009—2020年欧洲部分国家的贫困发生率变化情况见表7.4。

表7.4　2009—2020年欧洲部分国家的贫困发生率变化情况　　单位:%

国家	年份											
	2009	2010	2011	2012	2013	2014	2015	2016	2017	2018	2019	2020
保加利亚	21.8	20.7	22.2	21.2	21.0	21.8	22.0	22.9	23.4	22.0	22.6	23.8
罗马尼亚	22.1	21.6	22.3	22.9	23.0	25.1	25.4	25.3	23.6	23.5	23.8	23.4
拉脱维亚	26.4	20.9	19.0	19.2	19.4	21.2	22.5	21.8	22.1	23.3	22.9	21.6
西班牙	20.4	20.7	20.6	20.8	20.4	22.2	22.1	22.3	21.6	21.5	20.7	21.0
立陶宛	20.3	20.5	19.2	18.6	20.6	19.1	22.2	21.9	22.9	22.9	20.6	20.9
爱沙尼亚	19.7	15.8	17.5	17.5	18.6	21.8	21.6	21.7	21.0	21.9	21.7	20.7
德国	15.5	15.6	15.8	16.1	16.1	16.7	16.7	16.5	16.1	16.0	14.8	18.5
克罗地亚	—	20.6	20.9	20.4	19.5	19.4	20.0	19.5	20.0	19.3	18.3	18.3
希腊	19.7	20.1	21.4	23.1	23.1	22.1	21.4	21.2	20.2	18.5	17.9	17.7
卢森堡	14.9	14.5	13.6	15.1	15.9	16.4	15.3	15.8	16.4	16.7	17.5	17.4
马耳他	14.9	15.5	15.6	15.1	15.8	15.8	16.6	16.5	16.7	16.8	17.1	16.9
葡萄牙	17.9	17.9	18.0	17.9	18.7	19.5	19.5	19.0	18.3	17.3	17.2	16.2
瑞典	14.4	14.8	15.4	15.2	16.0	15.6	16.3	16.2	15.8	16.4	17.1	16.1
波兰	17.1	17.6	17.7	17.1	17.3	17.0	17.6	17.3	15.0	14.8	15.4	14.8
塞浦路斯	15.8	15.6	14.8	14.7	15.3	14.4	16.2	16.1	15.7	15.4	14.7	14.3
比利时	14.6	14.6	15.3	15.3	15.1	15.5	14.9	15.5	15.9	16.4	14.8	14.1

国家	年份											
	2009	2010	2011	2012	2013	2014	2015	2016	2017	2018	2019	2020
奥地利	14.5	14.7	14.5	14.4	14.4	14.1	13.9	14.1	14.4	14.3	13.3	13.9
法国	12.9	13.3	14.0	14.1	13.7	13.3	13.6	13.6	13.2	13.4	13.6	13.8
荷兰	11.1	10.3	11.0	10.1	10.4	11.6	11.6	12.7	12.7	13.3	13.2	13.6
挪威	11.7	11.2	10.5	10.0	10.9	10.9	11.9	12.2	12.3	12.9	12.7	12.7
斯洛文尼亚	11.3	12.7	13.6	13.5	14.5	14.5	14.3	13.9	13.3	13.3	12.0	12.4
匈牙利	12.4	12.3	14.1	14.3	15.0	15.0	14.9	14.5	13.4	13.4	—	12.3
芬兰	13.8	13.1	13.7	13.2	11.8	12.8	12.4	11.6	11.5	12.0	11.6	12.2
丹麦	13.1	13.3	12.1	12.0	11.9	12.1	12.2	11.9	12.4	12.7	12.5	12.1
斯洛伐克	11.0	12.0	13.0	13.2	12.8	12.6	12.3	12.7	12.4	12.2	11.9	11.4
捷克	8.6	9.0	9.8	9.6	8.6	9.7	9.7	9.7	9.1	9.6	10.1	9.5
爱尔兰	15.0	15.2	15.2	16.3	15.7	16.8	16.2	16.8	15.6	14.9	13.1	—
意大利	18.4	18.7	19.8	19.5	19.3	19.4	19.9	20.6	20.3	20.3	20.1	—
冰岛	10.2	9.8	9.2	7.9	9.3	7.9	9.2	8.8	10.1	8.8	—	—
瑞士	15.6	15.0	15.0	15.9	14.5	13.8	15.6	14.7	15.5	14.6	16.0	—
英国	17.3	17.1	16.2	16.0	15.9	16.8	16.6	15.9	17.0	18.6	—	—
黑山	—	—	—	—	25.2	24.1	24.4	24.0	23.6	23.8	24.5	—
北马其顿	—	27.0	26.8	26.2	24.2	22.1	21.5	21.9	22.2	21.9	21.6	—
阿尔巴尼亚	—	—	—	—	—	—	—	—	23.7	23.4	23.0	—
塞尔维亚	—	—	—	—	24.5	25.0	26.7	25.9	25.7	24.3	23.2	—
土耳其	25.3	24.4	23.5	23.7	23.1	23.0	22.5	22.8	22.2	22.2	22.4	—

资料来源：欧盟统计局。

注："—"表示数据缺失。

（2）中东欧国家内部城乡之间贫困程度的空间差异性。

中东欧国家的贫困程度不仅表现为国家之间的空间差异性，而且也突出表现为各国家内部城乡之间的空间差异性。与西欧国家城市地区贫困发生率高于农村不同的是，由于中东欧国家农村地区基础设施和自然地理条件差等原因，其农村地区贫困发生率高于城市贫困发生率。根据欧盟统计局的数据，可以将2019年中东欧国家的城乡贫困发生率差异划分为四个等级，中东欧国家城乡之间贫困程度也表现出显著的空间差异性。

中东欧国家内部城乡贫困发生率差异见表7.5。

表 7.5　中东欧国家内部城乡贫困发生率差异

贫困发生率差异划分等级	国家或区域
贫困发生率差异≥20%	保加利亚、罗马尼亚
10%≤贫困发生率差异<20%	克罗地亚、拉脱维亚、立陶宛、波兰、塞尔维亚
1%≤贫困发生率差异<10%	爱沙尼亚、匈牙利、斯洛伐克、北马其顿、希腊
贫困发生率差异<1%	斯洛文尼亚、捷克

资料来源：根据欧盟统计局数据计算所得。

第一等级（城乡贫困发生率差异<1%）：在中东欧国家中，捷克的整体贫困发生率不仅低于其他国家，而且城市贫困发生率和农村贫困发生率均低于其他中东欧国家，城市与农村的贫困发生率几乎没有差异，低于欧盟28个成员国平均的城乡贫困发生率差异（0.7%）。2019年斯洛文尼亚的农村贫困发生率为14.7%，低于大部分中东欧国家，而城市贫困发生率为13.9%，处于中东欧国家的居中位置。斯洛文尼亚的整体贫困发生率不仅较低，而且城市与农村的贫困发生率的差异也很小，均为0.8%，略高于欧盟28个成员国平均的城乡贫困发生率差异。

第二等级（1%≤城乡贫困发生率差异<10%）：爱沙尼亚、匈牙利、斯洛伐克、北马其顿和希腊这五个中东欧国家处于第二等级，其城乡贫困发生率差异低于10%。其中，爱沙尼亚的城乡贫困发生率差异为4.9%，希腊的城乡贫困发生率差异为9.3%。匈牙利的农村贫困发生率为15.3%，仅高于捷克、斯洛文尼亚、斯洛伐克；城市贫困发生率相对较低，为10.3%，仅高于波兰、罗马尼亚、斯洛伐克。斯洛伐克的城市和农村贫困发生率在中东欧国家中均较低。

第三等级（10%≤城乡贫困发生率差异<20%）：克罗地亚、拉脱维亚、立陶宛、波兰和塞尔维亚这五个中东欧国家的城乡贫困发生率差异达到13.5%，城乡贫困发生率差异相对较大。克罗地亚（25%）、拉脱维亚（28.8%）、立陶宛（25.4%）和塞尔维亚（34.5%）的农村贫困发生率在中东欧国家中处于较高水平，其中塞尔维亚在中东欧国家中居第三位。特别是，波兰的城市贫困发生率仅为9.9%，在中东欧国家中处于较低水平，城乡贫困发生率差异为12.2%，塞尔维亚的城乡贫困发生率差异在本等级中最高，为19.2%。

第四等级（城乡贫困发生率差异≥20%）：在中东欧国家中，保加利亚和罗马尼亚的城乡贫困发生率差异相对较高。罗马尼亚的城市和农村贫困发生率分别为 6.9% 和 38.6%，在中东欧国家中分别处于最低水平和最高水平，城乡贫困发生率差异高达 31.7%，是中东欧国家中最大的。保加利亚的农村贫困发生率和城市贫困发生率分别为 35.2% 和 20.1%，在中东欧国家中均居第二位。

此外，以罗马尼亚、立陶宛、保加利亚和塞尔维亚四国为主的中东欧国家与西欧各国相比，城乡贫困发生率差异尤为严重。

2019 年中东欧国家城市与农村贫困发生率见图 7.1。

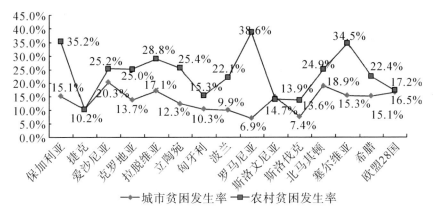

图 7.1 2019 年中东欧国家城市与农村贫困发生率

（资料来源：欧盟统计局）

7.2.1.4 单身女性、单亲家庭、儿童等弱势群体贫困问题严重

从中东欧国家整体来看，男性的贫困发生率低于女性的贫困发生率，在这方面与欧盟 12 个国家的情况基本一致。2005—2020 年中东欧国家性别分类的平均贫困风险率见图 7.2。由图 7.2 可知，与男性相比，单身女性的贫困发生率更高。相关社会调查显示，单身女性往往面临职场歧视，单身女性就业率低下是导致中东欧国家女性贫困最直接的原因之一，而女性贫困的最直接后果则是出现高生育率、高婴儿死亡率、高疾病发生率、低受教育水平等问题，从而陷入贫困代际传递和恶性循环。欧盟统计局 2019 年发布的数据显示，欧盟单身女性贫困发生率前三的国家分别是爱沙尼亚、拉脱维亚和立陶宛，贫困发生率分别为 51.4%、52.6% 和 46.3%。单身家庭要承受来自家庭和社会的双重压力，因此单身家庭经济负担远远高于普通家庭，贫困发生率也随之更高。中东欧低龄儿童多数受到教育缺失的影响，知识水平和思想价值陈旧，难以逃出贫困循环。

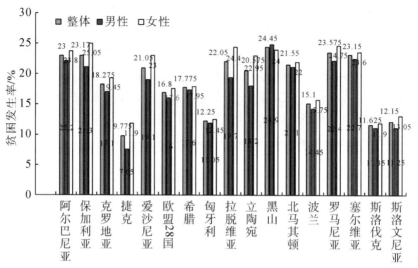

图 7.2　2005—2020 年中东欧国家性别分类的平均贫困风险率

（资料来源：欧盟统计局数据）

欧盟统计局的数据显示，中东欧国家的女性贫困发生率较高，且女性贫困发生率高的国家，其男性的贫困发生率也较高。比如，2005—2020 年间，阿尔巴尼亚、保加利亚、爱沙尼亚、拉脱维亚、立陶宛、黑山、北马其顿、罗马尼亚、塞尔维亚等国家的女性贫困发生率均高于 20%，其男性的贫困发生率也基本上在 20% 以上（爱沙尼亚、拉脱维亚和立陶宛除外）。其中，保加利亚（25.1%）、罗马尼亚（24.8%）、拉脱维亚（24.4%）和黑山（24%）的女性平均贫困发生率均很高，在中东欧国家中居于前四位，基本上全国 1/4 的女性人口均具有贫困发生的风险，远高于欧盟 28 个国家的女性贫困发生率（17.6%）。

另外，中东欧国家贫困发生率的性别差异较大。在中东欧国家中，有 9 个国家的贫困发生率性别差异大于欧盟 28 个国家的平均贫困发生率性别差异（1.6%），其中，立陶宛、拉脱维亚和捷克等国家的贫困发生率性别差异相对较大，分别为 4.8%、4.7% 和 4.3%，基本上是欧盟国家平均贫困发生率性别差异的 3 倍。仅有希腊、匈牙利、北马其顿、塞尔维亚和斯洛伐克的贫困发生率性别差异小于 1%。

2005—2020 年欧盟国家按性别分类的贫困风险率变化情况见表 7.6。

表 7.6 2005—2020 年欧盟国家按性别分类的贫困风险率变化情况

单位:%

国家	年份									
	2005		2010		2015		2019		2020	
	男	女	男	女	男	女	男	女	男	女
阿尔巴尼亚	—	—	—	—	—	—	22.2	23.8	—	—
奥地利	11.9	13.3	13.4	15.8	13.5	14.3	12.3	14.3	13.6	14.3
比利时	14.1	15.5	13.9	15.2	14.1	15.6	14.6	15.0	13.8	14.4
保加利亚	—	—	19.0	22.3	20.0	23.8	20.9	24.3	21.7	25.8
克罗地亚	—	—	19.7	21.4	19.3	20.6	17.2	19.3	17.0	19.6
塞浦路斯	14.5	17.6	13.8	17.2	15.3	17.2	13.9	15.5	13.3	15.3
捷克	9.7	11.0	8.0	10.0	8.5	11.0	8.1	12.1	7.2	11.7
丹麦	11.6	12.1	13.1	13.4	12.5	11.9	12.5	12.5	12.0	12.1
爱沙尼亚	17.4	19.1	15.4	16.2	19.6	23.3	19.3	23.7	18.9	22.3
芬兰	10.6	12.8	12.4	13.8	12.2	12.6	11.2	12.6	12.4	12.1
法国	12.3	13.7	12.7	13.9	13.2	13.9	13.3	13.9	13.2	14.3
德国	11.4	12.9	14.9	16.4	15.9	17.4	13.9	15.7	17.7	19.2
希腊	18.3	20.9	19.3	20.9	21.5	21.2	17.7	18.0	17.5	17.9
匈牙利	13.9	13.2	12.6	12.0	15.6	14.4	11.7	12.8	12.4	12.1
冰岛	9.8	9.6	9.8	9.8	9.3	9.1	—	—	—	—
爱尔兰	18.9	20.6	14.6	15.8	16.2	16.1	12.6	13.6	—	—
意大利	17.6	20.8	17.3	20.0	19.0	20.8	19.3	20.8		
拉脱维亚	18.5	20.3	21.4	20.4	19.7	24.8	20.3	25.1	19.1	23.7
立陶宛	19.7	21.3	21.2	20.0	21.8	22.5	18.0	22.8	18.4	23.1
卢森堡	13.2	14.2	14.6	14.4	15.0	15.7	17.2	17.9	17.0	17.7
马耳他	13.9	14.8	14.8	16.2	16.3	16.9	16.1	18.1	15.6	18.3
黑山	—	—	—	—	24.4	24.5	24.9	24.0	—	—
荷兰	10.6	10.8	9.7	10.8	11.8	11.5	13.1	13.4	13.2	14.0
北马其顿	—	—	27.5	26.5	21.5	21.5	21.1	22.0	—	—
挪威	10.2	12.5	10.1	12.2	10.3	13.5	11.9	13.5	11.3	14.1
波兰	21.3	19.9	17.4	17.7	18.1	17.2	15.0	15.8	13.9	15.7
葡萄牙	18.7	20.1	17.3	18.4	18.8	20.1	16.6	17.8	15.6	16.7

表7.6(续)

国家	年份									
	2005		2010		2015		2019		2020	
	男	女	男	女	男	女	男	女	男	女
罗马尼亚	—	—	21.0	22.1	25.1	25.7	22.7	24.9	22.1	24.6
塞尔维亚	—	—	—	—	27.5	26.0	22.7	23.6	—	—
斯洛伐克	13.2	13.5	11.7	12.2	12.1	12.4	11.6	12.1	11.1	11.7
斯洛文尼亚	10.6	13.7	11.3	14.1	13.0	15.6	10.9	13.0	11.6	13.1
西班牙	18.9	21.3	20.1	21.3	22.5	21.8	20.2	21.1	20.2	21.7
瑞典	9.0	10.0	13.9	15.6	15.3	17.3	16.3	17.8	15.0	17.2
瑞士	—	—	13.8	16.2	14.3	16.8	15.9	16.2	—	—
土耳其	—	—	23.7	25.1	22.3	22.7	21.9	22.8	—	—
英国	18.6	19.4	16.4	17.8	16.1	17.2	—	—	—	—

资料来源：欧盟统计局数据。

注："—"表示数据缺失。

7.2.1.5 贫困引发的极端社会现象突出

中东欧国家贫困不仅表现在物质缺乏上，还表现出思想贫困①、信念贫困②等非物质的贫困特点。思想贫困和信念贫困不但会强化物质贫困，造成贫困代际陷阱，而且会对社会产生负面影响。欧盟统计局社会调查结果显示，中东欧国家贫困率高的国家发生诸如酗酒、自杀、民族冲突、社会排斥等社会重大问题的概率远高于贫困率低的国家，其中，全球自杀率排名前十的国家，中东欧国家占据九个，立陶宛位居第一。

此外，贫困是犯罪的根源。李斯特指出"大众的贫穷，是培养犯罪的最大基础，也是遗传素质所以质变的培养液。"经济贫穷、贫富差距和机会差异等多种原因导致了贫穷者无法满足生活需求和发展需求，从而造成贫穷者的心理不平衡、嫉妒心理、绝望情绪和反社会的冲动等，最终导致他们的犯罪行为。中东欧国家犯罪率与贫困发生率成正相关性。欧盟统计局数据显示，中东欧国家的故意杀人罪犯罪率远高于其他欧盟国家。2010—2019年，除了希腊、

---

① "思想贫困"，就是指缺乏认识问题、分析问题和解决问题的科学思想武器，因而缺乏摆脱物质贫困的有效思路和方法，导致要么安于现状，要么怨天尤人，而没有积极行动起来想办法找出路。

② "信念贫困"，就是指缺乏自信心和自尊心，缺乏行动的意义和价值目标，缺乏向上的志气和行动的勇气，"见人矮一截，提不起精神"。

斯洛伐克、克罗地亚、斯洛文尼亚和黑山之外，其余中东欧国家每年的故意杀人罪犯罪率均高于10%，立陶宛每年的故意杀人罪犯罪率高达60%，拉脱维亚（32.9%）、爱沙尼亚（33.2%）、罗马尼亚（28.5%）和阿尔巴尼亚（20.7%）每年的故意杀人罪犯罪率也高于20%，而主要的欧盟发达国家的故意杀人罪犯罪率都低于6%。此外，中东欧国家的强奸罪、性侵犯罪等犯罪率也高于欧盟其他国家。

2010—2019年欧洲部分国家（地区）故意杀人罪犯罪率见表7.7。

表7.7　2010—2019年欧洲部分国家（地区）故意杀人罪犯罪率

单位：每十万居民，%

国家	年份									
	2010	2011	2012	2013	2014	2015	2016	2017	2018	2019
立陶宛	59.90	65.42	65.79	64.40	64.04	59.29	57.43	56.29	54.97	52.07
土耳其	4.08	4.73	8.61	34.03	35.70	37.01	38.37	—	42.54	42.74
拉脱维亚	—	—	—	35.63	34.82	32.48	31.90	31.33	31.17	33.13
罗马尼亚	25.62	26.32	27.86	31.26	31.40	32.45	31.34	28.19	25.66	24.70
爱沙尼亚	39.53	39.86	39.01	38.78	37.09	32.70	30.02	27.29	24.94	23.10
科索沃	20.74	22.96	—	—	—	—	—	—	20.13	19.77
匈牙利	—	—	—	14.85	15.56	14.23	—	17.35	16.67	15.68
意大利	10.17	10.23	10.38	16.13	15.46	15.05	14.94	15.19	15.27	15.41
阿尔巴尼亚	—	39.76	—	—	37.16	13.41	11.26	14.91	14.32	13.76
保加利亚	13.19	13.28	13.39	12.84	12.38	11.23	11.34	11.95	11.80	12.11
波兰	12.83	12.89	12.37	12.34	12.51	12.38	11.53	11.52	11.56	11.61
塞尔维亚	—	—	—	9.09	10.83	11.29	10.30	10.54	11.07	10.58
捷克	—	11.89	10.57	11.01	11.03	8.33	11.29	10.80	10.46	9.75
芬兰	11.19	11.24	11.15	11.44	11.02	11.04	9.66	9.23	8.69	8.59
希腊	6.03	6.51	7.69	7.42	7.99	7.42	7.92	8.05	7.86	8.04
斯洛伐克	10.89	10.20	11.25	9.07	9.18	9.09	9.09	6.94	7.29	7.74
西班牙	7.11	6.91	8.17	8.38	8.19	8.45	8.40	8.20	7.97	7.60
克罗地亚	9.92	—	9.21	9.46	9.18	8.02	—	—	7.99	7.58
法国	5.26	5.24	5.24	6.24	5.90	4.66	7.44	7.18	7.46	7.31
瑞典	5.01	4.84	4.88	5.90	5.70	5.85	5.92	6.34	6.45	6.63
瑞士	6.25	6.19	6.24	6.22	6.08	6.57	6.80	6.67	6.36	5.79

表7.7(续)

国家	年份									
	2010	2011	2012	2013	2014	2015	2016	2017	2018	2019
马耳他	3.14	2.65	1.92	7.59	7.52	7.22	8.52	9.99	10.72	5.47
斯洛文尼亚	4.98	4.93	5.21	5.54	5.63	5.53	3.63	4.16	3.87	4.95
黑山	2.58	3.23	1.77	2.42	7.72	6.43	7.39	7.87	3.70	4.82
奥地利	6.30	6.36	6.37	6.07	5.82	5.68	5.61	5.68	4.14	4.26
德国	—	—	—	4.71	4.56	4.36	4.14	4.07	4.10	4.05
丹麦	3.47	3.79	3.49	3.62	3.43	3.46	3.35	3.10	3.15	3.19
葡萄牙	3.22	3.17	3.15	3.15	3.06	3.03	2.89	2.80	2.74	2.42
比利时	7.91	7.73	8.02	—	—	—	—	—	—	—
爱尔兰	—	—	—	8.95	9.18	—	—	—	—	—
塞浦路斯	2.32	2.26	2.32	2.08	—	—	—	—	—	—
卢森堡	—	8.01	10.29	10.24	11.10	11.19	0.17	8.80	—	—
冰岛	—	—	—	5.90	—	—	—	2.07	2.01	—
列支敦士登	—	—	—	2.71	2.69	0.00	2.66	—	—	—
挪威	2.74	2.80	2.81	2.59	2.60	2.75	2.69	2.74	3.12	—
英格兰和威尔士	8.65	9.01	9.24	9.29	9.22	9.25	9.47	9.35	9.27	
苏格兰	15.61	15.76	15.89	16.22	16.17	—	—	—	—	—
北爱尔兰(英国)	9.00	9.23	8.85	9.85	11.97	11.91	9.74	—	—	—
黑山	—	—	—	—	—	—	—	—	—	—

资料来源：欧盟统计局数据经作者整理所得。

注："—"表示数据缺失。

7.2.2 致贫原因分析

第一，经济转轨造成多种社会问题，导致贫困发生率大幅度增加。1988—1998年，中东欧国家贫困发生率由2%上升到21%，2005年时绝大多数中东欧国家经济水平才恢复到1989年的水平，对于部分中东欧国家来说直到现在都无法摆脱经济转轨造成的各种社会问题。首先，民众失业问题开始出现。2009—2020年，中东欧国家民众失业率在不断下降，除了保加利亚、捷克、爱沙尼亚、匈牙利、波兰、罗马尼亚、斯洛伐克、斯洛文尼亚将失业率降到7%以下；克罗地亚、拉脱维亚、立陶宛、塞尔维亚等失业率高于7%，其中希腊、黑山、北马其顿失业率均超过15%，远高于国际失业警戒线①。其次，转轨过程中制定的代表资本家新的财产制度以及出现了新的剥削阶级加剧了制度性和阶级性的财富分化。最后，经济转轨过程中没有做好社会保障制度改革的工作，取消了生活补助和失业救助等反贫困措施，使得中东欧国家低收入人群生活难以为继，陷入贫困循环陷阱。

2009—2020 年中东欧国家总失业率见表 7.8。

表 7.8　2009—2020 年中东欧国家总失业率　　　　单位:%

国家	年份											
	2009	2010	2011	2012	2013	2014	2015	2016	2017	2018	2019	2020
保加利亚	7.0	10.4	11.4	12.4	13.1	11.6	9.3	7.7	6.3	5.3	4.3	5.2
捷克	6.7	7.3	6.7	7.0	7.0	6.1	5.1	4.0	2.9	2.2	2.0	2.6
爱沙尼亚	13.5	16.7	12.3	10.0	8.6	7.4	6.2	6.8	5.8	5.4	4.4	6.8
希腊	9.6	12.7	17.9	24.5	27.5	26.5	24.9	23.6	21.5	19.3	17.3	16.3
克罗地亚	9.2	11.7	13.7	16.0	17.3	17.3	16.2	13.1	11.2	8.5	6.6	7.5
拉脱维亚	17.5	19.5	16.2	15.0	11.9	10.8	9.9	9.6	8.7	7.4	6.3	8.1
立陶宛	13.8	17.8	15.4	13.4	11.8	10.7	9.1	7.9	7.1	6.2	6.3	8.5
匈牙利	10.0	11.2	11.0	11.0	10.2	7.7	6.8	5.1	4.2	3.7	3.4	4.3
波兰	8.2	9.7	9.7	10.1	10.3	9.0	7.5	6.2	4.9	3.9	3.3	3.2
罗马尼亚	6.9	7.0	7.2	6.8	7.1	6.8	6.8	5.9	4.9	4.2	3.9	5.0
斯洛文尼亚	5.9	7.3	8.2	8.9	10.1	9.7	9.0	8.0	6.6	5.1	4.5	5.0
斯洛伐克	12.0	14.4	13.6	14.0	14.2	13.2	11.5	9.7	8.1	6.5	5.8	6.7
黑山	—	—	19.7	20.0	19.5	18.0	17.6	17.8	16.1	15.2	15.2	17.9
北马其顿	32.2	32.0	31.4	31.0	29.0	28.0	26.1	23.7	22.4	20.8	17.3	16.4
阿尔巴尼亚	—	—	—	—	—	—	—	—	—	—	—	—
塞尔维亚	—	—	—	—	—	9.1	9.1	9.1	9.1	9.1	9.1	9.1

资料来源：欧盟统计局数据经作者整理所得。

注："—"表示数据缺失。

第二，全球金融海啸和欧洲主权债务危机的冲击，导致国内贫困进一步加剧。2010 年以来，中东欧国家基本上都受到了全球金融海啸和欧洲主权债务危机的影响，进出口贸易受到严重打击，国内需求下降，产能下降，失业率大幅度增长，经济速度发展缓慢。2015 年欧洲复兴开发银行年度报告显示，中

---

① 失业率警戒线是一个判断衡量失业率是否可控的指标，也被认为是一个国家能承受的最大失业率水平。失业率的国际警戒线被定为7%，若失业率大于警戒线的话，那就表示整个社会经济可能处于危险状态，有可能会阻碍该国经济的发展。

东欧国家生产率在接下来 10 年里只能保持在 2%~4%；人均 GDP 增长方面，除了克罗地亚、斯洛文尼亚和波罗的海之外，其他中东欧国家在 20 年间都不能达到欧元区 60% 的收入水平。

2008—2020 年中东欧国家 GDP 增长率见表 7.9。

表 7.9　2008—2020 年中东欧国家 GDP 增长率　　　　　单位:%

国家	年份													
	2007	2008	2009	2010	2011	2012	2013	2014	2015	2016	2017	2018	2019	2020
阿尔巴尼亚	5.9	7.5	3.4	3.7	2.5	1.4	1.0	1.8	2.2	3.4	3.8	4.1	2.2	-5.0
波黑	6.0	5.6	-2.7	0.8	0.9	-0.9	2.4	1.1	3.0	2.0	3.0	3.7	2.7	-6.3
保加利亚	6.5	6.2	-5.5	1.3	1.9	0.0	0.9	1.3	3.6	3.4	3.6	3.1	3.7	-4.2
克罗地亚	5.1	2.1	-7.0	-1.7	-0.3	-2.2	-1.1	-0.5	2.2	3.0	2.8	2.8	2.9	-8.4
捷克	5.7	3.1	-4.5	2.3	1.8	-0.8	-0.5	2.7	5.3	2.6	4.3	3.2	2.3	-5.6
爱沙尼亚	7.9	-5.3	-14.7	2.3	7.6	4.3	1.9	2.9	1.7	2.1	4.9	4.4	5.0	-2.9
匈牙利	0.1	0.9	-6.8	0.7	1.7	-1.6	2.1	4.0	3.1	2.0	4.0	5.4	4.6	-5.0
拉脱维亚	10.0	-2.8	-17.7	-3.8	6.4	4.0	2.6	2.1	2.7	2.0	4.6	4.0	2.0	-3.6
立陶宛	9.8	2.9	-14.9	1.6	6.0	3.8	3.5	3.5	1.8	2.3	3.9	3.9	4.3	-0.8
北马其顿	6.2	5.0	-0.9	3.4	2.3	-0.5	2.9	3.6	3.8	2.9	0.0	2.9	3.2	-4.5
黑山	10.7	6.9	-5.7	2.5	3.2	-2.7	3.5	1.8	3.4	2.5	4.3	5.1	3.6	-7.5
波兰	6.8	5.1	1.6	3.7	5.0	1.6	1.4	3.3	3.9	2.6	4.7	5.4	4.5	-2.7
罗马尼亚	6.3	7.4	-6.6	-0.8	1.1	0.6	3.5	3.1	3.9	4.8	7.0	4.5	4.1	-3.9
塞尔维亚	5.4	3.8	-3.5	0.6	1.4	-1.0	2.6	-1.8	2.8	1.9	4.1	4.5	4.2	-1.0
斯洛伐克	10.5	5.8	-4.9	5.0	2.8	1.7	1.5	2.6	3.8	3.3	3.4	3.8	2.3	-5.2
斯洛文尼亚	6.9	3.3	-7.8	1.2	0.6	-2.7	-1.1	3.0	2.3	3.1	5.0	4.4	3.2	-5.5
希腊	3.3	-0.3	-4.3	-5.5	-10.1	-7.1	-2.7	0.7	-0.4	-0.5	1.3	1.6	1.9	-8.2

资料来源：欧洲统计局。

第三，基础设施建设严重滞后，难以推动贫困地区经济发展。现代社会中，基础设施和经济发展呈现正相关关系，经济越发达对基础设施的要求就越高，完善基础设施建设对中东欧贫困地区经济发展和反贫困合作具有十分重要的意义。目前，中东欧国家部分地区在交通运输、网络服务和邮电等基础设施建设上存在严重的缺失。以中东欧国家铁路长度为例，部分地区铁路长度严重不足。欧盟统计数据显示，截至 2019 年年底，北马其顿全国铁路总路程不足 700 千米。此外，截至 2021 年 3 月底，中东欧大部分地区仍然未普及互联网，从根本上隔绝了当地数字经济的发展。基础设施的缺失在一定程度上限制了中东欧部分地区贸易往来、技术的传播和人才的流动，严重制约了当地经济发展，拉大了贫富差距。

2010—2019 年部分中东欧国家铁路长度见表 7.10。

表 7.10　2010—2019 年部分中东欧国家铁路长度　　　　单位：千米

国家	年份									
	2010	2011	2012	2013	2014	2015	2016	2017	2018	2019
保加利亚	4 098	4 072	4 070	4 032	4 023	4 019	4 029	4 030	4 030	4 030
爱沙尼亚	1 196	1 196	1 196	1 166	1 166	1 164	1 161	1 161	1 161	1 167
希腊	2 552	2 554	2 554	2 586	2 238	2 240	2 240	2 240	2 293	2 280
克罗地亚	2 722	2 722	2 722	2 722	2 604	2 604	2 604	2 604	2 604	2 617
拉脱维亚	1 897	1 865	1 859	1 859	1 860	1 860	1 859.6	1 859.6	1 859.6	1 859.6
立陶宛	1 767.6	1 767.6	1 767.6	1 768	1 768	1 877	1 911	1 911	1 911	1 911
匈牙利	7 352	7 486.5	7 486.2	7 356.7	7 193	7 197	7 811	7 918	7 732	7 743
波兰	20 228	20 228	20 094	19 328	19 240	19 231	19 132	19 209	19 235	19 398
罗马尼亚	10 785	10 777	10 777	10 768	10 777	10 770	10 774	10 774	10 765	10 759
斯洛文尼亚	1 228.07	1 209.13	1 209	1 209	1 209	1 209	1 209	1 209	1 209	1 209
斯洛伐克	3 622	3 624	3 631	3 631	3 627	3 626	3 626	3 626	3 627	3 629
北马其顿	699	699	699	699	699	699	683	683	683	683
塞尔维亚	—	—	—	3 819	3 819	3 766	3 766	3 764	—	—

资料来源：欧盟统计局数据经作者整理所得。

注："—"表示数据缺失。

7.3　中国与中东欧国家开展反贫困合作的主要做法

2011 年中国-中东欧国家经贸合作论坛的召开是中国与中东欧国家合作的开端，中国指出中东欧国家是中国联系西方市场的桥梁，依借其四通八达的交通，中国企业与中东欧国家开展经贸合作可以节约大量商务成本，可以融入欧盟内部的产业分工体系，可以利用欧盟的优惠政策共同开拓西欧市场，实现互利共赢，中东欧国家可以成为中欧合作的"桥头堡"。近年来，在"一带一路"倡议的带动下，中国与中东欧国家不断深入合作，2012 年召开中国与中东欧"16+1 合作"，此次会议达成了包含成立中国与中东欧国家合作秘书处，设立总额 100 亿美元的专项贷款，发起设立"中国-中东欧投资合作基金"，中方将向中东欧地区国家派出"贸易投资促进团"，在未来 5 年向中东欧 16 国提供 5 000 个奖学金名额，倡议成立"中国-中东欧国家旅游促进联盟"，设立"中国与中东欧国家关系研究基金"等促进与中东欧国家友好合作的十二项举措。2015 年，中国与中东欧国家领导人苏州峰会出台了《中国-中东欧国家合作中期规划》，全面总结了合作成果并对未来合作方向进行安排。2017 年希腊加入合作，"16+1"扩展为"17+1"，中国与中东欧国家关系网越织越密。同时，双方在反贫困领域上积极开展合作，共同探索反贫困合作的新方法、新路径和新思路。

7.3.1 做好合作顶层设计，夯实合作民意基础

近年来，中国与中东欧国家不断探索合作机制，努力深化双边关系，形成了政府主导、民间参与的合作模式，呈现出旺盛生命力和强大吸引力，极大地促进了双方反贫困合作的进程。

在政府层面，中国与中东欧国家着力做好反贫困合作的顶层设计。首先，双方领导人就反贫困话题进行了多次探讨。目前已经签订了 8 份包含基础设施互联互通建设、经济贸易广泛合作等重要项目在内的中国-中东欧国家合作纲要。其次，双方领导人对事关民生的合作项目进行了广泛的商讨，有条不紊地推进合作项目的实施，着力增强对贫困地区的扶持力度。其中，自首次会晤以来，特别是布加勒斯特会晤之后，中国同 16 国贸易额显著增长，各领域交流活动和合作平台组建有序推进，2013 年前 10 个月，双方贸易额达 500 亿美元，同比增长 10.1%；2017 年双方贸易总额达 679.8 亿美元，较上年增长 15.9%；2020 年双方贸易总额达 1 034.5 亿美元，较上一年增长 8.4%；2021 年 2 月，习近平主席在中国-中东欧国家领导人峰会上宣布，今后 5 年中国将从中东欧国家进口累计价值 1 700 亿美元以上的商品，争取实现未来 5 年从中东欧国家的农产品进口翻番。中国企业在中东欧国家投资超过 50 亿美元，涉及机械、化工、电信等多个领域；基础设施建设合作方面，一批桥梁、电站、高速公路项目进展顺利，极大地推进了双方的反贫困合作步伐。

在民间层面，中国与中东欧国家积极夯实合作民意基础。双方通过举办各类民间论坛、会议、博览会等活动促进在教育、文化、卫生等领域的合作交流。截至 2018 年年底，中国 97 所高校同中东欧国家 29 所高校建立了校际合作关系，双向留学人员达 12 000 人。双方已经成功举办了 6 次"高7+1"教育政策交流活动，5 次"高校联合会"会议。2018 年，中国-中东欧国家青年交流营（"未来之桥"）在北京和西安开营。双方共同搭建中东欧农产品电商平台，推动优质农产品贸易，举办了"16+1"农产品博览会。2015 年 10 月举办的第二届中国与中东欧青年政治家论坛，双方青年就合作反贫困问题进行了交流。双边举办旅游合作交流会议，共同探讨旅游合作的新模式和新路径。中国

在中东欧国家开设孔子学院，搭建多元文化交流平台，截至 2021 年年底，中国在中东欧国家设立 30 余所孔子学院以及 32 个孔子课堂。中国通过各种民间合作方式加大了与中东欧国家的民间交流互动，夯实了开展双边和多边反贫困合作的社会民意基础。

7.3.2 加快推进基础设施互联互通的建设，营造良好的减贫条件

基础设施互联互通一直以来都是"一带一路"建设的优先领域，也是中国与中东欧"17+1 合作"的重点领域，更是提高双边贸易便利化水平，建设高标准自由贸易网络，扩大双边贸易规模，促进双边经济发展，减少中东欧贫困发生率的重要手段。目前，中国和中东欧国家的反贫困合作重点主要是基础设施建设领域和农业合作领域，而农业合作的基础又是基础设施的互联互通，因此，中国和中东欧国家积极推进基础设施合作，着力打造高效的海陆空互联互通网络建设。在陆路建设方面，双方积极推进陆路运输媒介为主的铁路和公路的合作建设，同时加强双方在物流基础设施建设上的投资合作，推动双方货运发展。目前，中国与中东欧国家陆路建设合作项目正在加速落实。在陆运建设方面包括中国-中东欧具有标志性的项目匈塞铁路、塞尔维亚 E763 高速公路二期项目、北马其顿基塞沃-奥赫里德高速公路项目、黑山南北高速公路项目等多个交通运输网络建设项目。在海运建设方面，双方积极推进江河航运和海洋港口的建设，推动海上互联互通。例如，2014 年年底，中国、塞尔维亚、匈牙利和马其顿四国政府联合宣布建设"中欧陆海快线"项目，这条航线联通了希腊的比雷埃夫斯港和匈牙利的布达佩斯，途经马其顿斯科普里和塞尔维亚贝尔格莱德，相比传统的途经西欧进入中东欧的海运线路，这条航线缩短了航运里程，节省了航运时间，极大地提升了中欧商品的流通效率。在空运建设方面，中国和中东欧国家加强运输航空和通用航空领域的建设，鼓励双方航空企业在中国与中东欧国家之间开通更多航线。目前，上海-布拉格、成都-布拉格、北京-华沙、宁波-布达佩斯、宁波-布拉格等五条直航航线将中国与中东欧地区紧密连接起来，为双方商品流通和人员流动提供了极大的便利。

7.3.3 扩大投资、融资力度，协助中东欧国家突破发展资金瓶颈

经济学界普遍认为资金缺乏是制约国家经济发展和无法摆脱贫困的首要瓶颈（郑雪平，2021）。投资带来的经济增长能够推动就业岗位增加、基础设施改善、现代技术运用、产出增加、出口改善等，最终带动低收入人群收入增加以及促进减贫（Magombeyi、Odhiambo，2017）。自"一带一路"倡议提出以

来，中国对中东欧国家直接投资整体上呈上升趋势，双方经贸合作进一步加强，截至 2018 年年底，中国与中东欧国家建立了 7 个境外经贸合作区。2019年，双方举办首届中国-中东欧博览会，形成"一会一园四片区"的中国-中东欧发展战略格局。这一系列的贸易投资合作极大地促进了中东欧各国在经济、教育、文化、科技、数字、创新和基础设施等领域的发展，同时也促进了中东欧国家反贫困事业的发展。2012 年我国对中东欧国家直接投资 1.48 亿美元，到 2018 年上升至 6.05 亿美元，2019 年对中东欧投资略有下降，但也达到4.96 亿美元。商务部发布的《2019 年度中国对外直接投资统计公报》数据显示，2019 年，中国对匈牙利和波黑投资额度分别达到 1.23 美元和 1.12 亿美元，对黑山、波黑、斯洛文尼亚、克罗地亚、塞尔维亚、捷克、罗马尼亚直接投资均保持在 0.1 亿~1 亿美元。

2012—2019 年中国对中东欧国家直接投资情况见图 7.3。

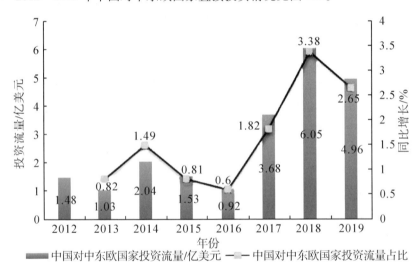

图 7.3 2012—2019 年中国对中东欧国家直接投资情况

数据来源：商务部《2019 年度中国对外直接投资统计公报》。

注：2019 年拉脱维亚和立陶宛没有数据，故投资流量不包含拉脱维亚和立陶宛。

7.4 中国与中东欧国家反贫困合作取得的成效评价

随着中国与中东欧国家合作的不断深入，"17+1"合作机制的稳步实施，双方在做深做实传统领域合作的同时，拓展在数字经济、人工智能、金融科技、生命科学、生态环境等新兴领域合作，实现双方经济高水平、高质量发展。双方通过"17+1"合作平台，协同创造更多财富普惠贫困群体，更优质的生活环境满足贫困群体的需要，合作反贫困成效显著，具体体现在增加就业、改善民生、促进偏远农村发展三方面。

7.4.1　双方反贫困合作有效增加当地就业

自中国与中东欧国家展开合作以来，双方在经贸投资合作领域、基础设施建设合作领域等方面取得了巨大的成就，有效地提高了中东欧国家的就业率，有效地改善了当地失业贫困状况。欧盟统计数据显示，2012—2019 年中东欧国家就业率呈现稳步上升趋势，年增长率基本保持在 1% 左右（2020 年受到新型冠状病毒感染的影响就业率略微下降）。截至 2019 年年底，匈牙利、拉脱维亚、斯洛文尼亚、立陶宛、爱沙尼亚就业率增长至 80% 左右，其他国家就业率也达到 70% 左右。2012—2020 年中东欧国家就业率见表 7.11。

表 7.11　2012—2020 年中东欧国家就业率① 　　　　单位:%

国家	年份								
	2012	2013	2014	2015	2016	2017	2018	2019	2020
希腊	55	52.9	53.3	54.9	56.2	57.8	59.5	61.2	61.1
克罗地亚	58.1	57.2	59.2	60.6	61.4	63.6	65.2	66.7	66.9
保加利亚	62.8	63.3	64.8	66.9	67.4	71.1	72.1	74.7	73.1
匈牙利	63.8	65.2	68.7	70.9	73.7	75.4	76.7	77.6	77.5
波兰	64.7	64.9	66.5	67.8	69.3	70.9	72.2	73	73.6
罗马尼亚	64.8	64.7	65.7	66	66.3	68.8	69.9	70.9	70.8
斯洛伐克	65.1	65	65.9	67.7	69.8	71.1	72.4	73.4	72.5
拉脱维亚	67.9	69.5	70.6	72.5	73	74.6	76.8	77.3	76.9
斯洛文尼亚	68.3	67.2	67.7	69.1	70.1	73.4	75.4	76.4	75.6
立陶宛	68.5	69.9	71.1	73.3	75.2	76	77.8	78.2	76.7
爱沙尼亚	72.2	73.3	74.3	76.5	76.6	78.7	79.5	80.2	78.8

数据来源：欧盟统计局。

---

① 波黑、阿尔巴尼亚、捷克数据缺失故未在表中列出。

在经贸投资合作领域，中国对中东欧各国进行广泛的投资，提供了大量的就业岗位。例如，近年来中国和波兰经贸合作发展迅速，中国驻波兰大使馆数据显示，2011—2016年中波两国贸易额上涨了30%，中国企业累计对波兰投资达13亿美元，提供了约1.4万个就业岗位；2016年10月，中国对捷克京西重工投资7.6亿克朗，直接创造了300多个就业岗位；2019年，中国与希腊的雷埃夫斯港签订合作协议，为希腊当地直接创造约3000个就业岗位，间接创造就业岗位1万多个，每年为当地带来直接经济贡献超3亿欧元。在基础设施合作领域，中国承建波兰的弗罗茨瓦夫防洪工程项目，一方面为当地创造了大量的就业岗位，另一方面提升了弗罗茨瓦夫市的防洪能力；2017年11月，中国同罗马尼亚签订《切尔纳沃德核电站3、4号机组开发、建设、运营和退役备忘录》，预计该项目能为罗马尼亚当地直接提供1.6个工作岗位。双方政府开展广泛的基础建设合作工程，通过"以工代赈"的扶贫方式，提高了当地人民的收入，增强了当地人民的社会归属感。

7.4.2 双边反贫困合作有效改善民生

中国与中东欧国家积极推进教育、基础设施建设、医疗等领域合作，充分改善了中东欧国家人民的生活水平，提高了人民的社会满意度，有效地减少了贫困。教育能够塑造和提升民生主体的主动性，引导贫困人民去改善和提高生活条件，阻断贫困代际传递，进而促进人民脱离贫困。近年来，中国积极推进与中东欧国家教育交流合作，在政策引导、平台搭建、人才培养、境外办学、教育援外等方面取得了显著成效，促进了双方人员互联互通，为知识和技术传播打造了平台，促进了知识技术转化为生产力，提高了贫困人民的生活条件。例如，2013—2017年，中东欧国家来华留学生达到6240人，他们为母国带回了先进的生产理念和技术，直接和间接促进了本国经济、社会的发展。在基础设施建设领域，中国同中东欧各国在道路、航运和储存等项目上开展了广泛的合作，对中东欧国家基础设施升级做出了巨大的贡献，大批在建或已经建成的基础设施促进了中东欧国家的互联互通，大幅度提升了中东欧国家民众的生活质量，产生了良好的社会效益。例如，中国和黑山共同建造的南北高速公路极大地解决了黑山南北发展不平衡的问题；中国和塞尔维亚合建的塞尔维亚E760高速公路，成为塞尔维亚及其周边国家的运输大动脉；2020年中欧班列共开行1.24万列，可通达中东欧国家的8个城市，促进了双方的互联互通。在医疗合作方面，中国为中东欧国家提供了资金、医疗物资、先进的医疗技术和设备，为中东欧国家社会医疗保障提供了坚实的基础，显著地提高了国家社会医疗保障能力，极大地保障了贫困人民的生活，改善了民生。例如，新型冠状病毒感染期间，中国为塞尔维亚提供 100 万剂疫苗，并向塞尔维亚运送大量医疗物资，帮助塞尔维亚人民有效抗击了疫情，维护了当地社会的稳定，使当地贫困人口的健康得到了保障。

7.4.3 双方反贫困合作促进偏远农村地区发展

近年来，农业合作逐渐成为中国与中东欧国家合作的重点之一。2006—2019 年，中国与中东欧国家农产品进出口额保持持续增长，进口年均增长 20.41%，出口年均增长 5.54%。其中进口增速明显，2019 年中国从中东欧国家进口的农产品金额为 6.02 亿美元，占中国农产品总进口额的 0.4%，是 2006 年的 9.29 倍；出口额为 8.56 亿美元，占中国农产品总出口额的 1.08%，是 2006 年的 1.91 倍。世界银行认为，农业收入是农村贫困人口的主要收入来源，农业发展程度与贫困发生率呈反向关系（章元，2011）。因此，继续深入推进中国与中东欧国家农产品贸易合作能够有效刺激双方经济增长，促进当地农村发展，解决当地贫困问题。例如，2016 年 11 月，波兰苹果成功出口中国，有效解决了波兰国内市场消化不足的问题。2017 年中国-中东欧首个农产品物流中心及展示馆在保加利亚第二大城市普罗夫迪夫建成并投入运营，中东欧农村偏远地区借助电子商务平台，促进了本地农产品的跨国跨地区贸易。2018 年 7 月，首个中国-中东欧国家农业合作示范区揭牌，标志着双方农业合作迎来加速推进和重要机遇期，双边农业务实合作将进一步走向深入。2018 年 11 月，中国首家"16+1"农产品和其他产品电商物流中心与展示馆在盐田港现代物流中心开幕，为爱沙尼亚、波兰、拉脱维亚、立陶宛、保加利亚、匈牙利等国家偏远地区的优质农副产品出口中国提供了多方贸易平台。此外，中国与中东欧国家农业合作推动了现代农业知识和技术的传播，有利于偏远地区农民使用先进的农业知识、技术、生产设备、数字化平台，促进农村发展。在数字化农业合作方面，中国与中东欧国家跨境电商具有很大的增长潜力，包括存储、物流、清关、供应链管理、结算服务在内的一揽子完备的配套设施和服务将极大地便利中国与中东欧国家的农业贸易。2015 年 5 月，第四届中国-中东欧国家农业部长会议暨第十四届中国-中东欧国家农业经贸合作论坛会议指出，依托"17+1"农业合作框架，建立广东与中东欧国家农业常态合作对接机制，建立双方企业家联盟，搭建网络平台，支持培育示范合作项目等，扎实有效推进双方农业合作。

7.5 中国与中东欧国家反贫困合作面临的主要困境与突破路径

近年来，中国已经和中东欧各国在"一带一路"合作框架下开展了广泛的合作，双方在反贫困合作上取得了显著的成果。随着合作的不断深入，中国和中东欧国家的合作也暴露出一些问题，反贫困合作也陷入了一些困境，"17+1"合作机制的建立，为这些困境指明了方向，提供了破解方法。

7.5.1 中国与中东欧国家反贫困合作面临的主要困境

（1）反贫困合作中政治风险仍然存在。

首先，中东欧国家经历了冷战后 20 年的转型，已经完成斯大林模式的计划经济——一党制到资本主义市场经济—多党制的转轨，已经不可能走社会主义的回头路。一些中东欧国家在与中国反贫困合作时采取"大国平衡策略"，一方面想加强与我国的反贫困合作，发展本国的经济，另一方面又寻求区域外大国的保护，进行保护主义策略，出现一些以国家安全、民众利益、就业保障等名义设置的隐性合作壁垒，导致双方反贫困合作不稳定因素增加。例如，立陶宛为了自身利益以及大国认同，公然介入中国内政，违背一个中国的外交原则，严重影响"一带一路"建设以及双方合作。其次，中国的政治经济环境和中东欧国家差别较大，中东欧国家大部分都是欧盟的成员，来自欧盟的外部因素与国内问题叠加，导致双方反贫困合作中不确定的因素增加。2019 年 3月，欧盟出台《欧盟-中国战略展望》，对中欧关系进行定位，将中国列为恶性竞争对手，欧盟多次怀疑中国与中东欧国家合作的动机并大加干预，包括出台中国对中东欧国家投资安全审查机制，对中国与中东欧国家合作已经投资项目进行各种审查干预，尤其是在市场准入、政府采购、中国对外优惠政策方面，欧盟以片面强调同中国合作的互惠性和对等性为由横加干预。最后，美国与中国贸易战对中国与中东欧国家合作产生了不良的影响。特朗普上台以后，秉承美国优先的原则，对华采取全面的压制手段。在此背景之下，美国对中东欧国家进行政治干预，通过频繁出访中东欧国家，如 2019 年美国国务卿蓬佩奥到访匈牙利、斯洛伐克、波兰、北马其顿等国，对其国家与中国开展合作发出"警告"、散布"中国威胁论"等不实言论，制作紧张的外交氛围，同时，以信息安全为由干预中东欧国家对华政策。在美国强大的政治干预下，一些中东欧国家被迫采取了一些对双方合作不利的措施。

（2）社会文化差异和信息沟通以及资源统筹力度不足。

首先，中东欧部分国家长期受到西方意识形态的影响，不了解中国对外合作所秉承的"共赢""互利""包容性"的理念，中国对中东欧国家反贫困援助是不关乎政治、文化、社会意识形态的一种单纯的经济、知识、技术上的垂直输出，但却对他们长期以来所受的资本主义国家强权压迫思想和技术殖民主义产生了冲击，当地人民往往因为不了解而产生抵触心理。例如，塞尔维亚一些人认为参与"一带一路"合作会影响其加入欧盟。其次，中国与中东欧国家文化传统和价值观的差异极大地影响了双方的人文交流，在一定程度上也影响了双方开展反贫困合作。中国-中东欧研究院的一项民意调查结果显示，中东欧地区仅有26%的民众认为中国与中东欧国家关系密切。另外，部分中东欧国家民众认为，与中国合作对其国家经济发展影响不大，例如，部分塞尔维亚民众认为除了在科索沃独立问题上的诉求外，没有太多关乎国家发展的问题需要中国给予帮助。最后，一些参与反贫困合作的企业对中东欧国家的相关法律法规、历史和人文、政治环境等缺乏了解，加上国内能够提供专业信息的机构不多，从而给投资活动带来困难。近年来，虽然国内各部委、各省区市以及各类企业都积极加入"一带一路"的建设，但这些建设主体之间缺乏一定的统筹规划和对接，甚至部分企业之间存在过度竞争，影响了"一带一路"的建设效率。

（3）反贫困合作存在经济风险。

中国和中东欧国家合作的经济风险主要表现在中东欧部分国家存在国家宏观经济发展不稳定、宏观经济环境发展不稳定和对外投资环境不稳定等问题，从而给双方合作带来一定的风险，进而加大了中国和中东欧国家合作的难度。首先，中东欧国家国情各不相同，经济发展水平参差不齐，国内市场情况也不尽相同。中东欧大多数国家经济结构单一，内生动力不足，过分依赖欧盟投资，抗外部经济冲击能力弱，这就给中国企业对中东欧国家投资带来了后顾之忧。例如，美联储的轻微活动都会对部分中东欧国家的股市和汇市产生影响。其次，东欧国家汇率风险较大。目前加入欧元区的中东欧国家只有爱沙尼亚、立陶宛、斯洛伐克、斯洛文尼亚和拉脱维亚，其他国家均使用本国货币。然而，部分中东欧国家经济体量小，外汇市场不发达，汇率机制缺乏灵活性，导致这些国家的货币抗风险能力弱。这些中东欧国家汇率的不稳定性直接或间接地影响我国对其贸易合作。

7.5.2 中国与中东欧国家反贫困合作的突破路径

在过去的 30 年里，中国始终秉承人类命运共同体理念，在全球反贫困合作中不遗余力，成为世界上率先完成联合国"千年发展目标"的国家，对全球减贫贡献率超过 70%。中国的基础设施建设、产业扶贫、金融扶贫、教育扶贫、健康扶贫、生态扶贫、培训转移、易地搬迁、社会保障兜底等"中国式扶贫"做法丰富了全球减贫国际公共产品，为中东欧反贫困事业展现了中国力量，贡献了中国智慧。具体而言，中国与中东欧应该建立多层次、多领域、全方位的反贫困合作，积极构建双边反贫困框架制度，完善双边政策对话机制，化解双方政治、文化上的冲突，拓宽企业双边反贫困合作领域，在双方基础设施互联互通建设上，拓宽双方合作项目，促进就业，改善民生，共同推进中东欧国家减贫事业发展，建立合作共赢、协作共存的反贫困合作框架。

（1）在"一带一路"框架下做好中国与中东欧国家反贫困合作的"顶层设计"。

中国和中东欧国家间的反贫困合作是关乎双边和多边关系的大事，必须从全局出发，对反贫任务和反贫困项目进行全方面、各层次、各要素的统筹规划，集中双方有效资源，快捷高效地实现减贫目标。具体而言，第一，从中东欧国家区域发展整体性角度出发，结合当地具体情况，做好全局性反贫困性合作开发的顶层设计，做好长、中、短期的反贫困合作规划，制定开展反贫困合作的具体方向、可行做法和最终目标。第二，在"一带一路"和"17+1"合作框架下，双边政府签署反贫困合作开发协议，制定相应的反贫困合作法律规章制度，明确合作规则、框架思路，对扶贫项目做到具体规划，使反贫困合作项目能够合法、合规、有条不紊地进行。第三，明确双方反贫困合作的重点领域，集中资源打造重点合作项目，设定分级和分阶段的合作目标，制定切实可行的合作路径，制定合作保障机制、评价系统等，保证重点合作项目保值、保量和保时完成。第四，在关注重点项目的同时兼顾局部项目。在充分发挥各国优势的基础上，进行优势互补，寻求各方反贫困合作的契合点，在局部做好反贫困项目的衔接，分层实施，使反贫困项目惠及各个区域的人民。第五，制定双边反贫困项目的监督机制和反馈机制。监督机制用以保证双方反贫困合作行动落到实处，监督项目资金具体使用情况、项目开发进度，发现项目开发过程中出现的问题等；反馈机制用以巩固脱贫成效和脱贫经验的学习传播和失败经验的总结，从而将反贫效应最大化，失败损失降到最低。

（2）完善中国与中东欧国家反贫合作政府间的对话机制。

国家间反贫困合作往往会遇到政治、文化和经济上的束缚，因此需要双方政府广泛进行合作对话，协商解决，确保合作稳定进行。首先，中国和中东欧国家充分利用"17+1"合作平台加强双方政府间的沟通，了解双方合作的诉求，共同制定双方反贫困合作的政策规划，充分发挥双方政府的领导作用，给双方反贫困合作提供政治支持和政策引导。其次，双方政府可以广泛进行领导人会晤，开展部长级会议，对中国对外反贫困合作所蕴含的"共赢""互利"和"包容性"理念进行充分阐释，在政治上达到相互尊重和相互信任，在经济上做到互利共赢，与中东欧国家展示中国反贫困合作共建人类命运共同体的诚意，努力消除双方合作中的政治和文化上的壁垒，减少双方合作的制度成本。最后，充分利用国际现有反贫困合作平台，以开放包容的态度吸纳国际反贫困合作的经验和做法，探索和建立双方反贫困合作的新机制。为此，需要双方利用好联合国及联合国下属组织的国际援助，引进新的反贫困合作理念和方法，更加高效地利用反贫资金，在新的反贫困合作机制上，广泛进行交流、合作、研究、创新。

（3）建立中国与中东欧国家反贫困合作运行机制、效果评估和退出保障机制。

反贫困合作是一项长期性的工程，合作工作必须有一条完整的链条链接，以保证各项工程的连续运行。因此，需要建立一套完整的运行机制、监督评价机制、退出保障机制，以保证反贫困合作的可持续性。具体而言，首先，以政府为主导、企业为核心、民间为补充参与力量，政府通过会晤等方式与中东各国签署行动项目，利用协商等方式给企业优惠政策，从而推动双方企业积极参与双方的扶贫合作项目，同时搭建反贫困合作民间交流项目，鼓励民间力量参与反贫困合作行动。其次，通过当地实际情况，进行调研、测算，为双方反贫困合作制定科学可行的评估指标，涵盖经济、文化、生态、精神等方面。最后，对于已经完成的反贫困合作成果进行多阶段的退出保障记录，可以由当地的官员成立对应的反贫困合作委员会，定期对已经反贫的地区进行回测，以保证反贫成效的长期和可持续。

（4）积极推进中国与中东欧国家基础设施建设和互联互通，提高贫困地区自我造血能力。

落后的基础设施对中东欧地区资本、货物、技术和人才流动产生了严重的影响，隔绝了落后地区和外界的联系，加剧了中东欧地区间的贫富差距。因此，中国与中东欧国家合作的重点可以向基础设施建设上移动。首先，双方可以加强在农村贫困地区的电网、电信、铁路、公路、港口、航站等通信和交通基础设施的建设，实现信息快速传播，消除通信盲区，实现经济贸易的畅通无阻。其次，加强双方在重大基础设施上的投资合作，例如大型港口、航运基地、高速公路等，提供大批就业岗位，通过以工代赈的方式提高当地人民的收入，减少贫困。最后，以基础设施建设合作为基础，拓宽相关产业和项目间的合作，例如，汽车、货运、电商、石油等领域的合作，带动当地经济活力，提升当地产业结构升级，促进当地经济发展。

（5）积极推进中国与中东欧国家农产品贸易合作，促进农村发展。

积极推进中国与中东欧国家农产品贸易合作，有利于增加就业岗位，激发市场活力，促进双方经济发展。首先，推行新型的贸易合作渠道。在完善"17+1"农业贸易通道、运输、存储、冷冻物流等基础设施体系的建设上，积极推进农业跨境电子商务模式，打造便利的跨国农业贸易渠道，扩大双边贸易规模和贸易范围。其次，加强双方农产品贸易合作协商，避免贸易政治壁垒。加强与沿线国家农业贸易合作的商谈，共同商定农产品检疫标准、流程等，防范农业绿色壁垒，减少贸易摩擦，提高合作双方农产品安全水平。最后，制定贸易合作优惠政策，例如，关税减免、进出口补贴、农产品绿色通道等，促进双方贸易往来。

（6）重视教育扶贫和中国与中东欧国家人文交流，增加贫困地区人力资本的投入，从根本上断绝贫困代际传递。

教育落后是贫困产生的一个重要因素，让贫困地区的人民接受良好的教育，是双方反贫困合作开发的重要任务，也是阻断贫困代际传递的重要途经。首先，借助"17+1"平台，广泛开展的社会文化交流活动，双方致力构建跨国跨地区教育合作机构，探寻教育新思路、新方法、新理念和新内容，使教育合作与当地实际情况相符合，丰富教育内涵，充分发动教育对社会文明和经济发展的支持作用。其次，加强中国与中东欧的职业教育合作培训，培训包含农业领域和建筑领域以及当代火热的数字领域等方面的技术。最后，充分发挥中国与中东欧人文交流的作用。通过孔子学院、互联网新媒体等文化交流平台传播中国反贫困合作的理念，推动"中国-中东欧国家教育政策对话"机制的构建。同时，中东欧国家可以利用本地区的文化旅游资源，发展具有当地特色的文化产业。

8 中国与中东欧国家农业合作机制建设与国际经验借鉴

8.1 中国与中东欧国家农业合作机制建设现状

8.1.1 双边农业合作机制建设背景

中国-中东欧国家合作机制（"17+1合作"）从无到有，再到深入发展，从多方面推动了中国与中东欧国家的务实合作，展现出了较强的发展韧性。从发展历程看，中国-中东欧国家合作大致经历了启动期（2011—2012年）、黄金期（2012—2017年）和深水期（2017年至今）三个发展阶段，其中2012年和2017年是具有转折意义的两个年份，前者标志着该机制正式启动，后者则见证了其受内外环境影响而出现波动起伏。当前，中国与中东欧国家合作已经迈入深水区，"17+1合作"机制建设也面临更多的困难和阻力，特别是在"一带一路"背景下积极推动双边合作的高质量发展尤为关键。

8.1.1.1 双边农业合作机制建设历程

（1）启动期（2011—2012年）。

中国与中东欧国家于2011年启动了经贸领域的正式对话，经过一年的酝酿，于2012年正式启动中国-中东欧国家合作机制。中国-中东欧国家合作的起步离不开中国经济高速发展的时代背景。在"十一五"规划（2006—2010年）期间，中国经济的快速发展为中国开展与中东欧国家经贸合作提供了重要动力。中国GDP占全球经济的比重从2006年的4.9%猛增至2010年的9.3%，外汇储备达到近3万亿美元。2010年中国GDP超过日本，成为世界第二大经济体。就中国企业来说，基础设施建设、装备制造业等领域的企业获得较大发展，已具备了较强的国际竞争力。因此，中国政府在制定"十二五"

规划时，决定加快中国企业"走出去"步伐，增强企业国际化经营能力，培育一批具有世界水平的跨国公司；统筹双边、多边、区域及次区域开放合作，加快实施自由贸易区战略，推动同周边国家互联互通。

2011年是中国"十二五"规划开局之年，也是中欧关系发展的一个重要节点。自2004年欧盟东扩以来，中欧经贸合作持续发展，欧盟长期保持中国第一大贸易伙伴地位，中国也长期保持欧盟第二大贸易伙伴地位。然而，2006年10月欧盟出台了第六个对华政策文件——《欧盟与中国：更紧密的伙伴、承担更多责任》，在对华政策上出现了一些重要变化，导致中欧双方在经贸和政治领域的分歧和摩擦增多。欧盟在中国核心利益上屡屡踩踏红线，损害了双方关系。2008年以来，全球金融危机和欧洲债务危机爆发，乌克兰危机、难民危机等因素持续对欧盟造成冲击，导致其内部矛盾重重，经济发展陷入困境，欧盟被迫将关注重点集中于内部事务和周边问题。中东欧国家由于受到债务危机影响，开始寻找新的发展机会，中国取得的瞩目经济成就引起了其强烈兴趣和极大关注。

中欧实力的"一升一降"、欧盟对华政策发展走向以及双方关系中暴露出的诸多问题，使得中国开始重新审视对欧关系，即在维持中欧经贸关系正常发展的同时，需要发掘双方合作新领域和新增长点，充分考虑欧盟内部的差异性和不同诉求，着力构建一种更加全面、平衡和可持续的中欧关系。由此，推动同欧盟内部的次区域合作成为中国发展对欧关系的新视角。面对欧洲核心国家无暇顾及中东欧地区、中东欧国家为摆脱经济困境希望发展更广泛的对外合作关系等契机，中国抓住了同中东欧国家发展合作关系的窗口期，成功启动了中国-中东欧国家合作。

2011年召开的中国-中东欧国家经贸合作论坛，可以看作是中国-中东欧国家合作启动的一部分，也是正式机制化前的重要预演。2011年6月，时任中国国务院总理温家宝访问匈牙利，迈出了中国-中东欧国家正式开展经贸合作的第一步。中国提出中东欧国家位于欧洲心脏地带，交通四通八达，是联系东西方市场的桥梁。中国企业到中东欧国家发展转口贸易和投资合作，可以节约大量商务成本，可以融入欧盟内部的产业分工体系，可以利用欧盟的优惠政策共同开拓西欧市场，实现互利共赢，中东欧国家可以成为中欧合作的桥头堡。同时，中国强调把中东欧国家视为可信赖的朋友和重要合作伙伴，无论是实施外贸市场多元化战略，还是实施企业"走出去"战略，中国都把中东欧地区作为战略重点。上述表态为双方正式开展合作奠定了良好基调，中国提出了很多具体合作建议。比如中国将加大对中东欧地区的基建投资力度，成立专门的投资基金等，这些举措为2012年中国-中东欧国家领导人会晤打下了坚实基础。

2012年4月，中国-中东欧国家合作（"16+1合作"）正式启动，中东欧国家积极性很高，波兰牵头承办了第一届峰会活动。可以说，2012年中国与中东欧国家领导人华沙峰会是一场非常务实高效的会议，此次会议提出的包括在中国外交部设立中国-中东欧国家合作秘书处，设立100亿美元专项优惠贷款，建立中国-中东欧投资基金等在内的十二项举措，深刻影响到未来几年中国-中东欧国家合作的发展进程。

（2）黄金期（2012—2017年）。

与其他区域合作框架不同，中国-中东欧国家合作一设立就进入黄金发展期，双方合作推进的深度、广度和影响力都达到了较高水平。尽管合作中仍存在一些问题，但中国与中东欧国家合作取得的成就十分瞩目，具体体现在以下几个方面。

第一，推动形成了一系列重要成果。这一时期，中国-中东欧国家合作机制不断完善，涵盖旅游、基建、金融、农业、智库等领域的各种专业性合作平台陆续建立，参与的主体日益增多。在中国-中东欧国家合作机制的推动下，中国企业积极到中东欧国家投资兴业。在100亿美元专项优惠贷款的推动下，中国和中东欧国家经贸合作规模不断攀升，包括黑山南北高速公路、波黑斯塔纳里火电站等一系列大型基建、能源投资项目陆续启动。在两期中国-中东欧投资基金的推动下，一些中小型投资合作项目也纷纷落地中东欧国家。与此同时，在双方政府的鼓励下，中国和中东欧国家人文交流发展迅速。中国赴中东欧国家旅游人数快速增长，塞尔维亚、黑山、波黑、阿尔巴尼亚等国均采取对中国实行免签或季节性免签政策。为进一步促进双方人文交流活动，中国开通了多条对中东欧国家的直航航线，中国各大金融机构也在中东欧国家设立了分支机构，以服务日益增多的企业投资和人员往来。同时，中国和中东欧国家教育合作也进入了活跃期，中国高校纷纷设立语言教育机构、合作交流项目以及涉及中东欧的区域和国别研究院（所）。中国智库机构开始设立中东欧研究中心和研究网络，并在短时间内获得较大发展。此外，中国的中医药也开始走进中东欧国家，推动了中国文化"走出去"。双方人文交流的积极态势同样激发了中东欧国家参与合作的积极性，中东欧各国纷纷牵头举办峰会，在不断扩大自身影响力的同时，助推中国-中东欧国家合作迈上新台阶。

第二，搭乘"一带一路"建设快车，深入推进互联互通合作。2013年9月，习近平主席提出"一带一路"倡议，旨在积极发展与沿线国家的经济合作伙伴关系，共同打造政治互信、经济融合、文化包容的利益共同体、责任共同体和命运共同体。"一带一路"倡议将中东欧 16 国纳入"一带一路"沿线国家行列，中东欧国家得以充分发挥地缘优势，成为推动互联互通的重要枢纽。"一带一路"倡议提出的各项举措持续为中国-中东欧国家合作赋能，激发了双方的合作潜力。匈塞铁路、中欧陆海快线等项目纷纷上马，中欧班列陆续开通，提升了双方合作的水平。特别是中国在巴尔干地区多个基建项目的落地，推动了当地基础设施的快速发展，受到国际舆论的广泛关注。继"务实合作"之后，"互联互通"成为中国-中东欧国家合作的另一个重要标签。

第三，高层频繁互访提升了中国-中东欧国家合作热度。这一时期，习近平主席和中东欧国家领导人开展了频繁密集的互访，有力提升了双边战略合作水平。2016 年，习近平主席到访捷克、塞尔维亚、波兰三国，与三国缔结或加深了战略伙伴关系。中东欧国家高层或政要也借着中国-中东欧国家领导人会晤、首届"一带一路"国际合作高峰论坛等时机接踵访华。在双方领导人的政治引领下，中国和中东欧国家在诸多领域达成重要共识，双方合作不断产生高质量成果。2015 年，中国与中东欧国家领导人苏州峰会出台了《中国-中东欧国家合作中期规划》，全面总结了合作成果并对未来合作方向进行安排，指出"16+1 合作"不替代现有双边合作机制或平台，二者应该相互补充、相互促进，加快提升中国同 16 国关系水平和规模；"16+1 合作"将与欧盟重大倡议和规划对接，有效促进中欧和平、增长、改革、文明四大伙伴关系，欢迎和支持建立中欧互联互通平台；"16+1 合作"充分把握"一带一路"建设带来的重要契机，不断拓展合作空间，同时为"一带一路"建设做出更多贡献。

中国-中东欧国家合作之所以能够在这一时期取得长足进展，除了各合作方积极参与和共同努力外，还有赖于良好的外部环境。首先，中国经济在2012—2017 年表现亮眼，对外投资支撑政策纷纷出台，"一带一路"倡议有序推进，推动中国-中东欧国家合作快速前行。其次，欧盟虽然日益关注中国-中东欧国家合作给自身带来的潜在风险，如是否违背欧盟规则、是否会造成欧盟"分裂"等，但其从立法到实际行动并未进行公开干预。除了在不同场合表达关切外，欧盟在某种程度上也希望中国-中东欧国家合作能够取得实效，以推动欧盟经济整体复苏，这在客观上为中国-中东欧国家合作创造了条件。再次，美国虽然高度关注中国-中东欧国家合作，但并未公开做出实质性干预举措。这一时期，美国内部正在对内外政策进行深入反思和辩论。奥巴马政府自 2012 年开始实施"亚太再平衡战略"，将战略重心转向亚洲，收缩了在欧洲的力量部署。在此背景下，中国和美国在中东欧地区的"一进一出"在某种程度上避免了双方在该区域产生过多的利益冲突。

值得注意的是,伴随着中国－中东欧国家合作走进"黄金期",一些潜在的问题也逐渐浮出水面,如中东欧国家合作成果不均衡,一些国家落地成果少、融资障碍没有解决,相关旗舰项目进展缓慢,部分中东欧国家与中国的贸易逆差持续拉大等。但总体来看,这一时期中国－中东欧国家合作面临较好的外部环境,取得了前所未有的成就。

(3)深水区(2017年至今)。

2017年以来,中国－中东欧国家合作仍旧取得了积极进展。双方在经贸和投资等领域的务实合作成果颇丰,中国企业在西巴尔干地区投资持续增多,尤其是对塞尔维亚的投资合作项目纷纷落地。在大项目合作上也不乏亮点,中国企业承建的克罗地亚佩列沙茨大桥项目成为中国在中东欧国家首个竞标成功并获得欧盟资金支持的项目;中国企业对希腊比雷埃弗斯港项目持续投资并获得积极收益;匈塞铁路项目虽然遇到困难但仍在有序推进。中国和中东欧国家的人文交流合作也保持较高水平。中东欧国家先后举办了2017年中国与中东欧国家领导人布达佩斯峰会、2018年中国与中东欧国家索菲亚峰会以及2019年中国与中东欧国家领导人杜布罗夫尼克峰会,特别是希腊在2019年作为正式成员加入了中国－中东欧国家合作,使得"16+1合作"升级为"17+1合作"。此外,中国和保加利亚于2019年将双边关系提升为战略伙伴关系,中国与中东欧国家伙伴关系网络越织越密。但与此同时,中国与中东欧国家合作的内外环境发生了深刻变化,合作中出现的不确定因素增多,外部因素与国内问题叠加,导致合作难度加大。

第一,中欧关系出现变化。2019年3月,欧盟发布《欧盟－中国战略展望》报告,对中欧关系做出四个定位,即在不同政策领域的合作伙伴、用来平衡各方利益的协商性伙伴、在追求科技领导权上的经济竞争者以及推广不同治理模式的体系性对手。此外,欧盟多次质疑中国－中东欧国家合作动机并加大干预力度,如出台投资安全审查机制,并对中国在中东欧国家投资火电等能源项目加强环境审查力度;对未入盟的西巴尔干国家增加新条件限制,提防第三方的安全威胁。尤其是在市场准入、知识产权保护、政府采购等方面,欧盟以片面强调同中国合作的互惠性和对等性为由横加干扰。

第二,中美形成全方位竞争对中国－中东欧国家合作带来较大冲击。奥巴马时期采取的"亚太再平衡战略"虽意在遏制中国全面发展,但其在具体实施上较多采取渐进灵活的方式,避免与中国发生直接冲突。但特朗普上台后,于2017年3月宣布正式终结"亚太再平衡战略",并对中国开展大规模的贸易战。美国对华政策进入全面、直接遏制的新阶段。在此背景下，美国加大了对中东欧区域的干预力度，对中国与中东欧国家合作直接施加压力。美国政府高官频频造访中东欧国家，大肆散播信息安全、"中国威胁论"等论调，宣传中国在中东欧制造"债务陷阱"，造成地缘政治紧张等，特别是企图以信息安全为由绑架中东欧国家对华政策。在美国的压力下，部分中东欧国家对华政策的两面性上升，恶化了中国-中东欧国家合作的外部环境。

第三，中东欧国家内部对合作的"杂音"增多。部分中东欧国家受到欧美反华舆论宣传的影响，对中国与中东欧国家合作的疑虑上升，一些欧洲智库在其中扮演了急先锋的角色。比如由波兰、匈牙利、捷克、斯洛伐克中欧四国智库承接的"中国影响力"项目和"中国观察者"项目，以及德国墨卡托研究所发布的一系列报告，不断抹黑中国-中东欧国家合作成果，使得中国-中东欧国家合作面临的舆论压力不断攀升。

第四，中国经济全面步入新常态给中国-中东欧国家合作带来影响。由于国内外形势发生深刻变化，中国经济正由高速增长阶段转向高质量发展阶段，长期积累的矛盾与新问题新挑战交织，导致中国经济下行压力有所加大。在国内调整结构和转变增长方式的大背景下，中国对外投资和经贸合作更加强调高质量发展，对长期经济发展带来利好的同时，也难免引起一些短期调整的阵痛，从而给中国-中东欧国家合作带来了一定的压力。特别是2019年年底爆发的新型冠状病毒感染进一步增大了中国和中东欧国家经济发展和投资合作的阻力，使得中国-中东欧国家合作继续在深水区徘徊。

8.1.1.2 双边农业合作机制发展基础

近年来，中国与中东欧国家以合作机制建设为基础，双方关系不断深化拓展，呈现出越来越旺盛的生命力和强大的吸引力。主体上，形成了政府主导、民间参与的模式；渠道上，形成了从中央到地方、从官方到民间，涵盖诸多领域的多元沟通交流方式；内容上，覆盖贸易、投资、基础设施建设等多个领域。

第一，国家外交的作用。中东欧并非铁板一块，从二战开始，以前与苏联的关系以及现在与欧盟的关系都很有特点，并非统一的欧洲模式或苏联模式，亲美反美、亲俄反俄的立场都有。对中国态度不是极端化，主要采用务实态度，重点考虑经济上的好处。

第二，区域跷跷板的效应。中国与中东欧合作是中欧关系的重要组成部分，中国与中东欧国家之间的投资体量很小，虽不及中国与英国的10%，但有四两拨千斤的作用，可起到用中东欧国家削减欧盟对华消极影响的作用。

第三，利益差异化明显。中东欧对与中国开展经济合作存在预期偏差，中国对中东欧不同国家投资不等，利益差异分化明显，影响了各国的积极性。2012年至今，中东欧合作没有达到预期效果，中国对中东欧的投资既不如欧盟对其投资，甚至比不上日韩在中东欧的投资。

第四，市场依赖倾向严重。中东欧国家对与中国开展合作确实存在大国没有小国受益大的现象，波兰、捷克认为中东欧合作挤占双边合作资源，有明显的等靠要思想；而塞尔维亚、斯洛文尼亚等国因人口少、经济体量小，明显感受到了来自中方投资的益处。

8.1.2 双边农业合作机制建设现状

8.1.2.1 国家层面及地方省市级层面的合作机制

目前，中国与中东欧国家的农业合作已经从起步时仅8国参与发展，到建立"三位一体"平台模式。2006年，第一届中国-中东欧国家农业合作论坛在北京举办。起步之初，虽然仅有8个国家40多位代表出席，却表现出了强劲的生命力。之后，参与国家越来越多，活动级别越来越高，代表们介绍各国农业现状和发展战略，总结年度合作成果，共同谋划合作路径，论坛成为促进中国与中东欧国家农业合作的重要平台。2012年，中国-中东欧国家领导人会晤机制建立，农业合作论坛被正式纳入总体框架之下。随着国家层面的合作不断深化，以及与"一带一路"深度对接，中国-中东欧国家农业合作机制日益成熟。

中国-中东欧国家领导人会晤机制信息见表8.1。

表8.1　中国-中东欧国家领导人会晤机制信息

时期	地点	会议主题	达成项目及取得的成效
第一次 （2012.4）	波兰		规划与拓展了中国与中东欧16国互利合作的前景与未来。时任国务院总理温家宝宣布了中国关于促进与中东欧国家友好合作的12项举措，并就推进中国与中东欧国家关系提出四条原则建议
第二次 （2013.11）	罗马尼亚		李克强总理出席会晤并提出"三大原则"和六点建议。会晤后，双方共同发表《中国-中东欧国家合作布加勒斯特纲要》。根据《纲要》，中国-中东欧国家每年举行领导人会晤，梳理合作成果，规划合作方向
第三次 （2014.12）	塞尔维亚	新动力、新平台、新引擎	中国与中东欧16国共同发表《中国-中东欧国家合作贝尔格莱德纲要》

时期	地点	会议主题	达成项目及取得的成效
第四次 （2015.11）	中国	新起点、 新领域、 新愿景	共同发表《中国-中东欧国家合作中期规划》和《中国-中东欧国家合作苏州纲要》
第五次 （2016.11）	拉脱维亚	互联、 创新、 相融、 共济	①2015年苏州会晤以来，中国按照《中国-中东欧国家合作中期规划》的大方向，全面落实16+1合作框架，开放包容，扎实推进，取得了丰硕成果。《中国-中东欧国家合作苏州纲要》确定的50多项举措已基本落实。 ②就"16+1合作"未来发展提出建议：一是深化基础设施和互联互通合作。二是发挥好金融合作的支撑作用。三是开拓绿色经济合作新空间。四是进一步密切人文领域交流合作。 ③会晤后，中国同中东欧16国共同发表《中国-中东欧国家合作里加纲要》和关于开展三海港区基础设施、装备合作的联合声明。各国领导人共同见证了中国与16国签署合作协议，涵盖互联互通、产能合作、基础设施建设、人文、人力资源、民航合作等多个领域
第六次 （2017.11）	罗马尼亚		会晤后，中国同中东欧16国共同发表《中国-中东欧国家合作布达佩斯纲要》。各国领导人共同见证有关"一带一路"、互联互通、产能合作、基础设施建设、金融、质检、人文等领域多个合作文件的签署
第七次 （2018.7）	保加利亚		中国同中东欧16国共同发表《中国-中东欧国家合作索菲亚纲要》。各国领导人共同见证"一带一路"、交通和能源基础设施建设、工业园区、金融、教育、文化、质检等领域20余项合作协议签署。李克强与鲍里索夫共同为中国-中东欧国家农业合作示范区揭牌
第八次 （2019.4）	克罗地亚	搭建开放、 创新、 伙伴之桥	会议欢迎希腊作为正式成员加入"16+1合作"。随着希腊的加入，"16+1"这个中国同中东欧国家开展合作的平台，将变为"17+1"

资料来源：根据中国-中东欧国家合作论坛相关新闻报道整理得出。

8.1.2.2 跨国企业层面的合作机制

从跨国企业来看，最重要的农业合作机制就是投资。跨国公司的投资不仅是建立当地的销售公司，而且要建立区域配销中心。制造业也是可以考虑投资的方向之一，特别是在电子产品、IT技术和汽车行业。采矿业方面，中国公司可以投资塞尔维亚采矿中心波尔盆地，这是欧洲最大的铜矿所在地。另外，服务业也是中国公司投资的重要方面，特别是金融领域，中国的银行可以在当地进行注册，并向中国的公司提供服务。目前中国银行已经在布达佩斯进行了注册，开了他们的第一家分行，工商银行也将在这一区域拓展业务。

8.2　中国与中东欧国家农业合作机制建设成效

经过不断地磨合与发展，现今，中国-中东欧国家农业合作机制建设取得了较大的成效。

8.2.1　合作平台与基础建设

建立"三位一体"平台模式。2016 年，中国-中东欧国家农业合作经贸论坛期间，双方首次召开农业部长会议，同期还举办了中国国际农产品交易会。通过此次论坛，双方建立了每年召开农业部长会议的长效机制，形成了农业部长会议、农业合作经贸论坛和农产品博览会"三位一体"的模式。

建立有效的协调机构。在中国农业农村部主导下，中国与中东欧国家农业合作促进联合会于 2015 年 6 月成立。该联合会定期组织召开咨询委员会会议，每年召开两次，对农业合作进行具体指导。

建立稳固的双边合作基础。近年来，中国农业农村部已与 15 个中东欧国家签署了 40 多份双边农业合作协议，与保加利亚、匈牙利、波兰、斯洛伐克、斯洛文尼亚和克罗地亚等中东欧国家农业部建立了农业合作工作组。13 年间，从最初的携手同行，到不断创新，打造出农业合作的亮丽名片，中国-中东欧国家搭建起了越来越坚实的农业合作保障机制。

8.2.2　合作协商机制载体的建设及成果

中国-中东欧国际农业合作示范区的建成。2018 年 7 月 7 日，第七次中国-中东欧国家领导人会晤期间，首个中国-中东欧国家农业合作示范区在保加利亚揭牌。该示范区是一个实体化运作的多边区域合作平台，旨在探索建立中国-中东欧国家农业合作示范推广新模式，以传统种植和贸易为基础，发展"种、养、加"全产业链农业。同年 11 月 8 日，中国首家"16+1"农产品电商物流中心与展示馆在深圳盐田港隆重开馆。项目以中国-中东欧国家农业合作机制为依托，通过开展跨境贸易展示交易、金融结算和物流集运一体化综合服务，搭建多方贸易平台，推动中东欧国家的高品质农产品进入中国市场，以满足国人不断升级的消费需求。首个示范区带动企业开展产能合作，实现了贸易额从 4.5 亿美元增至 12 亿美元，证实了中国-中东欧国家农业互促共进的目标。

中国-中东欧国家农业合作经贸论坛的举办。每届经贸论坛上，设置专题推介、项目洽谈板块，各国代表、经销商热烈交流，达成众多采购合作协议；农交会上，为中东欧国家免费设立的"精品农产品专门展区"，数百种优质农产品吸引着采购商们驻足；在全国农业展览馆内，长期免费提供场地展示中东欧各国优质葡萄酒及其他农产品，帮助其推介展示。此外，近年来中方还积极回应中东欧国家关切，签署了十余个动植物产品输华检疫议定书……积极推动中国有实力、信誉好的涉农企业到中东欧国家投资，真诚欢迎更多中东欧国家特色优势农产品出口到中国。一系列举措有力助推着中国-中东欧国家的农业务实合作。中国市场上的中东欧农产品也越来越多，给双方带来了实实在在的好处，既丰富了中国消费者的多样化选择，也为中东欧国家企业和农民带来了商机。据统计，中国-中东欧国家农产品贸易长期持续增长，农产品贸易额从2006年的4.5亿美元增加到2018年的12亿美元，同比增长165%以上，尤其是葡萄酒、特色农畜产品、水产品等贸易额大幅提升。与此同时，有更多的中国涉农企业到中东欧国家进行农业投资，合作领域不断拓展。目前，天津农垦集团、安徽丰原集团等企业已在保加利亚、波兰等国投资设厂，提升了当地产能，增加了就业，带动了当地发展，实现了互利共赢。

共建联合实验室，建立科技促进中心，推动各领域深度合作。在"16+1"合作机制下，农业科技和创新合作成为重点领域，先后被纳入中国-中东欧国家领导会晤后联合公布的《贝尔格莱德纲要》《苏州纲要》《索菲亚纲要》《杜布罗夫尼克纲要》等重要成果文件中，得到了各国领导人的高度关注和一致认可。近年来，中波农业科技促进中心、中匈科技促进中心、中塞玉米中心等相继建立，并且已经开展了行之有效的合作。此外，中国农科院与捷克作物科学研究所签署协议，在油菜与果树栽培育种及人才交流培养方面达成共识；中国农科院与保加利亚普罗夫迪夫农业大学签署谅解备忘录，在果树育种栽培方面开展合作研究；中国水产科学院与匈牙利研究机构签署协议，建立了中匈鱼类免疫药理学国际联合实验室……每届农业部长会议上，双方都围绕粮食安全、气候变化、智慧农业等重点热点问题展开讨论时，农业科技合作都是重要话题。中方强调，中国与中东欧国家应特别重视农业领域的理念、科技和机制创新，进一步加强双边农业科技交流和合作，共享农业创新成果，加快各自农业发展。

8.3 中国与中东欧国家农业合作机制建设的有效模式

8.3.1 "16+1"环保合作机制

2018年9月,以"未来的遗产"为主题的中国-中东欧国家环保合作部长级会议在黑山首都波德戈里察举行。会议发表了主席声明,通过了《关于中国-中东欧国家环境保护合作的框架文件》,并启动了"16+1"环保合作机制。"16+1"机制是促进中国与中东欧国家互信合作的平台。在环保领域,这一框架作为连接欧洲与遥远中国的纽带,对所有参与国都至关重要,为其他全球利益相关者采取负责任的态度,以构建我们共同的未来增加了动力。中东欧国家是"一带一路"倡议的重要合作伙伴,绿色"一带一路"建设将为各方生态环保合作提供广阔的舞台。在这一背景下,建立"16+1"环保合作机制恰逢其时,有利于各国共同应对大气污染防治、固体废物管理、气候变化和生物多样性保护等挑战,为"16+1"合作注入新动能。

8.3.2 中东欧国家农业合作示范区

2018年7月7日,国务院总理李克强在出席第七次中国-中东欧国家("16+1")领导人会晤期间,与保加利亚总理鲍里索夫在索菲亚共同为首个中国-中东欧国家农业合作示范区揭牌,中东欧国家领导人共同见证了揭牌仪式。这意味着中保乃至"16+1"农业合作迎来加速推进的重要机遇期,双边农业务实合作将进一步走向深入。首个"16+1"农业合作示范区的定位与发展目标为"一堡四区",即中国农业企业与中东欧16国及欧盟农业合作的"桥头堡";中国先进农业品种、技术、装备和管理等在"一带一路"沿线的"展示区";国内先进农业产能在欧洲合作的"承接区";推动中保、中欧、中外农产品贸易和电商物流的"先行区";农垦体制改革境外先行先试的"试验区"。未来,示范区将以传统种植和贸易为基础,促创新、调结构,大力增加"名、优、特"经济作物种植构成,发展"种、养、加"全产业链农业。

8.3.3 中小企业跨境合作产业园区平台建设合作

中欧(江门)中小企业国际合作区,简称中欧合作区,地处中国东南部沿海城市江门,面积9 504平方千米,人口450万,由国家工信部中小企业发展促进中心、中国中小企业国际合作协会与江门市人民政府共同规划建设,于

2016年4月获国家工信部正式批复同意建设，成为全国第5个中外中小企业合作平台。中欧合作区以"一心+一区+N基地"模式，"全域联合"打造对接欧洲高端资源的重大平台，是国家小微企业创业创新的样板和新时期中欧产业合作的重要平台，是广东省"珠西战略"和江门市委、市政府"重微双驱"战略的重要组成部分。中欧合作区依托江门雄厚的制造业基础，重点引进轨道交通装备、重卡和商用车、新材料新能源及装备、大健康装备、教育装备、智能制造装备、光机电一体化、物流等产业，促进中欧中小企业的产业、科技、资本、信息、人才的融合，成为江门市争先进位的新引擎和经济增长极，珠江西岸先进装备制造产业带示范区，国家创新驱动和绿色集约发展引领区。

8.3.4 "家庭农场+合作社+超市"合作模式

中国在中东欧国家建立家庭农场，并联合当地农户成立合作社，再通过与超市签订联合订单将产品销往本国和国际市场。这种模式可以把订单农业与现代商业经营业态有机结合，节约流通成本，提高经济效益。与中东欧地区开展相关合作有利于整合双边资源，实现优势互补，更好地开展农业合作。

（1）建立"家庭农场+合作社+超市"合作模式的基础。

中东欧地区土地资源丰富。中东欧16个国家中有12个人均耕地面积在欧盟平均水平之上，除黑山之外的其他国家人均耕地面积均高于中国，且当地肥沃的土地和丰沛的水资源为农业生产打下良好基础。近些年，已加入欧盟的中东欧国家受传统欧盟农业补贴政策的影响，耕地闲置率增高。这些为在东欧地区合作建立家庭农场及开展农业加工业提供了有利条件。

中东欧国家农产品优势明显。中东欧国家盛产品种丰富、各具特色的农产品。波兰、保加利亚等中东欧国家曾被称为欧洲的"果园""菜篮子"。"场社超"模式适合蔬菜、水果等高收益性的农产品，这与东欧国家农产品产出优势相符。通过与超市建立供求关系，根据订单由合作社组织农户进行有计划的生产，减少中间流通环节，节约成本，同时保证了供给产品的新鲜、安全，提高了生产效率。

符合欧盟关于食品安全问题的诉求。"场社超"模式下由合作社实行食品供应链的综合管理，保证从农场到餐桌整个食物链的全面控制和监督，确保产品具有可追溯性，这与欧盟对食品安全管理的要求不谋而合。2008年1月起欧盟实行新食品安全法，更加关注食品安全、动物福利等问题，强调生产过程的可追溯管理与食品的可追溯性。新安全法对内使得中东欧各国和农民有动力提高卫生和环境标准，促使各国农业在食品生产中大幅提高安全及环境标准；

对外则提高欧盟市场准入标准，对中国肉类及其他农产品出口提出更高要求，限制了出口规模，甚至导致一些产品被迫退出原有欧洲市场。而通过在中东欧国家设立"场社超"模式，探索中国与中东欧农业合作新方式，可以更好地利用中东欧国家本土环境和卫生方面的便利条件，弥补中国在此方面的不足，拓展中国在欧盟市场的业务。

（2）中国与中东欧农业合作在"场社超"模式下的现实意义。

对中东欧国家而言，这种模式下的积极影响表现为以下方面：①中方农机技术将推动中东欧国家农业生产效率提高。中国已成为世界第一农机制造大国和使用大国，联合收割机、植保机械、农用水泵等产品产量居世界第一位（张希颖等，2019）。而大部分中东欧国家农业基础设施及工业化水平相对较低，通过设立农场并引进先进农机设备，以合作社资源共享方式为提高当地生产效率带来更多动力。②合作社模式有利于解决中东欧地区土地细碎化问题。20世纪90年代初期，农地改革是各国农业转向市场经济体制的重要部分，这也造成中东欧各国土地出现不同程度细碎化。中东欧大部分国家的家庭农场规模较小，且生产效率较低，而在合作社模式下双边可以较好地整合土地及其他农业资源，实现规模生产。

该模式下可以实现生产成果与当地人共享。一些中东欧国家常常存在对外资的偏见，这对中资项目的开展造成一些阻碍。而在"场社超"模式下，产出农产品可以与当地超市签署订单，实现部分产品在当地出售，由此，中国带去的先进农业科技成果会通过超市这个大平台分享给当地人，使当地人享受农业合作带来的福利。当地农场通过与中国设立的家庭农场共同参与合作社的方式，促进农业交流，互相借鉴，共同打造具有特色的农业产品供当地人共享成果。

对中国而言，与中东欧农场共同建立合作社，实现风险分散。农业投资受外部环境影响大，成本和风险高，因此为了减少单个公司参与市场竞争的风险与不确定性，加入合作社与当地家庭农场联合生产不失为一个好的解决办法。通过参与合作社，中资企业可以更快更好地融入市场环境，从而找准方向，发挥自身优势，提高自身市场竞争力，并借助超市订单的方式保障产品销路，为企业减轻负担。

为中国其他行业在当地投资提供更多信息。由于中东欧16国不是长期形成的稳定共同体，多样性、差异性非常大，所以在进行投资时必须因地制宜。中国-中东欧投资合作目前仍处于起步阶段，且绝大部分投资集中在个别国家，中资企业对中东欧市场仍不够了解。因此，与当地更好地联合则为实现信息共享提供了便捷方式，有助于了解当地法律政策、经济环境及自然环境等影响因素，为其他企业投资设厂提供可行性建议。

8.4 中国与中东欧国家农业合作机制建设内容

8.4.1 政府合作机制建设

8.4.1.1 多种组织框架的双方合作机制

中东欧 17 国的内在差异性大且异质性高，表现在地理、人口、领土、经济、民主制度等，不利于中东欧各国以一个统一的整体对外发声，这给中国-中东欧这种"二元"对话结构增加了交流成本，使得双方外交层面呈现出一种不对称性。中国需要按照 17 个国家各自不同的需求进行详细的研究，从而开展更具针对性的合作。中国应顺势依照中东欧各国自身的思维导向，尝试与多种类型的区域认同体交往，重视多种组织框架下的双方合作机制建设，创造性地运用"小多边主义"机制，适应双边及多边性质的复杂外交形态，在经贸层面上多做一些协调。由于中东欧国家在经济体量上与中国悬殊的差距，以及中国对外经贸的格局和特点，使得中国在对外合作上较难取得突破性进展。可以搭建与中东欧国家具有很强协调力和凝聚能力的多个次区域和半机制化合作组织，促进区域务实合作的开展。

8.4.1.2 双边政府合作组织与协调机制

中国与中东欧国家的合作主要依靠松散的组织形式和灵活多样的运作机制，通常都是针对具体问题进行磋商。而这种方式，缺乏对双方行为的有效约束，也影响资源的有效配置。由于双方的合作缺乏固定的办公地点、常驻管理机制和能够起到有效约束作用的法律性文件和条约，当出现纠纷时无可依据的有效文件或条约，也无应急预警机制。这些约束性文件的缺失，将直接导致在重大危机来临时，各成员国难以有凝聚团结的意识共渡难关。中国是主要发起者，应当承担起提供公共产品和利益让渡的主要职能，展示出巨大诚意以体现机制的优越性，要明确"17+1"合作模式的产生动因和制约条件，明确该机制应当怎样进行，要有什么样的经贸规则和治理模式，机制内拥有充分的影响力，从而进一步强化内生性，让各成员国不断与机制相融合，为机制建设添砖加瓦以促进中东欧区域内合作更好更快地发展。完善协调机制与稳定性。应设立处理日常事务维护常态运行的日常工作机制、提供政治保障的政府协商机制、提供融资服务的投资促进机制、处理突发事件和纠纷的应急处置机制等，形成一套确定双方关系和行为过程的系统化和制度化的方式方法，以及确保其能够实现机构设置，协调跟踪整个过程，从大体领域到具体项目，从最初调研到最后的决策，扎实推进各项措施的落实。

8.4.2 双边经贸合作对话协商合作机制建设

8.4.2.1 经贸合作高层对话协商机制

根据 2007 年 12 月 3 日公布的《第十次中欧领导人会晤联合声明》，中欧双方同意中国国务院和欧盟委员会成立副总理级的中欧经贸高层对话机制，讨论中欧贸易、投资和经济合作战略，协调双方在重点领域的项目，并制定规划。作为中国和欧盟在经贸领域最高级别的定期磋商机制，中欧经贸高层对话于 2008 年 4 月正式启动，并在北京举行首次会议，填补了中美战略经济对话机制和中日高层经济对话机制建立之后中国与欧盟之间在这一领域的空白。通过经贸合作高层对话协商机制，可以更准确地定位中国与中东欧的贸易难点，提出高质量的解决方案，促进双边农业合作的进展。

8.4.2.2 媒体舆论友好环境协商助推机制

在"17+1"合作平台和"一带一路"倡议的推进下，中国与中东欧国家的关系不断升温，双方在经贸、能源、基础设施建设等方面开展了越来越多的务实合作。通过对"欧洲晴雨表"民意调查机构、中东欧国家智库报告等研究数据进行考察后发现，近半数的中东欧国家受访民众对中国持有积极印象，而且越来越多的受访者认为中国在地区和国际上的政治影响力不断提升。

但是，不同中东欧国家的对华舆情存在差异，"17+1"合作在中东欧国家的知晓度仍然较低，"一带一路"倡议在媒体上的可见度也不高。一方面，近年来中国与中东欧国家的合作不断推进，双方领导人峰会等各类高层次论坛的影响力不断扩大。另一方面，由于中东欧媒体在报道中较少提及双方合作项目或对此进行模糊处理，上述合作和会议成果较少进入中东欧普通民众的视线。如在"一带一路"倡议背景下推进的布达佩斯和贝尔格莱德之间的铁路重建计划，被匈牙利媒体在报道中简单地称为"中国项目"，并未提及"一带一路"的概念，这也是导致"一带一路"倡议或中国-中东欧国家合作在中东欧普通民众中知晓度偏低的重要原因。此外，部分中东欧媒体的涉华报道比较负面，影响了一些中东欧国家民众对中国和中国-中东欧国家合作的看法。

因此，中国与中东欧国家应进一步加强人文交流与合作，特别是加强与当地媒体的沟通交流，推动讲好故事，使得中国与中东欧国家合作受到更多民众的理解和支持，为双方不断开创务实合作新局面夯实民意基础。

8.4.3 双边农业科技合作机制建设

农业科技合作是中国和中东欧一个重要的农业合作方式，中东欧一些国家在特定领域内的科技水平居世界前列，波兰、捷克等中东欧国家在生物医药、节能环保等方面都有很大优势，捷克在治理空气、土壤和水污染方面的技术不落后于西欧国家。

中国和中东欧国家的农业科技合作机制已初步建立，2013 年 9 月 3 日，中国与中东欧国家农业科技交流会在北京举行，为农业科技界搭建合作交流平台。波兰对其农业部所属研究所、波兰科学院、科研机构、高等院校等科研系统进行了较为详细的介绍，并对中波两国的农业科技合作历程进行了回顾。中波两国从 20 世纪 50 年代开始就在农作物育种、栽培、加工方面展开合作，到了 20 世纪 90 年代两国农业部签署了农业和食品业的经济和科技合作协议，再到近年来在植物保护、农药残留控制、蔬菜育种等领域展开科研合作，中波两国的农业科技合作取得了丰硕成果（林海，2011）。范丽萍从科技、企业、论坛等方面分析了中国和中东欧国家的农业合作情况，认为中国和中东欧国家农业合作取得了很大的进展，但也存在不了解当地政策、产品缺乏标准等问题，可将拉脱维亚、立陶宛、爱沙尼亚作为欧洲桥头堡，将农业"走出去"和"引进来"并行，扩大中国农业企业在中东欧国家的影响力（范丽萍，2013）。贾瑞霞（2020）分析了保加利亚的科技创新体系发展情况、存在的问题、发展机遇等，认为保加利亚的科技创新体系存在投入不足、创新力低、效率不高等问题，但随着投入逐渐增加，信息技术业发展以及欧盟不断支持，保加利亚的科技创新能力逐步提高。中国和保加利亚合作历史较长，在种植农业、生态、畜牧、环保、能源等领域合作较为紧密，未来应该搭建多样平台、开展多层级合作，推动中保两国科技创新合作（贾瑞霞，2015）。

8.4.4 双边农产品贸易合作机制建设

中国和中东欧国家的农业贸易和合作历史久远，在新中国成立初期，中国对中东欧便展开了贸易合作，然而由于国际政治等方面的原因，中国和中东欧国家的贸易额一直处于较低水平，直到近年来才有所突破，双方贸易额从 2001 年的仅 43 亿美元大幅增至 2015 年的 562 亿美元，增长了 12 倍之多。关于中国和中东欧国家的经贸合作，国内学者作了众多研究。姚铃（2016）认为，地理因素和农产品结构的差异推动了中国与中东欧国家农产品贸易的显著增长。通过在华举办特色产品展等贸易促进活动，中东欧国家牛羊肉、奶制品等优质农产品，以及食品、葡萄酒和其他产品在中国的知名度进一步提高，对中国出口实现大幅增长。刘威（2015）利用互补性指数和专业化指数对中国与中东欧国家贸易互补性进行了研究，发现双边在 63 类贸易产品中，31.7%为非互补性产品，68.3% 为互补性产品，活畜、动物油和植物油等产品互补性很弱，杂项制品等产品互补性比较强，同时认为目前双方还缺乏深度产业内合作，而且贸易结构比较单一，需要扩大和加深务实合作。于春燕和祁春节（2015）采用贸易优势指数（RTA）和综合互补系数（OBC）对中国与中东欧国家贸易进行了研究，研究发现中国的果蔬制品及蔬菜具有相对比较优势，中东欧国家仅在果蔬制品方面具有弱比较优势，中国与中东欧国家总体上呈互竞性，与各国的互补性及竞争性各异。王屏（2007）阐述了中国和中东欧国家的经贸合作情况，分析了中国和中东欧国家合作的有利因素，认为中国和中东欧国家有合作共识，经济的互补性强，欧盟东扩带来经济增长、政策一体化、投资转移等正面效应，很大程度上促进了中东欧国家的发展，研究认为中东欧国家地理位置得天独厚，是中国进入欧洲市场的重要门户，加强同中东欧国家经贸合作具有非常重要的战略意义。

8.4.5 双边农业投资合作机制建设

中东欧国家土地资源丰富、农业基础设施不足、农业发展潜力较大、投资门槛相对较低，而且地理位置居于欧亚大陆交界处，是中国企业进入欧洲市场的桥头堡。随着中国企业走出国门，很多中国国有企业将投资目光投向了中东欧国家，农业投资合作是中国和中东欧国家目前以及未来一个非常重要的合作方向。戈丹娜·久多维奇（2015）较为详细地分析了中国和黑山的农业合作情况，认为中国和黑山的农业合作是在"16+1 合作"框架下进行的，中国在黑山最大的投资项目是建设高速公路，中黑两国的农业互补性很强，在食品安全、农业科技、农业投资以及企业合作等领域拥有很大的合作潜力。

张鹏（2014）基于贸易竞争力指数分析了中国和中东欧国家的农产品竞争力情况，认为中东欧国家在谷物、油料作物以及畜牧产品等领域具有明显的比较优势；基于引力模型分析了中东欧国家的投资潜力，认为经济总量是影响跨国投资的主要因素，中东欧国家尤其是波兰、罗马尼亚经济实力和农业发展水平较高，极具投资潜力。刘作奎（2017）分析了中东欧的政治和经济环境，认为中东欧的投资"窗口期"已经出现，虽然中国在中东欧的投资额度较小，但中国企业比较注重投资整体布局，投资产业有所侧重，投资国家具有针对性，投资软环境逐步得到了改善，同时认为目前的挑战主要来自欧盟抵触、媒体误导宣传以及中国对中东欧国家市场不熟悉，应该利用好"窗口期"投资机会，做好风险管理和投资引导工作，促进中国对中东欧国家投资快速发展。

8.5　农业国际合作的典型国别案例借鉴

8.5.1　美国农业对外经济合作

美国是世界上的农业强国，拥有丰富的自然资源、高素质的农业从事人员和先进的农业生产技术。在农业对外贸易方面，美国在国际上是农产品的出口大国，农产品长期在出口中处于贸易顺差（"出超"）地位；在农业国际合作方面，美国成立了一批对外合作机构，培养了大批拥有现代管理能力和现代农业技术的高素质人才以及现代农业信息网络系统。

美国农业对外经济合作管理服务的官方机构主要是美国海外农业局（Foreign Agricultural Service，简称FAS），成立于1953年。美国海外农业局在全球有关地区共设有98个驻外机构（农业贸易办公室），同全世界约165个国家和地区联系密切。美国海外农业局主要从维护美国农场主和国家的长远利益、保证美国农业对外经济合作在海外的第一地位出发，对世界各国农业的市场供求情况、农业相关的生产情况等信息进行收集和分析，从而通过国际贸易、农业对外经济合作等方式为美国的农业产品创造出有利的出口条件，提高美国农业在海外的竞争力，扩大美国农业在海外的市场份额。

8.5.1.1　美国海外农业局的主要职能

美国海外农业局主要负责收集、分析、发布世界各国的农业生产、农产品市场需求情况、贸易趋势、潜在市场机遇等一系列信息，为加强美国农业生产，开拓和发展国际农产品市场服务。通过实施合作项目，为美国农产品出口商开展海外促销活动，开拓新市场，出口农产品和提供金融支持，不断改善美国农产品的国际市场环境，提高和保持美国农产品的国际竞争力。这些项目计划主要有：出口信贷保证计划（GSM-102）、中期出口信贷保证计划（GSM-103）、供货商信贷保证计划（SCGP）、便利保证计划（FGP）、海外市场开发合作计划（FMD）和市场开发计划（MAP）等。美国海外农业局与美国贸易代表办公室等政府机构密切合作，监督现行国际公约中农业条款的执行情况以及新国际公约中农业条款的谈判和发展，是美国政府关于世界贸易组织《实施卫生与植物卫生措施协定（SPS）》的咨询点和通报点。通过广泛开展国际农业交流和合作，在向发展中国家提供农业技术援助的同时，美国也获得了供美国农业发展的技术和相关的遗传资源，不仅在各国间培养了互惠的合作伙伴关系，还让受惠各国（合作国）增加了对美国的国际认同感。为一些发展中国家提供粮食援助，一方面处理了美国的剩余农产品，保护了国内农业生产；另一方面也培养建立了美国和受惠国长期的农产品贸易关系，促进农产品的出口。

8.5.1.2 美国海外农业局对外开展农业合作的方式

FAS 通过帮助发展中国家加强其农业机构和监管制度、鼓励遵守国际准则和营造有利于农业增长的环境，一方面通过其赞助的奖学金和交流项目使国际研究人员、决策者和农业专家获得知识和技能，帮助其农业发展，另一方面能够加强其与美国合作，使美国获得新的农业发展技术和相关的遗传资源。

科学合作交流计划（scientific cooperation exchange program）。该计划支持美国和中国的科技专家团队之间的合作关系。自 1979 年以来，该项目为数千名参会者就食品安全、动植物健康、农业生物技术和新兴技术等议题进行了交流。该计划有助于促进美国农业优先事项，鼓励农业科技领域的长期合作，为农业贸易创造积极气氛，并加强中美全面关系。该计划为帮助美国和中国公司了解彼此的产品和需求提供了一条途径，使美国农产品出口能够在蓬勃发展的中国经济中发挥作用。

科学交流计划（scientific exchanges program）。科学交流计划旨在促进贸易政策和贸易能力建设，保证粮食安全。该计划通过教育新一代农业科学家，增加科学知识和合作研究，从而将知识推广到国际农业市场的用户和中间商。美国农业部将该计划作为市场开发工具，帮助开放市场，减少或消除贸易壁垒，最终增加和创造新的机会，促进美国农产品出口。

博劳格奖学金计划（borlaug fellowship program）。博劳格奖学金计划通过向发展中国家和中等收入国家的研究员提供培训和合作研究机会，促进粮食安全和经济增长。自 2004 年该计划启动以来，来自世界各地的数百名研究员参加了研究和培训，重点是广泛的农业相关课题，包括农学、兽医科学、营养、食品安全、卫生和植物检疫问题、自然资源管理、农业生物技术、农业经济和农业政策。通过提高参与者对农业科学的理解，该计划促进基于科学的贸易政策的制定，改善了美国农产品的国际市场准入。

科克伦奖学金计划（cochran fellowship program）。科克伦奖学金计划为来自中等收入国家、新兴市场国家的农业专业人员提供短期培训机会，帮助符合条件的国家发展满足国内人口粮食和纤维需求所需的农业系统以及加强与符合条件的国家与美国农业利益之间的贸易联系。

国际农业教育研究金方案（international agricultural education fellowship program）。该计划于 2018 年设立，为符合条件的美国公民提供奖学金，帮助发展中国家建立以学校为基础的农业教育和青年推广计划，培养具有海外生活经验的具有全球意识的美国农业家，满足符合条件的国家的粮食和纤维需求，以及加强与符合条件的国家与美国农业之间的贸易联系。

大使馆科学研究院计划（embassy science fellows program）。该计划将美国农业部的技术专家安置在美国驻外大使馆，就环境、科学、技术和卫生等问题提供专业知识、建议和援助。

教师交流计划（faculty exchange program）。该计划旨在提高发展中国家高等院校农业教育工作者的教学能力，培训下一代科学家和决策者，使其更好地了解全球农业市场和支持基于科学的贸易政策。

区域合作研究计划（scientific cooperation research program）。该计划支持美国研究人员和来自选定新兴市场经济体的研究人员之间的联合研究、推广和教育项目。这些项目涉及农业贸易和市场准入、动植物卫生、生物技术、食品安全和安保以及可持续自然资源管理等。

实施粮食援助计划。FAS 通过直接捐赠和优惠计划向世界各国的数百万人提供美国农产品，一方面，这些粮食援助计划有利于满足受援者的营养需求，支持农业教育发展。另一方面，这些方案有助于该国贸易能力建设，经济能力建设，从而使受惠国由粮食接受国向商业买方转变。

成立贸易代表团。FAS 通过赞助成立国际贸易代表团为美国寻找国外潜在客户、收集市场情报，并且交流互访，促进美国企业和国外企业建立互惠合作的关系，积极开展贸易服务和农业合作。

开展市场准入计划（MAP）。FAS 与美国农业贸易协会、合作社等区域的贸易集团和小型企业合作，分担海外营销和促销活动的成本，帮助建立美国农产品和商品的商业出口市场。MAP 几乎覆盖全球每个角落，帮助为各种美国农产品和食品建立市场，同时 FAS 为符合条件的美国组织提供成本分担援助，用于消费者广告、公共关系、销售点演示、参加交易会和展览、市场研究和技术援助等活动。

8.5.2　韩国农业对外经济合作

韩国国内的农业资源匮乏，是世界上人均耕地面积较少的国家之一。韩国统计部门的数据显示，截至 2020 年年底，韩国可用耕地面积仅 166.7 万公顷，是 1990 年的 72%，人均耕地面积不足 0.03 公顷，农用地严重不足。逐年减少的可用耕地面积和城市化的加快发展，韩国粮食的自给率急速下降，饲料用粮的自给率仅为 24%。为了缓解国内的农业用地供给压力，高效合理利用全球的农业资源，韩国积极推进和开展农业对外经济合作。

第一，建立相关农业对外合作组织。在韩国，农业对外合作组织对韩国加深农业对外合作，促进国内农业资源高效配置、要素有效流动、市场深度融合起到了推动的作用。韩国依托农业对外合作组织开展农业对外援助。例如，韩国的国际合作机构（KOICA）通过对外（主要是亚洲国家）成立事务所，开展对外援助工作并且与发展中国家在技术、信息、教育和农业等领域开展项目合作。韩国实施农业对外援助一方面传播了农业新型技术，提高了两国的农业生水平，对农业发展起到推动作用；另一方面，加强了韩国和受惠国的合作伙伴关系，有利于创造稳定的国外市场，促进韩国经济发展。同时，农业对外合作组织加强支持和促进农业对外贸易，促进农业资源的国际互补。例如，1962年韩国成立了大韩贸易振兴工团（KOTRA）。在农业对外贸易合作方面，KOTRA 通过广泛开展对外协商、进行国际贸易信息传递、提供市场调研服务、对外投资、对外技术合作等一系列贸易促进活动大力帮助韩国农业经济开展对外合作，截至 2020 年年底，韩国经在全球 110 个国家设立的 130 个韩国贸易馆，形成了一个覆盖世界各国的贸易工作网，此举有效地促进了韩国农业与海外地区进行经济贸易交流，是韩国对外合作的纽带。

第二，农业对外合作金融支持。在韩国，农业对外合作金融支持主要包括开展农业对外融资和优惠贷款两方面。①优惠贷款。优惠贷款是韩国政府支持国内企业"走出去"的一种激励政策，旨在从韩国农业对外合作开发、促进韩国海外农业发展出发，解决韩国农业自给率不足的问题。韩国优惠贷款主要是通过贷款提供主体（韩国进出口银行、韩国农林畜产食品部、韩国中小企业振兴工团、韩国贸易保险公司等）对企业提供贷款。以韩国进出口银行为例，在国内信用评估等级为 AA 以上的贷款企业可接受最高 80%（中小型企业可达 90%）的所需资金的贷款，且最长贷款期限可达 30 年。随着优惠贷款政策支持体系的不断完善，目前韩国对外农业合作已经形成对外合作兼顾大中小企业，共同进步的局面。②农业对外融资。在农业对外融资方面，韩国政府主要通过设立海外财政开发基金和海外农业专门开发机构提供服务支持。海外农业发展基金主要通过政府给予那些对豆类、玉米和小麦等流通性农产品的进出口没有约束的国家的韩国企业提供优惠政策（降低利率、提高融资额度等），鼓励其大力发展海外生产。农业开发协会负责搜集分析信息、培育人才、开展农业商谈合作等，此外，韩国政府还制定了《海外农业投资指南》推动韩国对外农业投资合作。

8.5.3 法国农业对外经济合作

法国是欧洲第一农业生产大国，拥有世界先进的农业生产技术和高素质的农业从事人员。法国在国内农业发展方面，采用先进的农业生产技术、推行农机化、制定适合本国发展的农业道路政策等；在国外农业发展方面，主要采取农业对外合作方式。

农业对外贸易合作方面。法国积极创造优良的投资环境。法国是欧盟发起国之一，凭借欧盟货币、内部市场、外贸等高度统一，法国的商品、资金、人力资源和服务能够自由流动。在此基础上，法国通过建立健全市场机制、完善农业对外投资和国内农业受资方面的法律体系、培植高素质的农业从事者等措施为法国农业投资创造了一个优良的投资环境。法国政府与合作伙伴国家进行贸易协商，通过签订贸易协定稳定双方农业经济合作。以中法农业贸易合作为例，在 2006 年签署《中法农业合作联合声明》中确定两国农业长期合作的领域和农业项目。此后，2019 年中法两国共同发布了《中法关系行动计划》，进一步加强两国农业全方位合作。法国对外合作手段成效十分显著，世贸组织统计数据显示，2018 年法国对外农产品贸易总额为 1 258.63 亿美元，贸易顺差达到 85.75 亿美元，且 2009—2017 年法国农产品贸易稳居顺差地位。

农业教育合作方面。法国为发展中国家提供农业教育学习机会和农业技术培训。例如，法国 2017—2018 年与非洲南部 24 个国家建立 170 个学术伙伴关系，以此促进各国农业研究；2019 年举行第一届法中农业培训中心指导委员会，与中国农业教育网络合作，建立猪肉、有机农业、茶叶等主题的项目。法国进行农业教育对外合作推动了和受惠国的合作伙伴关系，培植了人力资源，同时为法国创造了稳定的国外市场。

农业技术合作方面。法国农业技术合作可分为两个层面，在与农业科技不发达的国家合作上，法国单方面为其提供农业技术援助；在与农业科技发达的国家合作上，法国与其在各个领域进行广泛的交流合作，包括遗传、农业信息传递、农业科技研究等，并且共同建立农业研究机构，开展农业技术创新项目。例如，在农业和食品领域方面，法国和德国建立了数字领域内的合作关系，着手推进欧洲数据的人工智能的决策支持工具的开发，通过数据收集和分享，提高农业和食品产业链的国际竞争力以及打击食品欺诈行为，保证粮食安全。

8.5.4 农业国际合作经验对中国对外合作的启示

8.5.4.1 持续推动"一带一路"农业合作发展

自"一带一路"倡议提出以来，我国与沿线国家积极开展合作机制下的农业领域产业对接，双方合作领域不断拓宽，合作方式和主体不断丰富，并取得了显著的成效，积极推动"一带一路"农业合作有利于完成我国 2035 年发展成农业强国的目标。①搭建农业政策对话平台。加强和"一带一路"沿线国家政策沟通，完善同沿线国家在多层面上的农业政策对话机制，探索建立"三位一体"的对话平台（政府、科研机构、涉农企业），通过充分交流对接农业发展战略，制订双边合作规划和措施，解决农业合作中的问题，为双方农业合作项目提供政策支持。②农业技术由引进到自主创新转变。首先突出农业技术对外合作的重要性，并且与沿线国家积极开展技术合作，共同建立国际农业合作实验室、农业技术试验示范区、农业科技示范园等科研机构，对农业遗传技术、育种技术、动植物疫病防控技术等方面进行综合交流。其次，与沿线国家建立"一带一路"合作公共信息服务平台、技术咨询服务体系、高端智库和培训机构，推进农业物联网技术发展，加强与各国知识共享、技术转移、信息传播与沟通、人员交流。最后，加强农业技术创新发展，在与国内外农业高校、机构等合作的基础上，政府部门出台专项资金用于农业技术创新，并建立农业技术创新实验室、农业技术创新成果示范区和新型农业技术示范园等，推动农业技术创新。③推行新型贸易合作渠道。在完善"一带一路"农业贸易通道、运输、存储、冷冻物流等基础设施体系的建设上，积极推进农业跨境电子商务模式，打造便利的跨国农业贸易渠道，扩大双边贸易规模和贸易范围。加强与沿线国家农业贸易合作的商谈，共同商定农产品检疫标准、流程等，防范农业绿色壁垒，提高合作双方农产品安全水平。④拓展农业投资合作。首先，提升双方农业合作水平，通过相关的金融机构和合作政策等方式提升两国农业企业合作的投资能力和投资水平，促进合作双方共同发展、互利共赢。其次，推动双方农业企业开展双向投资，利用优惠政策吸引国外企业对我国农业项目投资，同时鼓励国内涉农企业对国外农业项目进行投资，对沿线国家农业基础设施、农业信息系统和农业流通环节投资，帮助沿线国家农业发展，展示中国大国形象，推动中国农业"走出去"。

8.5.4.2 坚持走一二三产业融合发展道路

积极推进一二三产业融合发展，拓宽农民增收渠道，构建现代农业产业发展体系，是加速转变农业发展方式、探索中国现代农业化发展的必然要求，是实现农业大国向农业强国跨越，实现农业"四强一高"的必由之路。

第一，推进农村产业改革发展，强化多种农村产业融合。首先，延伸农村产业链条。完善农产品就地初级加工政策支持，实行农产品补贴政策，扩大支持覆盖区域和农产品种类。支持农产品深加工和特色加工业发展，加快农产品加工基础设施建设、物流冷冻链体系建设，促进产业向优势区域和关键物流节点集中，发挥规模效应和聚集效应，支持优质产区就地批发市场建设，推进市场流通体系和运储加工布局有机结合。其次，积极推进现代信息技术和农业结合。推进"互联网+现代农业"的新型农业发展模式，建立和完善农村农业信息库，运用云计算技术，建立健全农业预测报警系统。积极推进农产品电子商务发展，完善物流配送体系和服务网络，将现代网络体系带到农业领域。最后，引导产业集聚发展。将产业融合发展和城乡统筹规划，土地利用规划有效衔接，打造县域经济，合理规划产业空间布局。创建农业产业聚集示范基地和现代农业示范园区，完善农业产业基础配套设施，农业社会化服务体系和市场体系建设，形成农产品集散中心、物流配送中心和展销中心。

第二，促进产业融合主体多元化发展。农业产业融合发展中产业是基础，主体是推动产业发展的前提条件，是推动农业产业融合的领导性力量。产业融合的主要手段包括，①强化农村产业大户、家庭农场、农民合作社等传统主体的基础作用。鼓励传统主体由单纯的初级农产品提供者向农产品加工者转变，主要通过与供销合作社有效衔接，培育农产品加工企业和流通企业。同时建立健全农业产业社会服务体系，农产品销售市场体系，形成农产品产供销一体化经营体系。②强化龙头企业的带头引领作用，积极延长产业链，提升价值链，共享利益链和催生新业态。一是龙头企业导入先进生产要素，推动农业生产向标准化、集约化发展；二是通过"企业+农户""企业+合作社+农户"等方式，降低农户和合作社的市场销售风险，给农户扩大规模提供保障；三是引进和推广农业新品种和新技术，创立现代农业示范园区和现代农业推广基地，推动农业产业融合发展；四是推进产业新业态发展。龙头企业依据资源优势，紧跟农业产业时代前沿，将"互联网+"等现代信息网络技术引入农业生产经营活动中，大力完善产业市场网络服务体系，推动现代化农业发展。③推进行业协会和产业联盟建设。充分发挥行业协会沟通协调作用，推动资源共享，开展标准制定等工作，保障产业健康发展。鼓励各大主体成立产业联盟，鼓励龙头企业、农民合作社、涉农院校和科研院所成立产业联盟，支持联盟成员通过共同研发、科技成果产业化、融资拆借、共有品牌、统一营销等方式，实现信息互通、优势互补。

第三，完善农业产业融合政策。首先，加强财政支持政策。政府对农业涉农财政资金进行统筹安排，加大对农业产业融合项目的资金投入的倾斜力度，同时建立和完善产业融合保障制度。其次，完善金融保险政策。积极推动农村数字普惠金融发展，降低产业资金借贷难度和风险。同时大力推进农业保险，扩大农产品保险的覆盖范围和价格保险，并推动将其纳入中央财政补贴目录。

8.5.4.3 坚持农业科技现代化发展道路

践行农业科技发展道路。大力推进智慧农业发展，充分利用现代信息技术的成果，通过"物联网+现代农业"的方式，运用信息监测技术、传感技术、遥感技术等，通过计算机控制农业产生过程。同时发展电子商务、农旅融合、农业信息服务等项目推动农村经济发展。提升农业机械化总量，提高农业机械化水平。鼓励涉农企业研发新型农业生产器械，企业和农业合作社、龙头企业、科研机构、高校等建立农业新型农业器械示范基地，因地制宜研发适合本区域的农业生产设备，同时加大农业器械下乡的补贴力度，最大化转化科技成果。

8.6 中国与中东欧国家农业合作机制建设政策体系梳理

（1）中国-中东欧国家农业合作促进联合会。

2015 年 6 月 26 日，中国-中东欧国家农业合作促进联合会在保加利亚首都索菲亚正式成立。中国-中东欧农业合作联合会在以下五个方面开展具体工作：①促进"16+1"相关国家各部门之间的合作；②组织农业领域的国际会议、专题讨论会、培训等以促进农业合作；③在中国或中东欧国家建立协调与合作平台，组织农业经贸合作论坛；④建立中国-中东欧农业合作数据基地，方便双方分享相关数据；⑤搭建中国与中东欧各国有关机构、组织、协会、企业之间的联系网，方便双方的业务往来、信息交流。

（2）现代农业与数字农业的扶持政策。

2019 年 5 月 17 日，第四届中国-中东欧国家农业部长会议在浙江杭州召开。本次部长会议的主题是"农业数字化——乡村振兴的动力引擎"，会议通过了《中国-中东欧国家农业部长会议杭州共同宣言》，提出将加强在农业数字化领域的合作，充分挖掘"数字红利"，为乡村振兴注入动力。

在宣言中，中国同意支持企业在中国-中东欧国家框架下进行农业数字化领域的投资，赞赏和鼓励企业及其他利益相关者通过经贸合作论坛等渠道开展投资对话与交流，努力拓宽投融资渠道，推动投资便利化，实现投资方与东道国的"双赢"。

同时，在继续做好国际农业展会等农业贸易促进活动的基础上，用好中国-中东欧国家农产品和其他产品电商物流中心及其他电子商务平台，大力发展跨境电商农产品贸易，推动中国与中东欧国家企业更多地开发彼此市场，进一步促进中国-中东欧国家框架下农产品贸易的发展。

（3）"一带一路"倡议层面的政策体系建设。

目前，中国已同波兰、塞尔维亚、捷克、斯洛伐克、匈牙利、保加利亚、罗马尼亚、拉脱维亚8国签署共建"一带一路"谅解备忘录，有力地推动了"一带一路"建设同匈牙利"向东开放"和波兰"琥珀之路"等战略对接（刘作奎，2013）。中国一直不断推进"一带一路"的建设工作，加强与"一带一路"沿线国家，尤其是中东欧国家的联系，这将有利于中国与中东欧国家之间的农业合作机制的更进与创新。

8.7　中国与中东欧国家农业合作机制路径优化措施

《2020年农业国际合作工作要点》指出，加强中国-中东欧国家农业合作机制，必须对中国提出新的要求。

（1）提升农业合作协商机制。

办好系列主场外事。配合中国-中东欧（"17+1"）国家领导人峰会，办好"17+1"经贸论坛农业分论坛和农业部长会议及系列活动。服务乡村振兴战略实施，配合办好乡村振兴国际论坛。强化中国对全球重要农业文化遗产工作的引领，办好全球重要农业文化遗产高级别论坛，助力乡村振兴和农业绿色发展。继续提升茶博会国际影响力，办好首个"国际茶日"。引导农产品出口示范基地和示范企业建设。全面了解各地开展农产品出口示范基地和企业建设情况，研究提出全国范围内遴选出口示范基地和示范企业的标准。

积极推动"一带一路"农业合作。编制"十四五"时期共建"一带一路"农业合作规划，进一步强化顶层设计。继续落实"一带一路"农药产品质量标准共建工作，研究谋划第三届"一带一路"国际合作高峰论坛成果。加强"一带一路"农业合作成果宣传工作。

（2）提升农业科技合作机制。

在中国的重要地区建立"中国-中东欧农业合作数据基地"。建立"中国-

中东欧农业合作数据基地"可以更为开放和便捷地合作开展各种农业生产数据的采集和分析。该基地在农业大数据合作的基础上，可以进一步开展农业电商、产业扶贫、农业规划等现代智慧农业领域深度合作，为中国与中东欧的农业发展提供决策咨询服务。

打造示范区的金融服务中心，构建全方位金融支持体系，提供良好投融资环境。充分发挥政策性金融体系优势，与相关银行等金融机构合作成立"17+1"经贸合作基金和中东欧国家投资专项基金，重点支持中小民营企业对中东欧国家的投资，完善金融支持。同时，还要推进金融创新，探索运用股权、境外资产等抵（质）押来进行融资；灵活运用中小企业板上市、海外上市、借壳上市等渠道，引导和鼓励企业通过资本市场直接融资。

（3）提升农产品投资合作机制。

强化风险防控，加强信息安全保护。进一步规范综合服务平台行为，建立相应的监督机制。不仅要重视对融资的风控，法律事务的风控，而且对交易双边企业的真实性、交易货物的完整性、交易单据的可靠性、贸易的多样性、贸易融资的风险性均要有更强的防范意识，更完善的制度保障，更多的处置方案和措施。加强信息安全保护。中国有很多面向中东欧的外贸综合服务平台，虽然带来了便捷，但网络安全风险种类繁多且防不胜防。这些外贸综合服务平台应采用更为专业的信息技术，完善平台的信息安全系统，让国内客户和中东欧客户可以放心使用平台，享受平台的便利服务。

为农业企业提供财政配套扶持。《中国-中东欧国家合作索菲亚纲要》提出，鼓励中国与中东欧国家金融机构加强投融资合作，开辟投融资新渠道，推出新的融资工具，增强银企联动。中国应整合财政资金，鼓励金融机构加大对重点农业项目的扶持力度，培育农业龙头企业，鼓励成熟的境外农业合作园区申请国家发展专项资金、贷款贴息、农机购置补贴境外延伸试点等资金支持。

信保公司助力农业企业发展。政府应加大对农业政策性保险的政策扶持力度，组织银行、基金、保险等金融机构与企业有效对接，发挥信用保险公司媒介作用，为农业企业的经贸合作打造更加便捷的平台；发挥信用保险公司全球化网络、多元化平台以及专业化产品优势，通过多产品、全链条式的服务，帮助农业企业实现风险管理全覆盖；依托信保公司国别风险研究中心和资信评估数据库，为农业企业提供专业的信息咨询和保障服务。

（4）提升农产品贸易合作机制。

深挖中欧农产品贸易合作潜力。推动中国与法国等欧洲国家就非洲猪瘟区域化管理开展技术交流。更加密切与中东欧国家农产品贸易和农业投资合作关系。启动中国加入国际葡萄与葡萄酒组织有关工作，助力中国葡萄和葡萄酒产业更好融入全球供应链。

农业现代化技术合作。中东欧国家农业技术各有所长，政府应搭建共享农业数据平台，加强农业科技成果推广，把研究、推广新技术作为双边农业合作的重要举措。例如，同波兰进行蔬菜与水果加工技术合作，同罗马尼亚加强蔬菜科技合作，同匈牙利深化畜牧业合作，同塞尔维亚开展生物技术研究合作，同捷克加强遗传育种及农业机械化领域合作，与保加利亚进行作物栽培及动物疾病防控方面的合作。

建设现代化农业产业园区。利用双边农业交流合作机制，共建涵盖科研、生产、加工、仓储物流、销售等环节的境外农业产业园区，作为中国先进农业产能在中东欧的"承接区"；鼓励中国农业龙头企业在波兰、罗马尼亚、匈牙利等农业条件较好的国家建设农业技术示范中心、农业示范园区和农业产业化农场，以传统种植和贸易为基础，扩大优质经济作物种植面积，开展农业种养植和农产品深加工，带动化肥农药、农机农具装配、棉纺机械等产业和产品"走出去"；争取农业农村部农业合作示范区认定挂牌，形成中国境外投资样板工程；建设农产品出口基地，突出地方特色，打造一批特色出口农产品创汇基地，拓展中国和中东欧国家的农业合作方式。

（5）提升教育合作机制。

加强农业国际合作人才培养顶层设计和机制建设。研究制定"十四五"农业国际合作规划和农业国际合作人才队伍建设规划，在明确农业国际合作总体目标任务的基础上，着力对农业国际合作人才培养做出制度性安排和系统长远储备，创新农业国际合作人才良性互动的流动机制。加强农业国际合作系统能力建设。实施农业国际人才培养行动，举办外派人员能力提升培训班、外事能力建设培训班、农业国际组织后备人才培训班、农业外交官储备人才培训班，组织召开全国农业国际合作工作现场会。强化农业驻外干部的管理和服务，对驻外干部进行精准业务指导，提出明确工作任务，建立业务考核评价体系，建立信息分享机制，确保驻外干部发挥更大作用。

（6）国家政策的提升。

继续深化境外展整合工作。严把事前审核关，加强事中事后监管和绩效评估，支持部属单位及协会重点参与6个境外展。优化"中国农业国家展团"标识设计，制作反映中国出口农产品形象的宣传片。继续推动政策创设工作。加大与有关部门的协调力度，争取在金融、财政、通关、检疫等领域试行切实有效的支持政策。

推动建立农业对外贸易会商制度。主动协调有关部门，对重点产品、重点国别贸易形势以及贸易政策调整等重要问题开展定期及临时会商，提出综合性政策建议，供决策参考，着力增强贸易调整与产业发展的政策协同性。建立农业对外合作形势发布制度。举行例行发布会，发布农业对外贸易和投资的形势特点、农业对外合作重要政策和重要研究成果、农业对外合作重要活动计划和成果等，回应社会舆论普遍关心的农业涉外问题。

9 优化中国与中东欧国家农业多元合作的政策建议

9.1 加大政策引导，推动双边农业多元合作

中国在与中东欧在农业合作期间，应该进行多方面、多层次、多渠道的沟通协商，确保双方在农业合作政策、意见、方法等方面保持高度一致，制定中国与中东欧国家农业合作发展战略及规划，签署农业合作备忘录或制定农业合作规划，充分发挥我国在现有与中东欧国家农业合作机制基础上，推动与其建立更高水平、常态化的农业合作机制。同时，秉承"一带一路"共商、共建、共享的原则与和平合作、开放包容、互学互鉴、互利共赢的理念，兼顾各方利益和诉求，围绕中国企业参与中东欧国家开展农业投资、农产品贸易、农业教育、农业科技等层面的合作领域、目标和具体内容及需要注意的事项（朱鹏，2020），支持中国加大对中东欧国家农业投资财政和税收方面的优惠扶持政策，优化国内资源配置和整合，朝着共建全方位、宽领域、多层次、高水平的新型农业国际合作关系而努力。

第一，结合我国农业要素禀赋情况，依据中东欧农产品需求结构及其变化情况，积极调整、优化我国农产品出口结构，继续深化中国对中东欧农产品贸易市场多元化战略，同步推进出口市场与进口市场多元化，通过产品与市场的双重多元化增强贸易联系、拉动贸易增长、分摊贸易风险。同时，加强与"一带一路"沿线国家农业贸易合作的商谈，共同商定农产品检疫标准、流程等，防范农业绿色壁垒，提高合作双方农产品安全水平。

第二，大力开展海运、航运及陆路等基础设施建设，利用"丝路基金""亚投行"等平台，推进中东欧国家（区域）基础设施建设的互联互通，提升中国与中东欧国家间多方面多维度的互联互通水平与合作质量。此外，完善基

础网络设施投资、电商物流体系合作，积极探索农产品电子商务跨境发展与合作模式，打造便利的跨国农业贸易渠道，扩大双边贸易规模和贸易范围。加大中欧班列开设密度，增设农产品专项班列，优化"绿色通道"，降低物流费用，提高运输效率。同时，鼓励和扶持中国农业企业"走出去"，通过对中东欧国家农业项目进行投资，主要包括农业基础设施、农业信息系统和农业流通环节投资，推动中国农业"走出去"，加深同中东欧国家的合作交流。

第三，平衡好农产品贸易间的互补性关系和竞争性关系。完善我国农产品生产、加工、贸易综合一体化，提升农产品出口竞争优势，重点加强我国在中东欧农产品市场中具有比较优势的产品及产业链的优化完善，增强在中东欧国家的棉麻丝、糖料及糖类、坚果、干豆（不含大豆）及畜产品等农产品生产基地的建设，通过质量提升、深加工、品牌营销等多种途径增强产品出口综合竞争力。加快农业供给侧结构性改革进程，提高农业产业化水平，加强对农产品的纵向式精深加工，逐渐实现中国农业产业结构及贸易结构的调整，降低农业产业发展的对外依赖度，打造强有力的农产品品牌，提高中国农产品的品牌识别度和知名度，以便提高其在农产品国际市场上的竞争力。

第四，加大对相关农业企业的支持力度，对于有资金需求的农产品进出口企业配给相应的信贷额度，在贷款担保、利率补贴、技术支持及配套政策等方面给予优惠政策，为企业对外农业投资做好兜底作用。首先，强化金融支持。政府机构可依据具体情况从国库补助金和海外资源开发基金中拨出部分援助资金，用于海外农业投资的资金补贴，提供海外开发基金援助和为投资贷款签发信用单。其次，强化政策支持。我国在推动企业开展农业对外合作的过程中，可以充分调动国内中小企业"走出去"的积极性，制定中小企业扶持政策，例如降低中小企业的贷款利率，延长还款期限，纳税额减免等方式，发挥中小企业高效、灵活的对外投资优势。最后，强化合作双方政府间条法协商，促进我国与中东欧国家商签双边投资贸易方面的协定，加强金融、税收、投资合作和人员培训等方面合作，确保企业投资与政府服务有效衔接，给我国同中东欧国家农业国际合作提供更舒适的环境、争取更良好的条件。此外，促进各种定期性、专业化农业展会的开办，充分发挥其强大的要素聚集能力、产品直观性、产销零距离等优势，同时结合互联网，线上线下融合，提高会展效能，将更大范围内的农产品供需双方连接起来，促进双方农产品贸易的发展。

第五，为应对欧盟、美国等对中国与中东欧国家农业投资的阻碍，中国可以采取三边合作的方式，比如在中国推进中东欧国家投资合作的进程，中国可以积极寻求与德国、俄罗斯等国家开展三边合作的方式，如中国-波兰-德国、中国-波兰-俄罗斯的合作等。同时，加强三边国家农业合作方面政策沟通，完善多层面上的农业政策对话机制，探索建立"三位一体"的对话平台（政府、科研机构、涉农企业），通过充分交流对接农业发展战略，制定三边合作规划和措施，解决农业合作中的问题，为农业合作项目提供政策支持。

第六，进一步加强人文交流与合作，特别是加强与中东欧当地媒体对"一带一路"建设的沟通和宣传，利用中国文化网（中英文版）等平台，借助互联网、移动终端等新兴媒体，搭乘"互联网+"的快车，加快推动中华优秀传统文化与现当代优秀文化"走出去"，四通八达驶向"一带一路"沿线各国。在文化贸易领域，围绕演艺、电影、电视、广播、音乐、动漫、游戏、游艺、数字文化、创意设计、文化科技装备、艺术品及授权产品等领域，开拓完善国际合作渠道。推广民族文化品牌，鼓励文化企业在"一带一路"沿线国家和地区投资。鼓励国有企业及社会资本参与"一带一路"文化贸易，依托国家对外文化贸易基地，推动骨干和中小文化企业的联动整合、融合创新，带动文化生产与消费良性互动（韩业庭，2017），让中国与中东欧国家合作受到更多民众的理解和支持，从而为双方开展合作奠定舆论基础。

9.2 积极推进农业科技的国际化合作机制建设

充分发挥既有合作机制作用，在"17+1"框架下，由科技部和农业农村部联合牵头成立农业科技合作交流平台，完善农业合作公共信息平台服务、技术咨询服务体系，建立高端智库和培训机构，推进农业物联网技术发展，加强与各国间知识共享、技术转移、信息传播与沟通和人员交流，推动农业生产大省、贸易大省与中东欧国家建立多层次的合作机制，探索试行"一国一品、一国一策、一省一国、部省联动"的科技合作策略。

第一，搭建农业大省、贸易大省与中东欧农业科技交流合作平台。联合国内多所高校和农业专家打造农业科技文化交流智库平台，与中东欧国家高校及科研机构建立联合实验室，成立科技合作中心，共同举办国际会议、专题研讨会议等，共同申报项目，深入进行学术交流，共享交流成果。同时，以此平台为基础，加强农业高素质人才的培养和构架对外技术合作队伍，服务国内和中东欧国家农业科技。其一，成立农业对外合作培训机构。由政府投入资金，农业部门和科技部门统筹管理，成立一个农业对外合作培训机构，培训机构集农业教育、农业技术、学术交流、政策咨询、后勤保障等多功能一体，对我国农业"走出去"提供人才上的支持；同时，机构可以和国内各大农业高等院校进行合作，一方面高校可以给农业技术人员提供理论学习和培训课程，并建立相应学分制度，通过体系化的学习模式，使农业技术人员掌握各国的农业规则体系、农业标准和区域差异、金融现状和宗教差异，从而避免因宗教和文化差异、意识形态、国家的农业规则等带来的"非技术"上的矛盾和纠纷。另一方面，培训机构可以给高校的学生提供农业对外合作的实习机会，提供实习奖金，颁发实践证书，加强高校学子对我国农业技术和管理模式进行更深入的理解学习，掌握我国对外合作最新的资讯，在现有的合作机制上积极创新，推动中国农业"走出去"。其二，加强与各国农业技术交流。国内农业高校和农业科研院所通过长期合作的方式与国外高校和机构进行农业技术、农业教育、学术等方面的交流。双方合资设立农业技术人才培养机构，给中外的农业人员提供学习场所和沟通交流的渠道，同时，将我国优秀的农业人才送到国外进行交流，宣传中国农业技术，并系统学习国外农业政策、技术、管理模式等，结合我国农业发展情况，对我国农业发展提供新的思路。

第二，进一步完善技术转移协作网络和信息对接平台建设，鼓励各技术转移中心构建国际技术转移服务联盟，推动先进适用技术转移，深化产学研合作。同时，充分发挥民间科技组织重要作用，积极促进民间科技创新合作交流，搭建民间科技组织合作网络平台；继续鼓励通过青年交往、志愿者派遣交流，鼓励民间科技组织广泛开展各类公益科技活动等丰富民间科技交往内容。

第三，用"17+1"机制下的科技合作机制，发挥科技对农业贸易和投资的引擎作用，以科技合作带动贸易和投资。重点在动物疫病防控、有机农业、食品加工技术、农业机械、果树育种栽培、葡萄酒加工等领域深化合作，通过技术合作带动兽药、疫苗等产能"走出去"。鼓励中国农业龙头企业在波兰、罗马尼亚、匈牙利等农业条件较好的国家建设农业技术示范中心、农业示范园区和农业产业化农场，以传统种植和贸易为基础，扩大优质经济作物种植面积，开展农业种养植和农产品深加工，带动化肥农药、农机农具装配、棉纺机械等产业和产品"走出去"，推动技术与产业有效结合，并适度提供农业援助支持，提高中国对外农业合作的国际声誉（袁晓慧，2019）。

第四，定期举办中国和中东欧国家的企业创新合作交流大会，交流双边在农业科技领域的最新成果，推动双边在技术转移的合作。加大双边联合研发合作，根据农业生产技术需求建立联合实验室，实现技术和资源的有效配置和利用，进一步加强双边联合攻关能力。同时还应积极发挥中波、中匈、中塞农业科技合作中心的作用，搭建更高层次、更广范围的农业科技合作平台，进一步加强科技的市场推广和应用，为扩大农业投资和农产品贸易提供技术支撑，提高科技对产业的推动作用。

9.3 加大双边教育支持力度，培育复合型人才

文化差异是阻碍双边贸易的一个很重要问题，如何促进中国与中东欧国家之间的教育文化交流是深化互信合作的基础，特别是经贸往来受国际贸易冲突和摩擦不断加剧的新格局下，教育文化是增强双边互信合作的长久之道。

第一，制订人文交流行动计划，创新人文交流机制。首先，开展全面规划，保证交流效果，形成规模效应。其次，积极推动文化产业"出国"，改变传统模板重视民众交往，自下而上在学术交流、旅游观光、企业对话中将感性认识上升到理性认识。最后，推动多元主体参与，夯实人文交流民间基础（陈斌，2017）。此外，针对双边语言文化差异较大的问题，可以分别加强与北京外国语大学、北京语言大学、上海外国语大学等具备语言优势和中国农业大学等具备农业研究优势的高校合作，通过实行语言、经济、管理等交叉学科的教学，开展中东欧语言人才和农业技术管理人才的培养工作。

第二，深化年轻群体的教育和文化交流。在形式上要更吸引人，内容上更丰富，可以让各国代表全方位深入体验中国与中东欧各国的文化差异，更加深入了解政策。善于借助讯息和数据，弥补文化交流上出现的断层现象，重点关注年轻一代的社交、媒体信息获取手段，用新媒体技术全方位覆盖人文交流，有效针对中东欧国家的年轻人，增加其对华认同和喜爱感。鼓励各级有关部门和企业有针对性地推进与中东欧国家在教育方面的合作，双边明确内部拥有的优势学科、教学资源水平，推进双边留学交流、师生互换、合作办学和共建研发中心等合作。同时，优化双边农业教育合作模式，搭建中国-中东欧国家高校间沟通渠道和合作平台，发挥高校积极性和主动性，整合共享资源，深化教育合作交流，借助中国-中东欧高校联合会，签署双边高校教育合作的战略协议，鼓励双边师生互访以增强双边学术交流（李京蓉、申云，2021）。

第三，大力培养对外贸易与投资高级管理人才。按照对外贸易与投资发展需要，面向境内外引进行业领军人才，广纳高层次研发人才和紧缺专业人才。建立对政府相关部门、企业高管的定期培训机制。加强企业国际化人才的培养，鼓励跨国公司建立跨境人才培训总部，引导有条件的企业与相关院校建立订单式人才培养机制，选送企业优秀人才到国内外高校、科研院所深造；通过

政府采购，依托社会专业机构力量，加大对中国农业企业与国内外高等院校和有关机构开展合作的财政税收支持，选送部分企业管理人员、技术人才在合作高校和机构进行培训、学习和考察，培养一批具有了解中东欧当地法律法规、熟悉国际规则的复合型、高素质人才。

第四，建立智力支撑体系。鼓励有条件的企业申请设立博士后工作站，联合培养人才，提升人才技术水平；培育打造一批"一带一路"智库研究机构，每年发布一批"一带一路"重点研究课题，允许中外研究者查阅所需成立研究课题，聘请中国和中东欧 17 国的学者，实现研究资料的互通互享。

9.4 强化农业金融与投资合作的跨区域平台与机制构建

金融是现代经济的血液，资金融通更是"一带一路"建设的重要支撑。"一带一路"沿线国家应进一步加强金融深化，支持金融资源服务于实体经济发展，积极扩大对外投资企业融资渠道。

第一，可以建立各国财长和央行行长的互访及对话机制，加快签署中国与中东欧国家的本币互换协议，构建保障的相关金融保险机制，从机制的源头提升金融合作水平，深化金融领域合作。加强政府层面对投资规模、领域、具体方式的引导和支持，构建专项投资合作机制。

第二，创新融资方式，推进形成"新型金融机制+传统多边金融机构"各有侧重、互为补充的金融合作网络。加强与欧洲大型政策性银行或投行等金融机构的交流，积极组建新融资模式，如债券融资、项目融资、股权融资和信托融资等。

第三，加强货币合作，扩大货币互换范围，要积极与未签订双边本币互换协议的国家签订货币互换协议，同时维持并加强与已签订双边本币互换协议的国家扩大货币互换的规模及合作深度，到期的货币互换协议进一步续签并增加货币互换额度，通过动用双边货币互换进行贸易结算，使得中国与协议国两国企业将获得稳定的融资，并减少外汇风险敞口和交易成本，营造良好的货币互换环境，充分发挥货币互换稳定汇率波动，降低贸易成本的功能。

第四，组建区域专门金融机构，在现有的投资常设秘书处基础上，推进投资主体方面的协商合作机制；在人员流动方面，商务签证的申报审批还可再予以简化，海关清关的速度还可以进一步提高；加强地方合作机制，积极发挥友好城市的作用，稳步推进中欧市长论坛、中欧城镇化论坛以及城市合作论坛等机制的建设。

第五，对某些来自中东欧国家的产品实施特惠，增加进口量，中方多多在当地建立合资企业，双方合作建立工业园区，提供针对性的优惠政策和配套设施，为双边经贸合作提供载体平台；对部分工业基础和城市建设不太理想的中东欧国家，可以投资建设其基础设施。

第六，为降低对外投资可能存在的风险，需要建立风险预警机制，了解国外政策需求导向，及时预警和防范各种风险。首先，对于中国企业而言，可以建立专家咨询委员会，加强对东道国政治和经济环境的调研，广泛联络当地机构搜集信息，了解双边在农业生产的比较优势和经营状况。其次，政府建立海外投资信息系统，为企业提供海外投资制度、市场、投资数据统计以及专家咨询等信息服务。建立农业对外贸易会商及信息发布制度，由贸易处牵头，相关处室配合，主动协调有关部门，充分利用现有涉农多边机制，定期开展贸易会商，对于农业重点产品、重点贸易国的贸易形式以及贸易政策调整等重点问题提出综合性的政策和建议，为其提供决策和参考，着力增强贸易调整与产业发展的政策协同性。通过充分利用世界贸易组织、世界动物卫生组织、联合国粮食及农业组织、国际植物保护组织、联合国世界粮食计划署、国际农业发展基金、国际农业研究磋商组织等涉农组织发布的相关实时信息，定期举行发布会，发布农业对外投资形势和贸易的特点、重要的农业对外合作政策和重要的农业研究成果、农业对外合作重要活动计划和成果等，积极回应社会普遍关心的农业对外投资的舆论问题。

9.5 推进区域农业企业友好合作，加快双边企业互利共赢

第一，建立中国与中东欧国家不同省市之间友好城市的政策协同对接及合作长效机制。打造国内农业大省、贸易大省与友好省州之间的减税免税农产品贸易区，提供政策性保障，使地方合作过程中有更多企业积极参与，农产品能通过省州合作走入中东欧其他国家甚至欧盟，中东欧的农产品能通过合作更方便地进入中国市场，形成良性互动格局，推动双边农产品贸易发展。

第二，积极推动国内企业与中东欧国家广泛开展交流合作。一方面，鼓励优秀农产品企业"走出去"，在中东欧国家办厂，建立农业产业园区，深入开展技术交流合作，使优势农产品和技术走入中东欧市场；另一方面，探索强强合作的代工模式，由技术好、原料有保障的中东欧国家企业负责生产，由熟悉

中国市场的企业负责销售，打造双赢局面。此外，东欧等国科技水平相对较高，中国可将装备制造业作为突破口，开展高科技领域的合作，通过吸收先进技术来增强本国企业的核心竞争力。

第三，中国企业还应深入了解中东欧各国的法律法规、宗教文化等，主动融入当地社会以减少投资阻碍。首先，企业要提升政企合作意识，加强与当地政府对接，了解东道国市场环境，努力提升企业适应性。其次，企业可以建立贸易联盟，应对与东道国进行贸易往来时会出现的风险。作为投资企业，搭建本国合作平台，要多收集当地市场信息，与同行业的企业分享最新市场行情，这可以使我国企业在中东欧国家更容易打开市场，避免企业在国际市场上的无效领域进行投资，也方便中国政府针对最新市场行情作出正确的战略部署。

参考文献

［1］鲍东明，曾晓洁，张瑞芳."一带一路"建设核心区对外开展教育交流合作情况调研报告［J］.比较教育研究，2016（12）：8-15.

［2］别诗杰，祁春节.中国与"一带一路"国家农产品贸易的竞争性与互补性研究［J］.中国农业资源与区划，2019，40（11）：166-173

［3］曹伟，冯颖姣.人民币在"一带一路"沿线国家货币圈中的影响力研究［J］.数量经济技术经济研究，2020（9）：24-41.

［4］曹亚军，胡婷."一带一路"倡议对我国 OFDI 的影响效应：投资流出和风险偏好研究［J］.中国软科学，2021（1）：165-173.

［5］曾华盛，谭砚文.自由贸易区建立的农产品贸易及福利效应：理论与来自中国的证据［J］.中国农村经济，2021（2）：122-144.

［6］陈斌."一带一路"倡议下中国与中东欧人文交流研究［D］.太原：山西大学，2017.

［7］陈端计.贫困根御新探［J］.开发研究，1991（5）：12-19.

［8］陈林，彭婷婷，吕亚楠，等.中国对"一带一路"沿线国家农产品出口：基于二元边际视角［J］.农业技术经济，2018（6）：136-44.

［9］陈若愚，霍伟东，王维禹.人民币国际化的制度安排与货币合作伙伴研究［J］.财经科学，2021（5）：1-12.

［10］陈仕玲，叶明霞，蒋辉.中国与东南亚国家农业合作的战略空间与展望［J］.农业展望，2020，16（12）：129-134.

［11］陈伟.中国农业对外直接投资研究［M］.北京：中国农业出版社，2016：213.

［12］陈伟光，郭晴.中国对"一带一路"沿线国家投资的潜力估计与区位选择［J］.宏观经济研究，2016（9）：148-161.

［13］陈秀莲，李立民.区域经济一体化理论与实践的启示［J］.经济与

社会发展，2003（10）：19-21，24.

[14] 陈学彬，李忠. 货币国际化的全球经验与启示 [J]. 财贸经济，2012（2）：45-51.

[15] 程贵，李杰. 新发展格局下人民币国际化的空间布局研究：以"一带一路"沿线国家为例 [J]. 金融经济学研究，2021（2）：52-66.

[16] 程国强，朱满德. 中国农业实施全球战略的路径选择与政策框架 [J]. 改革，2014，27（1）：109-123.

[17] 程龙，赵佩锦，王志章. 中国与中东欧国家合作反贫困研究 [J]. 西南大学学报（社会科学版），2021（5）：67-79.

[18] 迟福林. 全面提高人口素五与反贫困治理 [N]. 西部发展报，2005-12-22（3）.

[19] 丁琳琳，李思经，刘合光，等. "一带一路"倡议下中国畜牧业国际合作潜力与建议 [J]. 青海社会科学，2019（3）：35-40，73.

[20] 丁守海. 国际粮价波动对我国粮价的影响分析 [J]. 经济科学，2009（2）：60-71

[21] 窦菲菲. 中东欧国家对华贸易：竞争中的挤出和转移效应 [J]. 国际经济合作，2014（1）：39-45

[22] 杜思正，冼国明，冷艳丽. 中国金融发展、资本效率与对外投资水平 [J]. 数量经济技术经济研究，2016，33（10）：17-36.

[23] 杜洋，张泽群. "16+1"合作下中国与中东欧16国农产品贸易：基于引力模型的实证研究 [J]. 湖北社会科学，2019（8）：84-90.

[24] 段颀，张维迎，马捷. 比较优势、要素有偏向的异质性与自由贸易的企业选择效应 [J]. 经济学（季刊），2019（2）：681-700.

[25] 樊华. "一带一路"背景下中外农业投资合作空间探析 [J]. 农业经济，2020（10）：123-124.

[26] 范丽萍. 中国与中东欧国家农业经贸合作探析 [J]. 世界农业，2013（2）：7-10.

[27] 方慧，赵甜. 文化差异影响农产品贸易吗：基于"一带一路"沿线国家的考察 [J]. 国际经贸探索，2018（9）：64-78.

[28] 傅元海，林剑威. FDI和OFDI的互动机制与经济增长质量提升：基于狭义技术进步效应和资源配置效应的分析 [J]. 中国软科学，2021（2）：133-150

[29] 高帆，龚芳. 国际粮食价格是如何影响中国粮食价格的 [J]. 财贸

经济, 2012 (11): 119-126.

[30] 高贵现. 中非农业合作的模式、绩效和对策研究 [D]. 武汉: 华中农业大学, 2014.

[31] 高惺惟. 中美贸易摩擦下人民币国际化战略研究 [J]. 经济学家, 2019 (5): 59-67.

[32] 戈丹娜·久多维奇, 张佳慧, 吴锋. 中黑两国经贸和农业的合作现状与未来展望 [J]. 江南大学学报 (人文社会科学版), 2015, 14 (2): 79-85.

[33] 龚斌磊. 中国与"一带一路"国家农业合作实现途径 [J]. 中国农村经济, 2019 (10): 114-129.

[34] 龚江洪, 陈旭华. 基于引力模型的中国-中东欧贸易实证研究 [J]. 价格月刊, 2012 (11): 62-67.

[35] 顾明远, 滕珺. 后疫情时代教育国际交流与合作的新挑战与新机遇 [J]. 比较教育研究, 2020 (9): 3-7.

[36] 顾雪松, 韩立岩, 周伊敏. 产业结构差异与对外直接投资的出口效应: "中国-东道国"视角的理论与实证 [J]. 经济研究, 2016, 51 (4): 102-115.

[37] 韩磊. 国际粮食价格对中国粮食价格的非对称传导: 基于门限自回归模型的研究 [J]. 当代经济科学, 2018 (2): 78-84.

[38] 韩业庭. 一带一路"人文交流与合作取得新进展 [N]. 光明日报, 2017-04-14 (3).

[39] 韩永辉, 韦东明, 黄亮雄. 中国与"一带一路"沿线国家产能合作的耦合效应研究 [J]. 国际贸易问题, 2021 (4): 143-158.

[40] 韩长赋. 在第二届中国-中东欧国家农业部长会议上的发言 [J]. 世界农业, 2017 (10): 233-234.

[41] 韩长赋. 在第九届中国-中东欧国家农业经贸合作论坛上的发言 [J]. 世界农业, 2014 (12): 173-174.

[42] 韩振国, 徐秀丽, 贾子钰. "一带一路"倡议下我国对外农业合作空间格局的探索 [J]. 经济问题探索, 2018 (7): 98-104.

[43] 郝蕾, 王志章. "一带一路"背景下中国与南亚合作反贫困的现状评价与路径优化 [J]. 青海社会科学, 2019 (1): 36-43.

[44] 何敏, 张宁宁, 黄泽群. 中国与"一带一路"国家农产品贸易竞争性和互补性分析 [J]. 农业经济问题, 2016 (11): 51-60, 111.

［45］何平，王淳. "一带一路"贸易区域人民币使用的最优国别研究［J］. 学术研究，2019（2）：70-78.

［46］何宇，张建华，陈珍珍. 贸易冲突与合作：基于全球价值链的解释［J］. 中国工业经济，2020（3）：24-43.

［47］贺娅萍，徐康宁. "一带一路"沿线国家的经济制度对中国 OFDI 的影响研究［J］. 国际贸易问题，2018（1）：92-100.

［48］侯敏，邓琳琳. 中国与中东欧国家贸易效率及潜力研究：基于随机前沿引力模型的分析［J］. 上海经济研究，2017（7）：105-116.

［49］胡冰，王晓芳. 对"一带一路"国家对外投资支点选择：基于金融生态环境视角［J］. 世界经济研究，2019（7）：61-77，135.

［50］胡冰，王晓芳. 投资导向、东道国金融生态与中国对外投资效率：基于对"一带一路"沿线国家的研究［J］. 经济社会体制比较，2019（1）：126-136.

［51］胡玉霞. 素质扶贫：民族地区反贫困的选择［J］. 发展，2005（7）：43-46.

［52］胡宗山. 欧盟的多元困境与中国的对欧战略［J］. 人民论坛·学术前沿，2019（6）：42-52.

［53］华红娟，张海燕. "一带一路"框架下中国与中东欧国家"精准合作"研究［J］. 国际经济合作，2018（2）：31-36.

［54］黄承伟. 中国反贫困：理论、方法、战略［M］. 北京：中国财政经济出版社，2002：15-18.

［55］黄林秀，崔卓青，刘韵秋，等. 经济制度质量的适应性研究——兼论中国企业在"一带一路"沿线国家的投资实践［J］. 西南大学学报（社会科学版），2020（6）：40-50.

［56］黄太宏，周海赟. 丝绸之路经济带视野下中国对中亚五国直接投资的动因研究［J］. 经济问题探索，2018，（3）：96-107.

［57］黄新飞，翟爱梅，程晓平. 区域经济一体化能否促进中国省区经济增长：基于 ASW 理论框架的实证检验［J］. 学术研究，2013（8）：73-79，159.

［58］黄宇葛，岳静，刘晓凤. 基于库仑引力模型的中美日地缘经济关系测算［J］. 地理学报，2019（2）：285-296.

［59］贾甫. "一带一路"与沿线国家跨越贫困陷阱［J］. 兰州学刊，2020（7）：112-125.

[60] 贾瑞霞. 保加利亚科技创新探析 [J]. 科学管理研究, 2015 (5)：108-111.

[61] 贾瑞霞. 中国与中东欧国家创新合作的基础与路径 [J]. 科学管理研究, 2020 (6)：164-170.

[62] 江学珍. 中国与中东欧国家农产品贸易的研究现状及进展 [J]. 河北企业, 2017 (8)：92-93.

[63] 姜建清, 盛松成, 陈进. 中东欧经济研究报告 2019-2020 [M]. 北京：中国金融出版社, 2020：217-225.

[64] 姜琍. "17+1 合作" 和 "一带一路" 框架内中国与保加利亚经贸合作 [J]. 欧亚经济, 2020 (2)：111-124.

[65] 蒋冠宏, 蒋殿春. 中国对外投资的区位选择：基于投资引力模型的面板数据检验 [J]. 世界经济, 2012, 35 (9)：21-40.

[66] 蒋冠宏, 蒋殿春. 中国企业对外直接投资的 "出口效应" [J]. 经济研究, 2014, 49 (5)：160-173.

[67] 蒋为, 黄玖立. 国际生产分割、要素禀赋与劳动收入份额：理论与经验研究 [J]. 世界经济, 2014 (5)：28-50.

[68] 金玲. 中东欧国家对外经济合作中的欧盟因素分析 [J]. 欧洲研究, 2015 (2)：29-41.

[69] 康晓光. 中国贫困与反贫困理论 [M]. 南宁：广西人民出版社, 1995：261-263.

[70] 柯善淦, 卢新海, 葛堃, 等. 基于海外耕地投资的国内国际粮食价格联动效应分析 [J]. 中国农村经济, 2017 (12)：65-80.

[71] 李丹, 夏秋, 周宏. "一带一路" 背景下中国与中东欧国家农产品贸易潜力研究：基于随机前沿引力模型的实证分析 [J]. 新疆农垦经济, 2016 (6)：24-32.

[72] 李光泗, 曹宝明, 马学琳. 中国粮食市场开放与国际粮食价格波动：基于粮食价格波动溢出效应的分析 [J]. 中国农村经济, 2015 (8)：44-52, 66.

[73] 李光泗, 王莉, 谢菁菁, 等. 进口快速增长背景下国内外粮食价格波动传递效应实证研究 [J]. 农业经济问题, 2018 (2)：94-103.

[74] 李含琳. 关于贫困实质的七种观点及简评 [J]. 开发研究, 1994 (3)：52-56.

[75] 李佳, 刘阳子. 中国对欧盟直接投资：在规制与挑战中前行 [J].

国际贸易，2019（9）：55-62.

[76] 李京蓉，申云."一带一路"背景下中国与中东欧国家农业教育合作研究 [J]. 比较教育研究，2021，43（7）：30-39.

[77] 李军，甘劲燕，杨学儒."一带一路"倡议如何影响中国企业转型升级 [J]. 南方经济，2019（4）：1-22.

[78] 李俊久，丘俭裕，何彬. 文化距离、制度距离与对外直接投资：基于中国对"一带一路"沿线国家 OFDI 的实证研究 [J]. 武汉大学学报（哲学社会科学版），2020（1）：120-134.

[79] 李猛，于津平. 贸易摩擦、贸易壁垒与中国对外直接投资研究 [J]. 世界经济研究，2013（4）：66-72，89.

[80] 李瑞华. 贫困与反贫困的经济学研究 [M]. 北京：中央编译出版社，2014：6-17.

[81] 李珊珊，梁慧慧."一带一路"背景下河北省与中东欧农业合作模式研究 [J]. 河北企业，2019（5）：54-55.

[82] 李盛兵. 中国与"一带一路"国家的高等教育合作：区域的视角 [J]. 华南师范大学学报（社会科学版），2017（1）：62-75.

[83] 李世杰，程雪琳，金卫健. 制度质量影响中国对"一带一路"沿线国家 OFDI 效率了吗？[J]. 宏观质量研究，2021（5）：36-49.

[84] 李文霞，杨逢珉. 中国农产品出口丝绸之路经济带沿线国家的影响因素及贸易效率：基于随机前沿引力模型的分析 [J]. 国际贸易问题，2019（7）：100-112.

[85] 李振奇，王雨珊. 河北省与中东欧国家科技合作研究 [J]. 合作经济与科技，2020（22）：4-7.

[86] 李治，王东阳，胡志全."一带一路"倡议下中国农业企业"走出去"的现状、困境与对策 [J]. 农业经济问题，2020（3）：93-101.

[87] 林炳坤，郭国庆."一带一路"农业科技合作及其发展态势分析 [J]. 国际贸易，2020（6）：89-96.

[88] 林海，于戈，潘征新. 波兰农业科研系统现状及与中国合作问题探讨 [J]. 世界农业，2011（12）：64-66.

[89] 林海，余漫. 波兰高等农业教育系统科研现状及合作探讨 [J]. 高等农业教育，2011（12）：93-95.

[90] 刘宝存，张惠."一带一路"视域下跨区域教育合作机制研究 [J]. 复旦教育论坛，2020，18（5）：86-92.

[91] 刘春鹏, 肖海峰. 中国与中东欧 16 国农产品贸易增长成因研究: 基于 CMS 模型的实证分析 [J]. 农业技术经济, 2018 (9): 135-144.

[92] 刘昊虹, 李石凯. 人民币国际化的战略支撑体系与非均衡问题研究 [J]. 经济学家, 2016 (3): 66-74.

[93] 刘璐, 蒋怡萱, 张帮正. 中国与 "一带一路" 国家农产品价格关联性研究: 兼论中美贸易摩擦的影响 [J]. 农业经济问题, 2021 (3): 126-144.

[94] 刘威. "一带一路" 视域下中国与中东欧国家贸易互补性研究 [J]. 长春工程学院学报 (社会科学版), 2015 (4): 30-32.

[95] 刘筱, 雷继红. "一带一路" 倡议以来中国与沿线国家留学生教育合作发展研究 [J]. 比较教育研究, 2019 (12): 12-21.

[96] 刘一贺. "一带一路" 倡议与人民币国际化的新思路 [J]. 财贸经济, 2018, 39 (5): 103-112.

[97] 刘永辉, 赵晓晖, 张娟. 中国对中东欧直接投资效率和潜力的实证研究 [J]. 上海大学学报 (社会科学版), 2020 (4): 46-57.

[98] 刘永辉, 赵晓晖. 中东欧投资便利化及其对中国对外直接投资的影响 [J]. 数量经济技术经济研究, 2021 (1): 83-97.

[99] 刘作奎. 大变局下的 "中国-中东欧国家合作" [J]. 国际问题研究, 2020 (2): 65-78.

[100] 刘作奎. 新形势下中国对中东欧国家投资问题分析 [J]. 国际问题研究, 2013 (1): 108-120.

[101] 刘作奎. 中东欧在丝绸之路经济带建设中的作用 [J]. 国际问题研究, 2014 (1): 72-82.

[102] 刘作奎. 中国-中东欧国家合作的发展历程与前景 [J]. 当代世界, 2020 (4): 4-9.

[103] 龙海雯, 施本植. 中国与中东欧国家贸易竞争性、互补性及贸易潜力研究: 以 "一带一路" 为背景 [J]. 广西社会科学, 2016 (2): 78-84.

[104] 龙晓柏, 洪俊杰. 韩国海外农业投资的动因、政策及启示 [J]. 国际贸易问题, 2013 (5): 78-86.

[105] 罗浩轩, 郑晔. 中美贸易摩擦下我国农业产业安全深层次困境及破解思路 [J]. 西部论坛, 2019 (1): 11-20.

[106] 罗青. 中保农业科技合作的实践与思考 [J]. 全球科技经济瞭望, 2017, 32 (8): 66-72.

[107] 吕捷, 林宇洁. 国际玉米价格波动特性及其对中国粮食安全影响 [J].

管理世界, 2013 (5)：76-87.

[108] 马佳妮, 周作宇. "一带一路" 倡议下中国与中东欧教育合作：挑战与机遇 [J]. 中国高等教育, 2019 (12)：65-71.

[109] 农业农村部国际合作司, 农业农村部对外经济合作中心. 中国对外农业投资合作分析报告 [M]. 北京：中国农业出版社, 2017：89-103.

[110] 潘苏, 熊启泉. 国际粮价对国内粮价传递效应研究：以大米、小麦和玉米为例 [J]. 国际贸易问题, 2011 (10)：3-13

[111] 裴长洪, 刘斌. 中国开放型经济学：构建阐释中国开放成就的经济理论 [J]. 中国社会科学, 2020 (2)：46-69, 205.

[112] 裴长洪. "十四五" 时期推动共建 "一带一路" 高质量发展的思路、策略与重要举措 [J]. 经济纵横, 2021 (6)：1-13.

[113] 乔立娟, 白睿, 宗义湘, 等. 韩国对外农业合作金融支持政策及对中国的启示：以优惠贷款政策为例 [J]. 世界农业, 2017 (7)：62-66, 89.

[114] 秦波, 吴圣, 梁丹辉. 中国与中东欧农业合作研究现状及展望 [J]. 农业展望, 2016 (12)：76-80.

[115] 盛朝迅. 新发展格局下推动产业链供应链安全稳定发展的思路与策略 [J]. 改革, 2021 (2)：1-13.

[116] 施勇杰. 中非农业合作模式创新研究 [D]. 石河子：石河子大学, 2009.

[117] 舒家先, 唐璟宜. 金融异质性对中国对外直接投资效率影响研究：基于随机前沿引力模型 [J]. 财贸研究, 2019, 30 (5)：59-69.

[118] 宋利芳, 方荷琴. 日本对匈牙利的直接投资及启示 [J]. 现代日本经济, 2021 (4)：71-84.

[119] 苏珊珊, 霍学喜, 黄梅波. 中国与 "一带一路" 国家农业投资合作潜力和空间分析 [J]. 亚太经济, 2019 (2)：112-121, 152.

[120] 苏昕, 张辉. 中国与 "一带一路" 沿线国家农产品贸易网络结构与合作态势 [J]. 改革, 2019 (7)：96-110

[121] 孙致陆, 李先德. "一带一路" 沿线国家与中国农产品贸易现状及农业经贸合作前景 [J]. 国际贸易, 2016 (11)：38-42.

[122] 谭晶荣, 华曦. 贸易便利化对中国农产品出口的影响研究：基于丝绸之路沿线国家的实证分析 [J]. 国际贸易问题, 2016 (5)：39-49.

[123] 田小红, 程媛媛. 印度对非高等教育合作的路径、特点及对中非高等教育合作的启示 [J]. 比较教育研究, 2020 (1)：105-112.

[124] 佟家栋. 国际贸易理论的发展及其阶段划分 [J]. 世界经济文汇, 2000 (6): 39-44.

[125] 万秀丽, 刘登辉. "一带一路" 建设中推动沿线国家减贫面临的挑战及对策 [J]. 广西社会科学, 2020 (7): 52-59.

[126] 王灏晨, 李喆. "一带一路" 倡议下中东欧投资环境分析 [J]. 宏观经济管理, 2018 (1): 31-35.

[127] 王恒, 王征兵. "一带一路" 背景下中国与中亚五国农业合作研究 [J]. 中国集体经济, 2021 (5): 167-168.

[128] 王纪元, 肖海峰. "一带一路" 背景下中国与中东欧农产品贸易特征研究 [J]. 大连理工大学学报 (社会科学版), 2018, 39 (4): 35-43.

[129] 王克岭, 龚异, 董俊敏. 中国与维谢格拉德集团商品贸易结构研究: 兼论 "一带一路" 倡议与 "16+1" 合作的贸易增长效应 [J]. 西安财经大学学报, 2021 (1): 80-92.

[130] 王屏. 21世纪中国与中东欧国家经贸合作 [J]. 俄罗斯东欧中亚研究, 2007 (2): 49-54.

[131] 王琼, 于丽娟, 狄江. 中法农业贸易关系及合作建议 [J]. 对外经贸, 2020 (12): 16-19.

[132] 王孝松, 谢申祥. 国际农产品价格如何影响了中国农产品价格? [J]. 经济研究, 2012 (3): 141-153

[133] 王永春, 李洪涛, 汤敏, 等. 基于多视角群组划分 "一带一路" 沿线重要节点国家农业合作研究 [J]. 中国农业资源与区划, 2021 (4): 160-170.

[134] 王志章, 王静. 中国与 "一带一路" 国家间产能合作推动贫困治理研究: 一个文献综述 [J]. 新疆大学学报 (哲学·人文社会科学版), 2018, 46 (3): 1-8.

[135] 韦倩青, 黄英嫚. "一带一路" 倡议下中国与波兰农业投资合作探究 [J]. 决策咨询, 2020 (6): 29-34.

[136] 魏素豪. 中国与 "一带一路" 国家农产品贸易: 网络结构、关联特征与策略选择 [J]. 农业经济问题, 2018 (11): 101-113.

[137] 吴国宝. 对中国扶贫战略的简评 [J]. 中国农村经济, 1996 (8): 13-18.

[138] 吴瀚然, 胡庆江. 中国对 "一带一路" 沿线国家的直接投资效率与潜力研究: 兼论投资区位的选择 [J]. 江西财经大学学报, 2020 (3):

25-37.

[139] 吴天博, 田刚. "丝绸之路经济带" 视域下中国与沿线国家木质林产品贸易: 基于引力模型的实证研究 [J]. 国际贸易问题, 2019 (11): 77-87.

[140] 吴先明, 黄春桃. 中国企业对外直接投资的动因: 逆向投资与顺向投资的比较研究 [J]. 中国工业经济, 2016 (1): 99-113

[141] 吴永红, 邝佳艺. 欧洲休闲农业发展的成功经验与四川路径选择 [J]. 农村经济, 2018 (8): 37-42.

[142] 吴忠. 贫困与反贫困的理论探讨 [J]. 开发研究, 1992 (3): 15-21.

[143] 武小菲, 沙文兵. 人民币在 "一带一路" 沿线国家的货币锚效应 [J]. 中南财经政法大学学报, 2019 (6): 121-131.

[144] 夏娜. 中东欧国家与中国农产品贸易研究 [D]. 北京: 北京交通大学, 2020.

[145] 夏昕鸣, 谢玉欢, 吴婉金, 等. "一带一路" 沿线国家投资环境评价 [J]. 经济地理, 2020 (1): 21-33.

[146] 肖卫东, 杜志雄. 农村一二三产业融合: 内涵要解、发展现状与未来思路 [J]. 西北农林科技大学学报 (社会科学版), 2019, 19 (6): 120-129.

[147] 肖小勇, 章胜勇. 交易成本视角下国内外粮食市场整合研究 [J]. 财贸研究, 2014 (6): 80-86

[148] 谢娜. 中国对 "一带一路" 沿线国家直接投资的贸易效应研究: 基于制度距离差异的实证分析 [J]. 宏观经济研究, 2020 (2): 112-130, 164.

[149] 忻红, 李振奇. 中国-中东欧国家科技创新能力及科技合作研究 [J]. 科技管理研究, 2021 (9): 27-35.

[150] 徐辉. 制度创新: 中国反贫困成功的关键 [J]. 东南亚纵横, 2002 (6): 38-43.

[151] 徐惠, 彭静. 中国-中东欧科技协同创新: 基础与路径 [J]. 改革与开放, 2018 (9): 56-58.

[152] 徐珊, 潘峰华, 曾贝妮, 等. 人民币国际化的地缘空间格局研究 [J]. 经济地理, 2019 (8): 1-11.

[153] 徐小洲, 阚阅, 冯建超. 面向2035: 我国教育对外开放的战略构想

[J]. 中国高教研究, 2020 (2)：49-55.

[154] 徐长松, 赵霞. 中国与"一带一路"国家农业贸易合作的现状、问题与前景展望 [J]. 农业经济, 2018 (10)：130-131.

[155] 许培源, 程钦良."一带一路"国际科技合作的经济增长效应 [J]. 财经研究, 2020 (5)：140-154.

[156] 严佳佳, 刘永福, 何怡. 中国对"一带一路"国家直接投资效率研究：基于时变随机前沿引力模型的实证检验 [J]. 数量经济技术经济研究, 2019 (10)：3-20.

[157] 杨波, 杨露. 中国与中东欧国家农产品贸易的现状、结构特征与竞争力 [J]. 经营与管理, 2018 (6)：89-92.

[158] 杨娇辉, 王伟, 王曦. 我国对外直接投资区位分布的风险偏好：悖论还是假象 [J]. 国际贸易问题, 2015 (5)：133-144.

[159] 姚铃. 中国与中东欧国家经贸合作现状及发展前景研究 [J]. 国际贸易, 2016 (3)：46-53.

[160] 叶春蕾. 中国与"一带一路"沿线国家农业科学领域科技合作态势分析 [J]. 科技管理研究, 2019, 39 (12)：38-45.

[161] 叶前林, 段良令, 刘海玉, 等."一带一路"倡议下中国海外农业投资合作的基础、成效、问题与对策 [J]. 国际贸易, 2021 (4)：82-88.

[162] 于春燕, 祁春节. 中国与中东欧国家果蔬贸易竞争性与互补性研究 [J]. 广东农业科学, 2015 (1)：178-182.

[163] 于春燕. 中国与中东欧国家农产品贸易比较优势、互补性及农业合作战略研究 [D]. 武汉：华中农业大学, 2015.

[164] 于海龙, 张振."一带一路"背景下我国农业对外合作的潜力、风险与对策研究 [J]. 经济问题, 2018 (2)：108-112.

[165] 于敏, 龙盾, 江立君, 等. 推进"17+1"框架下的中国-中东欧国家农业多元合作 [J]. 国际经济合作, 2020 (5)：72-79.

[166] 余勤. 充分挖掘农业数字化红利 第四届中国-中东欧国家农业部长会议举行 [J]. 农药市场信息, 2019 (11)：10.

[167] 余远美. 试论科技创业扶贫的内涵及发展对策 [J]. 老区, 2007 (1)：68-74.

[168] 余振, 陈鸣. 贸易摩擦对中国对外直接投资的影响：基于境外对华反倾销的实证研究 [J]. 世界经济研究, 2019 (12)：108-120, 133.

[169] 袁晓慧."一带一路"沿线国家农业援助的推进思路 [J]. 国际经

济合作，2019（2）：118-124.

[170] 詹琳，杨东群，秦路. 中国农业企业对"一带一路"沿线国家对外直接投资区位选择问题研究 [J]. 农业经济问题，2020（3）：82-92.

[171] [193] 张博，韩亚东，徐经长. 会计准则国际趋同与"一带一路"建设：基于中国对"一带一路"沿线各国直接投资视角的研究 [J]. 经济理论与经济管理，2020（12）：69-82.

[172] 张海森，谢杰. 中国-东欧农产品贸易：基于引力模型的实证研究 [J]. 中国农村经济，2008（10）：45-53

[173] 张海森，谢杰. 中国-非洲农产品贸易的决定因素与潜力：基于引力模型的实证研究 [J]. 国际贸易问题，2011（3）：45-51.

[174] 张建华. "一带一路"国际农业技术合作模式、问题与对策研究 [J]. 科学管理研究，2019，37（6）：166-170.

[175] 张梦琦，刘宝存. 高等教育国际合作的理论困境与现实出路：推进"一带一路"建设的视角 [J]. 国家教育行政学院学报，2019（8）：39-45.

[176] 张明. 全球货币互换：现状、功能及国际货币体系改革的潜在方向 [J]. 国际经济评论，2012（6）：65-88.

[177] 张明志. 比较优势理论与中国产业发展 [D]. 厦门：厦门大学，2002.

[178] 张鹏. 中国在中东欧国家开展农业投资的研究 [D]. 北京：对外经济贸易大学，2014.

[179] 张秋利. 中国与中东欧国家货物贸易互补性研究 [J]. 山西大学学报（哲学社会科学版），2013，36（3）：111-115.

[180] 张申，张华勇. 理论分野视角下的国家产业发展路径选择：以"竞争优势"与"比较优势"的产业发展理论为考察 [J]. 贵州社会科学，2015（5）：129-136.

[181] 张帅. 中阿合作论坛框架下的农业合作：特征、动因与挑战 [J]. 西亚非洲，2020（6）：78-107.

[182] 张希颖，梁慧慧，张丽扬，等. 促进中国和中东欧农业投资合作的探索：以中捷农场为例 [J]. 商业经济，2019（4）：79-80，182.

[183] 张希颖，张丽扬，梁慧慧，等. 中国与中东欧农业合作探索：基于"家庭农场+合作社+超市"模式 [J]. 河北企业，2019（4）：85-86.

[184] 张相伟，龙小宁. 中国对外直接投资具有跨越贸易壁垒的动机吗

[J].国际贸易问题，2018（1）：135-144.

［185］张迎红.地区间主义视角下"16+1合作"的运行模式浅析［J］.社会科学，2017（10）：15-25.

［186］张滢.中国与中东欧国家经贸金融合作中的障碍及完善策略［J］.对外经贸实务，2017（2）：57-60.

［187］张友棠，杨柳."一带一路"国家金融发展与中国对外直接投资效率：基于随机前沿模型的实证分析［J］.数量经济技术经济研究，2020（2）：109-124.

［188］张宇，杨松."一带一路"背景下中拉农业可持续发展能力评价与合作研究［J］.农村经济，2019（6）：121-129.

［189］章元，许庆.农业增长对降低农村贫困真的更重要吗？——对世界银行观点的反思［J］.金融研究，2011（6）：109-122

［190］章志华，唐礼智.空间溢出视角下的对外直接投资与母国产业结构升级［J］.统计研究，2019，36（4）：29-38.

［191］赵丽红.土地资源、粮食危机与中拉农业合作［J］.拉丁美洲研究，2010，32（3）：37-43，80.

［192］赵一夫，王宏磊.基于MSVAR的中美大豆现货价格非线性空间传导特征研究［J］.农业技术经济，2017（10）：25-33.

［193］郑刚，刘金生."一带一路"战略中教育交流与合作的困境及对策［J］.比较教育研究，2016（2）：20-26.

［194］郑国富.中国与中东欧16国农产品贸易合作的互补性与竞争性分析：基于"16+1"合作机制［J］.经济论坛，2019（6）：81-86.

［195］郑姗，宗义湘，崔海霞，等.美国农业与国际市场的纽带：海外农业服务局（FAS）［J］.世界农业，2016（2）：147-151.

［196］郑燕，丁存振.国际农产品价格对国内农产品价格动态传递效应研究［J］.国际贸易问题，2019（8）：47-64.

［197］周五七.中国对中东欧国家投资困境及推进策略研究［J］.西安财经学院学报，2019（5）：97-102.

［198］周昕，牛蕊.中国企业对外直接投资及其贸易效应：基于面板引力模型的实证研究［J］.国际经贸探索，2012（5）：69-81.

［199］周毅，李京文.区域经济发展理论演化及其启示［J］.经济学家，2012（3）：14-19.

［200］朱孟楠，曹春玉. 人民币储备需求的驱动因素：基于"一带一路"倡议的实证检验［J］. 国际金融研究，2019（6）：37-47.

［201］朱孟楠，卢熠，闫帅. 人民币离岸与在岸市场汇率的动态溢出效应［J］. 金融经济学研究，2017（3）：14-24.

［202］朱孟楠，袁凯彬，刘紫霄. 区域金融合作提升了人民币货币锚效应吗？——基于签订货币互换协议的证据［J］. 国际金融研究，2020（11）：87-96.

［203］朱鹏. 中国与"一带一路"国家农业合作的战略选择及实现路径［J］. 江淮论坛，2020（3）：38-43.

［204］ANTONOWICZ D, KOHOUTEK J, PINHEIRO R, et al. The roads of excellence in central and eastern europe［J］. European Educational Research Journal, 2017, 16（5）：547-568.

［205］BATTESE G E, COELLI T J. Frontier production functions, technical efficiency and panel data：With application to paddy farmers in India［J］. Journal of Productivity Analysis, 1992（3）：153-169.

［206］BUCKLEY P J. The Determinants of Chinese outward foreign direct investment［J］. Journal of International Business Studies, 2007, 38（4）：499-518.

［207］CEBALLOS F, HERNANDEZ M A, MINOT N, et al. Grain price and volatility transmission from international to domestic markets in developing countries［J］. World Development, 2017, 94：305-320.

［208］CHEUNG Y W, QIAN X. Empirics of China's outward direct investment［J］. Pacific Economic Review, 2009, 14（3）：312-341.

［209］DIEDOLD F X, YILMAZ K. Better to give than to receive：predictive directional measurement of volatility spillovers［J］. International Journal of Forecasting, 2012, 28（1）：57-66.

［210］DIEBOLD F X, YLMAZ K. On the network topology of variance decompositions：measuring the connectedness of financial firms［J］. Journal of Econometrics, 2014, 182（1）：119-134.

［211］DOMINIK A, JAN K, MYROSLAVA H. The roads of "excellence" in central and eastern Europe［J］. European Educational Research Journal, 2017, 16（5）：547-568.

［212］FLORIAN, KRENKEL. Appendix I：human rights questions and the

47th session of the general assembly [J]. Nether lands Quarterly of Human Rights, 1993 (1): 123-127.

[213] JALATA G G. Development assistance from the south: comparative analysis of Chinese and Indian to ethiopia [J]. Chinese Studies, 2014, 3 (1), 24-39.

[214] JIANG H, SU J, TODOROVA N. Spillovers and directional predictability with a cross-quantilogram analysis: the Case of U. S. and Chinese agricultural futures [J]. Journal of Futures Markets, 2016, 36 (12): 1231-1255.

[215] KARASKOVA I, BACHULSKA A, SZUNOMAR A, et al. Empty shell no more: China's growing footprint in central and eastern Europe [J]. European Parliamentary Research service, 2020 (4): 8-94.

[216] KIZEKOVA A. China's belt and road initiative and the 16+1 platform: the case of the czech republic [J]. Asian International studies Review, 2018 (19): 13-31.

[217] LALL S. The technological structure and performance of developing country manufactured exports, 1985 - 1998 [J]. Oxford Development Studies, 2000, 28 (3): 337-369.

[218] LI J, LI C, CHAVAS J P. Food price bubbles and government intervention: is China different?　[J]. Canadian Journal of Agricultural Economics, 2017, 65 (1): 135-157.

[219] LIPSEY R E, WEISS M Y. Foreign production and exports in manufacturing industries [J]. Review of Economics & Statistics, 1981, 63 (4): 488-494.

[220] LOPEZ G D, CALVETMIR L, DIMASSO M. Multi-actor networks and innovation niches: university training for local agroecological dynamization [J]. Agriculture and Human Values, 2019, 36 (3): 567-579.

[221] MADELEY J. United Nations conference on the least developed countries: 1-14september1981, Paris, France [J]. Food Policy, 1982 (1): 91-93.

[222] SINCAI I M. Central and eastern europe: correlations between the eu dependence-attitude matrix and cooperation intensity with china [J]. The Journal of Global Economics, Institute for World Economy, Romanian Academy, 2017, 9 (3): 1-19.

［223］POKOIK P. Unprecedented gathering adopts copenhagen declaration and programme of action-world summit for social development-includes excerpts from copenhagen declaration and list of commitments ［J］. Journal De Parodontologie, 1985 (2): 139-142.

［224］ROSE A. Currency unions and international integration ［J］. Journal of Money, Credit and Banking, 2002 (4): 1067-1090.

［225］XIA S. Path selection of renminbi internationalization under "The Belt and Road" initiative ［J］. American Journal of Industrial and Business Management, 2018, 8 (3): 667-685.

后记

本书是教育部区域和国别研究基金"中国与中东欧国家农业多元合作路径研究"（项目编号：19GBQY104）和国家社科基金青年项目《积极老龄化视角下农村老年人健康不平等消解机制及政策优化研究》（项目编号：21CSH011）的阶段性研究成果。同时，本书也得到了四川省自然科学基金"成渝地区双城经济圈数字农业供应链金融增信机制及风险治理研究"（编号：23NSFSC0786）、成都市社会科学规划项目"成都农村集体经济发展促进农民农村共同富裕的实现机制与路径研究"（YY0920220041）、成都市科技局软科学项目"科技创新赋能成都都市农业和食品产业生态圈研究"（编号：2021RK0000246ZF）、成都市哲学社会科学研究基地–城乡治理现代化研究中心"城乡融合发展促进成都公园城市乡村表达的有效路径研究"（CXZL202201）、成都城乡融合发展试验区研究基地重点项目"成都城乡产业融合发展赋能农民农村共同富裕的实现路径研究"（CXRH2022ZD01）的资助。自课题立项后，项目组对中国与中东欧国家农业多元合作进行了广泛而深入的研究，多次举办学术研讨会，取得了较好的社会影响力。课题研究过程中，著者在《比较教育研究》《南方经济》《经济经纬》等CSSCI核心期刊发表论文多篇，其中1篇论文发表在《国别和区域研究》杂志，得到学界广泛关注。此外，项目成果为四川省青白江国际铁路自贸区建设及服务提供决策参考，获得四川省南充市发展改革委员会的肯定性批示和四川广润投资发展集团有限公司的采纳应用，部分研究成果被四川省主流媒体宣传报道、积极评价和转载。

在"中国与中东欧国家农业多元合作路径研究"项目的研究过程中，课题组得到四川省农业农村厅、四川省部分市（州）、区（县）农业部门以及成都青白江国际物流港集团相关领导和具体负责同志的关心和大力支持。在项目评审过程中，课题组还得到西南财经大学国际商学院陈丽丽教授、李雨浓教授，四川农业大学王运陈教授、沈倩岭教授的大力支持和帮助，他们为报告的修改、完善提出了宝贵的意见。此外，在项目的结项过程中，课题组得到了教育部区域和国别基金秘书处、四川农业大学科技处等单位的领导和具体负责同志的关心、支持。同时，四川农业大学柳媛媛、洪程程、陈樱炆、陈慧、高玉婷、陈怡西、陈佳玉等多位研究生、本科生参与了课题的调研和报告撰写工作，付出了辛勤劳动。在此，我们谨向以上单位及相关领导、具体负责同志和专家教授、同学们等表示衷心的感谢！

本书作者及撰写分工如下：

申　云（四川农业大学副教授）：第1章、第2章、第4章、第9章、后记。

李京蓉（西南财经大学讲师）：第6章。

李　杰（四川农业大学讲师）：第7章。

张帮正（四川农业大学讲师）：第3章。

吴　平（四川农业大学教授）：第8章。

陈　慧（中国社会科学院研究生）：第5章。

本书参考了很多专家学者的论文和著作，我们尽可能以脚注或参考文献的方式予以标注。在此，我们对所有提供意见建议的专家学者、资料来源的作者和出版单位表示感谢！

申云

2022 年 11 月